YUHIKAKU

政治学の第一歩［新版］

INTRODUCTION TO POLITICAL SCIENCE

著・砂原庸介
稗田健志
多湖　淳

有斐閣ストゥディア

新版にあたって

幸いなことに『政治学の第一歩』は多くの方々に受け入れられ，新版を準備することができた。本書は，方法論的個人主義に立脚し，自らにとって望ましい選択を行おうとする個人と他者の戦略的相互作用を重視して，私たちの自由を規定する政治について一貫した説明を行おうとしてきた。いわば「何をなすべきか」ではなく，「どのように他者と合意を作り出すか」に焦点を置いた政治学の教科書である。新版の準備を進めていた2020年，新型コロナウイルス感染症（COVID-19）が広く拡大し，これまでのような行動が規制され，その変容が求められるなど，私たちは否応なく自分たちの自由について考えさせられた。そうした中で，本書が提起する説明が，そのひとつの手がかりになると信じている。

この新版では，ただ情報を更新するだけでなく，新たに学ぶべき理論を追加し，より一貫した説明ができるように内容を整理し直している。初版と比べると，社会において人々が参照する対立軸を作り出し，合意を形成する主体となっていく政党に力点を置いた構成となっている。整理の過程で，初版では書かれていたものの，残念ながら今回引き続き盛り込むことができなかった内容もあるが，これらについては，ウェブサポートページでコラムとして閲覧できるようにしている。また，本文・コラムに青字で記されている重要な語句の多くについては索引で英文表記を加え，英語の教科書や論文を読む際の手がかりを提供することに努めた。

方法論的個人主義に基づく本書では，確かに個人の「自己利益の最大化」を強調するが，もちろんこのような見方がすべてではない。本書ではたとえば政治における個人の義務を強調する見方が弱いのは事実であろう。それでも本書は，個人の行動に大きな影響を与える政治体制の分類や，執政制度・地方制度・国際制度の類型化など，政治にかかわる事柄を分類する基準の説明にも多くの紙幅を割いている。明確な概念を整備し，物事を分類することで，無秩序な世界を整理して理解するというのも，社会科学の大事な役割だからである。さらに，困難に直面したときの私たちの選択が，主に経済的な尺度に依存し単に立ち去る（Exit）だけでなく，合意を調達してそれを変えようとする（Voice）選択にも開かれていることをあらためて強調したい。本書で説明される集合行為問題について学びながら，それを超える能動的な選択にも思いを馳（は）せてほしい。

この間，教科書の利用者として筆者たちに積極的にフィードバックをくださった方々には，あらためてお礼を申し上げたい。とりわけ，浅羽祐樹氏（同志社大学）が，時には筆者たち以上というくらいに本書の利用方法を提案し，それをツイッターなどで普及してくださったことに感謝している。また，改稿にあたってコメントをくださった，荒井紀一郎（中央大学），河野勝（早稲田大学），善教将大（関西学院大学），堤英敬（香川大学），中谷直司（帝京大学），東島雅昌（東北大学）の各氏，ならびにデータを提供していただいた遠藤晶久氏（早稲田大学）に心からお礼申し上げる。

2020年7月

著 者 一 同

刊行後の追加情報などは以下のウェブサポートページで提供する予定です。

http://www.yuhikaku.co.jp/static/studia_ws/index.html

このウェブサポートページには，各章の内容に関する練習問題や，本書をテキストとしてご利用いただく先生方に向けた情報・資料などを，掲載していきます。

はじめに

政治学の視点

なぜ，政治学を学ぶのだろうか。それは，私たちがロビンソン・クルーソーではないからである。絶海の孤島に独り暮らすクルーソーとは違い，私たちは他者とともに生きていかなければならない。それぞれが自由に自分の意思を決められることを前提とするとき，どのように集団として意思決定し，秩序を構築するのだろうか。私たちにかかわる決定や秩序は誰かから与えられるものではない。ルールを作り，それを守っていくしくみを考えるために政治学を学ぶのである。

自由は大事だといっても，「お前のモノは俺のモノ，俺のモノは俺のモノ」と「ドラえもん」に出てくるジャイアンのように他人の所有物を占有しようとする人が続出すれば，周りの人の自由が侵害される。そこで住民が「それぞれの所有権を尊重する」というルールを作り，武装の許される保安官を１人任命して，彼にそのルールの執行を任せたとする。それで所有権の侵害が起こらなくなれば，そのしくみはうまく回っていることになる。だが，仮にその保安官が対価として住民からその稼ぎの80％を徴収し始めたとしたら，再び住民は苦しむこととなる。

ここで，「保安官が住民の所得の80％を徴収できる」という新ルールが「所有権を尊重する」というもともとのルールを侵害しているので無効だと非難することができるだろう。法律学的な思考である。また，「所得の80％も徴収するルールは住民から働く気力を奪い，非効率だ」と論じることもできよう。経済学者はこういうかもしれない。

それに対して，本書で学ぶ政治学は「保安官が住民の所得の80％を徴収できる」という困ったルールが生まれたしくみに関心を寄せる。保安官の職務範囲はどの程度限定されていたのだろうか。複数の候補者による選挙は行われていたのだろうか。保安官の任期はどのくらいで，再選のために住民に支持される必要はあったのだろうか。保安官が複数存在し，互いに牽制（けんせい）し合えたとしたらどうなっていただろうか。つまり，困ったルールが生まれてしまったとすれば，住民による保安官への授権と監視のプロセスに問題があったと考えるのである。

ここまで述べてきたことは寓話に過ぎないが，政治学の1つの特徴を示していよう。ルールそのものではなく，ルールを作り，それを執行するしくみについて考えるのである。これはなんだか面倒で直接的な意味が薄い感じがするかもしれない。しかし，不当と思えるルールを目の前にしたとき，なぜそのようなルールが生まれてきたのか，そのルールを変えるにはどのようにすればよいのか，という視点を政治学は与えてくれるのである。

本書の考え方

このような政治のしくみの理解をめざす本書は，2つの基本的な考え方によって貫かれている。1つは，人々が自分の利益に従ってそれぞれ自由な意思決定を行うというものである。この方法論的個人主義と呼ばれる立場では，独立した個人を一般的に想定し，個人は自らが望む利益を最大化するために意思決定を行い，行動すると仮定している（自己利益最大化）。決定の背後には個人の選択があるという見方であり，極端な話をすれば，自分の身を犠牲にして人を救うといったような行動も，それが自分にとって望ましいと考えて選択している，と想定するような見方である。

もう1つは，自己利益最大化をめざす個人といっても，それが単独で存在するわけではなく，お互いに影響を与え合う他者が同時に存在するという考え方である。これは，他者の決定によって自分の決定から得られる利益が変わってくるという戦略的相互作用を考えることを意味する。他者は，常にあなたが望むように行動するわけではなく，あなたが止めてほしいと思う行動をとるかもしれない。そうすると，あなたも他者のそのような行動を前提として自分の行動を決定しなくてはいけないだろう。ここで重要となるのは，**お互いに協力を促して望ましい状態を作り出すためのしくみ**である。

本書で展開される政治学は，その対象が日本といった1つの国の中の話である国内政治であれ，または，日本と他の国との関係である国際政治であれ，方法論的個人主義を基礎として，戦略的相互作用を重視したものになる。それぞれの個人が自由に自己利益を追求しつつ，他方で他者との戦略的相互作用の中で望ましい状態を導くために，自分たちの自由を部分的に制限する**権力**を作り出すのである。そして，この**権力を統制する**ことがきわめて重要な問題となる。弱すぎると必要な制限ができないし，強すぎると個人の抑圧につながるからである。

このような見方は，ある政治現象を説明する際に，個人の決定に強い影響を与えるような文化を重視したり，ある特定の個人に権力を帰着させたりするようなタイプの政治学とは異なるものである。しばしば日本政治はヨーロッパやアメリカの「合理的」な政治とは違って，義理人情が支配する特殊な政治なので同じように説明するのは難しい，などといわれることがある。また，ヨーロッパやアメリカとは違って強いリーダーがいないから，日本政治では「決められない」などと批判されたりすることもある。しかし，本書の見方に立てば，両者の間に違いが観察されるとしたら，それは個人が追求する利益や戦略的相互作用のあり方に違いが存在するからである。そして，そのような違いを生み出す背景には，ルール作りのしくみに違いがあるからであり，仮にそれが全く同じものになれば，きっと同じような政治が行われることになると予想することになる。

もちろんこのような見方がすべてではないし，本書の筆者らは，誰もがこのような見方で政治を観察し，語るべきだというつもりはない。しかし，方法論的個人主義と戦略的相互作用を重視する説明は，私たちの自由を規定する政治を理解するための重要な手がかりになると信じている。あなたにとって望ましくない決定が行われたとき，運命や偶然として受け入れるのでもなく，誰かの陰謀として思考停止するのでもなく，本書のようなアプローチのもとで原因を推論することが，望ましくない決定を変えていく第一歩になるのではないだろうか。そしてそのような思考法は，国家や自治体といったレベルで政治家と呼ばれる人たちがかかわる政治だけではなく，あなたの身近にある集団の意思決定にも通じるものがあるはずである。

本書の構成

このような考え方に基づいて執筆された本書は，次のように構成されている。

まず第1章から第3章までは，政治をとらえるための大きな枠組みについての説明となっている。第1章で，本書全体を通じた政治のとらえ方について説明したうえで，簡単な例とモデルで基本的な考え方を説明する。さらに第2章では国家，第3章では政治体制という意思決定の前提となっている枠組みについて説明を行っていく。

続いて第4章から第6章までは，それまでの国家や政治体制の議論を前提として，自由民主主義体制と呼ばれる政治体制のもとで国民を代表するリーダーをどのように選び，選ばれた代表がどのような役割を果たすかを説明している。第4章では民主主義の前提となっている選挙を，そして第5章では民主主義に不可欠の存在である政党を中心に説明し，第6章では国民がリーダーをどう統制できるかについて述べる。

第7章から第9章までは，権力の集中と分割についての説明が続く。選ばれた代表が国民の自由にかかわる決定を行うとしても，その決定にかかわる権力が集中しすぎていると，個人の自由が簡単に侵害される可能性がある。そこで，権力の集中を防いで個人の自由を保護するしくみを作る必要があるのだ。第7章では大統領・議会・裁判所といった機関の役割について説明し，第8章では政策過程における官僚や利益集団の役割を議論する。第9章では権力の集中と分割という観点から地方自治について述べる。

第10章から第12章までは国際政治を扱う。ここでは，意思決定の主体が個人から国家へと移り，国家間の関係に議論の焦点が当てられる。国家間の関係では，それぞれの国家の行動を制限する上位の権力主体が存在しないことを前提として，関係する2国間あるいは多国間の戦略的相互作用を分析する枠組みを示していく。第10章では国家間の安全保障を，第11章では経済的な相互依存を扱い，第12章では国家以外のアクター（意思決定の主体）にも目を向けながら現代の国際関係について考えていく。

本書は，筆者の3人が構成から時間をかけて議論し，それぞれが執筆した部分についてお互いに意見を述べ，文章を修正し合いながら作り上げてきたものである。政治学の中でも細かな専門は異なり，お互いに異なる分析視角をもつことに学びつつも，議論を重ねる中で認識のための共通基盤をもっていることを確認する場面が多かったように思う。

本書の作成にあたっては，曽我謙悟（京都大学），田中拓道（一橋大学），松林哲也（大阪大学），鈴木絢女（同志社大学）の各氏に草稿を精読していただき，検討会というかたちで集中的にコメントをいただいた。きわめて真摯（しんし）なコメントをいただいていた時間は，筆者らにとっては針のむしろに座らされているような気もしたが，それよりも政治学についてあらためて考える素晴らしい機会であった。ご協力いただいた各氏には心から感謝している。

編集を担当いただいた有斐閣の岩田拓也氏と岡山義信氏には，編集会議のたびに大阪までお越しいただき，延々と続く議論にお付き合いをいただいた。政治学についての入門的な教科書という企画であるにもかかわらず，たびたび細かい部分にこだわり続ける筆者らの議論に対して，読者からの視点で話を本筋に引き戻す役割を担っていただいたと思う。また，最終段階で，読みやすさを考えて内容についても踏み込んだアドバイスをいただいたことに深く感謝したい。

本書が完成したことで，梅田にある神戸大学のオフィスで数時間の議論を重ねた後，有斐閣のおふたりも含めて近くの「寅男」という九州郷土料理店で飲みながら歓談するというルーティンがなくなってしまうのは寂しい限りである。そのルーティンを許してくれたそれぞれの家族に感謝して，本書を捧げることとしたい。

2015 年 7 月

著者一同

著者紹介

砂原　庸介（すなはら　ようすけ）

1978年　大阪府に生まれる。

2001年　東京大学教養学部卒業。

2006年　東京大学大学院総合文化研究科国際社会科学専攻博士後期課程単位取得退学。

現　在　神戸大学大学院法学研究科教授。博士（学術）。

専　攻　行政学・地方自治

主な著作　『地方政府の民主主義――財政資源の制約と地方政府の政策選択』（有斐閣，2011年），『分裂と統合の日本政治――統治機構改革と政党システムの変容』（千倉書房，2017年），『領域を超えない民主主義――地方政治における競争と民意』（東京大学出版会，2022年）。

稗田　健志（ひえだ　たけし）

1977年　北海道に生まれる。

2000年　一橋大学社会学部卒業。

2010年　欧州大学院大学政治社会学部博士課程修了。

現　在　大阪公立大学大学院法学研究科教授。博士（政治社会学）。

専　攻　比較政治学・福祉国家論

主な著作　*Political Institutions and Elderly Care Policy: Comparative Politics of Long-Term Care in Advanced Democracies* (Palgrave Macmillan, 2012), "Politics of Childcare Policy beyond the Left-Right Scale: Postindustrialization, Transformation of Party Systems, and Welfare State Restructuring," *European Journal of Political Research*, 52(4): 483-511, (2013), "Linking Electoral Realignment to Welfare Politics: An Assessment of Partisan Effects on Active Labour Market Policy in Post-industrial Democracies," *Comparative European Politics*, 19(5): 555-575, (2021)。

多　湖　　淳（たご　あつし）

1976年　静岡県に生まれる。
1999年　東京大学教養学部卒業。
2004年　東京大学大学院総合文化研究科国際社会科学専攻博士後期課程単位取得退学。
現　在　早稲田大学政治経済学術院教授。博士（学術）。
専　攻　国際政治学
主な著作　『武力行使の政治学――単独と多角をめぐる国際政治とアメリカ国内政治』（千倉書房，2010年），"An 'A' for Effort: Experimental Evidence on UN Security Council Engagement and Support for US Military Action in Japan,"（with Maki Ikeda），*British Journal of Political Science,* 45(2): 391-410,（2015），『戦争とは何か――国際政治学の挑戦』（中公新書，2020年）。

目　次

Column一覧

図表一覧

＊ 本文中の図表は，各図表の下に出典を明記したもの以外は，すべて筆者が作成したものである。
＊ 執筆に際し，直接引用したり参考にした文献を，各章末に一覧にして掲げた。本文中では，著作者の姓と刊行年のみを，（　）に入れて記した。
　例）（久米ほか 2011）
　　久米郁男・川出良枝・古城佳子・田中愛治・真渕勝 2011『政治学〔補訂版〕』有斐閣。

CHAPTER

第1章

政治のとらえ方

INTRODUCTION

政治とは何だろうか。政治の役割とは？ どうすれば政治を理解することができるだろうか。この章では，身近な事例を，調整ゲーム，囚人のジレンマゲーム，繰り返し囚人のジレンマゲームといった簡単なゲーム理論のモデルで分析し，政治現象を理解するために本書全体で用いる枠組みについて説明する。

1 政治とその分析視角

政治の定義

政治とは何だろうか。政治学は古代ギリシャのプラトンやアリストテレスにまで遡（さかのぼ）ることのできる歴史ある学問だが，物理学やミクロ経済学のような一貫した体系をもつものとはいえない。そのため，「政治」の理解は政治学者によって千差万別であり，それに明快な定義を与えることは難しい。だが，あえて定義すれば，**政治とは価値の権威的配分**である（イーストン 1968）。

この政治の定義を理解するには，経済学の分析対象と比較するのがよいだろう。経済学が主に対象とするのは財の自発的交換である。ミクロ経済学で最初に学ぶのは，例えば，米だけをもつ農民とサンマだけをもつ漁師とが市場にそれぞれの産物を持ち寄って交換することで，お互いの満足度が増すという事実である。農民は米だけを食べて暮らすよりも少しはサンマもあったほうがうれしいので，喜んで交換に応じるだろう。自分の満足度が最も高くなる時点で米とサンマとの交換を止めればよい。経済学が教えるのは，こうした自由で自発的な財の交換によって市場参加者の満足度が最大化するということである。この市場での取引には強制が一切存在しない。

だが，仮に農民と漁師の住む村のリンゴ農家がリンゴの病気で壊滅的被害を受けたとしたらどうだろう。交換するリンゴがないのだから，市場での自発的交換に任せてはこの農家は飢え死にしてしまう。飢えるにまかせるというのも1つの選択だが，それができないならば村の米作農家やサンマ漁師それぞれの負担を決め，リンゴ農家に援助物資を配らなければならない。そのためには，村という集団として再分配の意思決定をし，喜んで米やサンマを提供してくれる村人だけでなく，「本当は物資の提供なんかしたくない」という村人までを含めた全員を，その決定に従わせなければならない。人々の自発性に任せていては行われなかったであろう物資の提供を村人にさせているという点で，この意思決定には権力が働いている。

また，この村が川を隔てた隣村と，日照りのときにどちらがその川の水を田んぼに引くかという水利権で争っているとしよう。この争いも「自発的交換」では解決しない。2つの村の間での交渉か，両者の間での武力闘争か，あるいは上位の機関による裁定か，何らかの方法でどちらの村がどの程度川の水を使うのかを決めなければならない。ここでも，自発的交換以外の方法で水という希少な財の配分法を決めなければならないのである。

リンゴ農家への再分配にしろ，川の水利権をめぐる紛争にしろ，ここで挙げた例では，価値のあるものが自発的交換以外の方法で配分されている。安定した配分がなされている限り，喜んでか渋々かは別として，誰かがほかの誰かの意思決定を受け入れてそれに従うという関係が成立しているはずである。それを指して「権威的配分」と呼んでいるのである。また，安定した配分が実現していないならば，そこには紛争や対立が存在するはずである。

政治学は，財，権利，名声，安全といった価値のあるものの権威的配分を分析対象とする学問である。それはすなわち統治のあり方を問題にする学問という意味でもある。集団として意思決定し，負担や便益を配分し，人々の間に秩序を形成する。それが統治である。だからこそ，本書が次章以降で扱うトピックがそうであるように，国家や政府のあり方が政治学の主題となるのである。また，統治とは力を背景にした強制や，決定への自発的服従に基礎を置くものであるから，安定した秩序だけではなく，統治するリーダーへの統治されるフォロワー（被治者）からの抵抗や，リーダー間の対立も当然に分析対象となる。さらに，統治の不在として，国家間戦争や内戦も政治学の視野に入ってくる。

ただし，「政治学は統治に関心を寄せる」といったからといって，政治現象が国家や政府に関連するいわゆる「大きい政治」に限られるわけではない。確かに，永田町や霞が関で政治家や官僚が行う決定は秩序にかかわる政治のわかりやすい例である。しかし，これから見ていくように，マンション管理組合のような身近な場所でも集合的意思決定や価値の権威的配分は観察できる。こうした「小さい政治」にも政治学の分析は応用が可能である。

分析の枠組み

政治現象を統治にかかわるものととらえたとして，それをどのような視角から分析すればよいのだろうか。これこそ分析者の腕の見せ所だが，本書は方法論的個人主義という立場から政治現象を読み解いていく。方法論的個人主義とは，政治や社会現象を個人の行為の積み上げとして理解する見方を指す。いいかえると，本書は政治現象を，個人に先立って存在するそれぞれの社会全体の特徴，すなわち文化によって説明することはしない。例えば，日本では自由民主党の一党優位の期間が長く，イスラエルでは小党が乱立する傾向があるとしよう。その際，その原因を「日本人は『寄らば大樹の陰』『長いものには巻かれろ』という体制順応主義の傾向が強いから」であるとか，「イスラエル人は議論好きで個が独立しているから」とかいった文化の違いには求めないということである。

さらに，本書は合理的選択論の立場に立って説明を進めていく。合理的選択論とは，方法論的個人主義の中でも1つの大きな仮定を置いて政治現象の説明を組み立てていく立場である。その仮定とは，**政治現象の構成要素として独立した個人を一般的に想定し，そこで想定される個人はそれが望む利益を最大化するために決定し行動するという仮定**である。

このように仮定するからといって，本書の筆者らが「人間は常に自己利益を最大化するように行動する」と信じているわけではない。実際の人間は自分の利益を最大にする選択肢がどれかわからないことも多いし，間違いも犯す。それでも，説明の前提に合理的個人を置くのは，多様である人間の性質をいったん括弧に入れ，そうした人々が置かれた環境，とりわけルールのあり方といった制度に焦点を当てたいからである。例えば，先の日本とイスラエルの例でいえば，人々の投票行動や政治家の活動は合理的であると想定することで日本人とイスラエル人の性格の違いを捨象し，日本とイスラエルの選挙制度の違いが政党システムにどのように影響しているのかを分析するという意味である。

そして，本書では，ある制度のもとで合理的個人が戦略的相互作用する帰結として政治現象をとらえる。というのも，**社会では合理的個人が単独で存在するのではなく，他の個人と集団を形づくっているため，相互に相手の戦略をふまえて決定と行動を行っているから**である。合理的個人が自己利益を最大化するように一方的に行動したからといって，それが実現する保障はない。本章第3節で集合行為問題として学ぶように，政治過程に参加する合理的個人が自己利益を最大化しようと行動する結果，誰にとっても望ましくない結果が生じるという逆説が生じうる。戦略的相互作用を重視する立場というのは，制度が政治過程に参加する合理的個人にもたらすインセンティブ（動機・誘因）を分析し，参加する本人たちも意図していない帰結が生じる理由を探る見方である。

本章では，以下，簡単なゲーム理論のモデルを使って身近な政治現象を説明していく。ゲーム理論とは，さまざまな社会現象を複数のプレーヤーが参加するゲームと見立て，お互いの戦略が相互に依存する状況を分析する研究分野である（岡田 2014）。ゲーム理論でも，分析対象となるゲーム的状況において，各プレーヤーは合理的に行動すると想定する。まさに，合理的個人の間の戦略的相互作用という本書の分析視角と合致しており，第2章以下で述べていく分析の基本的な考え方をゲーム理論の解説から身につけることができるだろう。

2 秩序ができるには

調整ゲーム

エスカレーターでの立ち方が東京と大阪では違うという話を聞いたことはないだろうか。東京では左側に立ち，急ぐ人は右側を歩く。これに対し，大阪では右側に立ち，急ぐ人は左側を通る。エスカレーター自体が歩く構造で作られていないので，2列で立ち止まっての使用が奨励されてはいるが，東京で右側に立てば，後ろで急いでいるサラリーマンの視線にいたたまれない気持ちになるだろうし，大阪で左側に立てば「チッ」と舌打ちされるかもしれない。いずれにせよ，右側立ち，あるいは左側立ちのローカル・ルールに背いても不利益しかないので，一人ひとりがそのルールを守る結果，その場にそれぞれの秩序が成立するのである。

ここで，上に成立しているような秩序を，ゲーム理論のモデルを使って考えてみたい。**表 1.1** のような状況を考えてみよう。この表は，AとBの2人のプレーヤーが存在し，道路の右側を走るのか，左側を走るのかの選択に迫られている状況を示している。Aはヨコの行に示した2つの戦略から選び，Bはタテの2列のいずれかから戦略を選ぶ。両者の戦略の組み合わせは全部で4つあり，それぞれの利得は括弧内の左の数字がAの利得，右の数字がBの利得と

CHART 表 1.1 通行ルールの選択

		B の戦略	
		右	左
A の戦略	右	《3，3》	《0，0》
	左	《0，0》	《3，3》

して示されている。**表 1.1** のようなプレーヤーの行動と利得の関係を示す表を利得表と呼ぶ。

表 1.1 のゲームで，プレーヤーはどのような戦略をとれば自分の利得を最大化できるだろうか。まず，A の戦略から考えよう。B が右側通行を選ぶとき，A が右側通行を選択すると，利得は《A の利得，B の利得》=《3，3》なので 3 の利得を得られる。他方，B が右側通行を選ぶとき，A が左側通行を選択すると，《A の利得，B の利得》=《0，0》なので，0 の利得となる。つまり，B が右側通行ならば A も右側通行を選んだほうがよい。逆に，B が左側通行を選ぶとき，A が右側通行を選択すると，利得は《A の利得，B の利得》=《0，0》なので 0 の利得となる。B が左側通行を選ぶとき，A が左側通行を選択すると，利得は《A の利得，B の利得》=《3，3》なので 3 の利得となる。つまり，プレーヤー A はプレーヤー B と同じ側を通行するのが得策である。

これと同じことがプレーヤー B にも当てはまるので，B も A と同じ側を通行するのが得策となる。つまり，**表 1.1** のような状況では，どちらのプレーヤーも相手と行動を調整すれば高い利得を得られる。プレーヤー同士が相手と行動を合わせることが重要なので，このようなゲーム状況を調整ゲームと呼ぶ。

この**表 1.1** における《A－右側通行，B－右側通行》あるいは《A－左側通行，B－左側通行》という戦略の組み合わせは，お互いが自分の利益しか考えないとき，相手の戦略に対して最適な応答となっている。A が右側通行のときに B が右側通行から左側通行へと戦略を変えれば利得は 3→0 に減ってしまうし，B が左側通行のときに A が左側通行から右側通行へと戦略を変えると利得は 3→0 に減ってしまう。このように，**相手が戦略を変えない限り，どのプレーヤーも戦略を変更して利得を増やすことができない戦略の組み合わせを**

ナッシュ均衡という。表 1.1 の調整ゲームではナッシュ均衡が2つ存在するということである。

表 1.1 に単純化した状況は，実は，現実社会において数多く存在する。道路の右側通行・左側通行は典型例だが，お店での並び方（一列縦並び，フォーク並び，整理券方式など）も調整ゲームの例に挙げてよいだろう。

政治の役割

ここまで説明してきた例のうち，エスカレーターの通行方式といった慣行は，ルールを逸脱するプレーヤーが現れても，他の通行人とぶつかったり，サービスを提供してもらえなかったりする結果，再び均衡点に戻るという性質をもつ自発的な秩序である。このとき，エスカレーターであれば，みんなと逆側に立っていても後ろに渋滞ができるぐらいで，ローカル・ルールからの逸脱行動が他の参加者に与える不利益は小さい。それゆえ，強制力をもつ国家権力や集団による意思決定といった「大きい政治」が登場する必要はない。

しかし，自動車道路の通行方式の場合はどうだろう。ここで自発的秩序に任せれば，エスカレーターがそうであるように，東京では右側通行だが大阪では左側通行といった状況が生まれかねない。しかし，その境目の，どちらの通行方式がローカル・ルールとなっているのかが曖昧（あいまい）になる地域では危険極まりないことになる。ここに強制力をもつ国家の関与が求められる余地が生まれる。

次のページの写真は「右側通行の日」と呼ばれる1967年9月3日のストックホルム市街地の様子を写したものである。この日，スウェーデンは長く続いてきた左側通行の慣行を改め，国境を接する国々に合わせて全国的に右側通行への切り替えを実施した。本来，「左側通行」というナッシュ均衡は安定しており，ある個人がそのほうが便利だからと「右側通行」を訴えかけても，人々はその行動を変えなかっただろう。

だが，第2章で詳しく説明するように，国家は**それの定めるルールに従うことは正しいことだと人々に思わせる**正統性と，**そのルールに違反する逸脱者に罰則を科すことのできる**強制力をもっている。まず，スウェーデン政府は議会の議決により交通法規を改めて「右側通行」と定めた。そして，全国津々浦々まで「右側通行の日（Dagen H)」のステッカーを貼り出してPRに努め，十分

「右側通行の日（Dagen H）」のストックホルムの様子
（1967年9月3日）

［写真提供］ TT News Agency／時事通信フォト。

な準備期間をおいた。当然のことながら，道路の逆側通行のような交通法規の違反者には処罰を加えることができる警察が後ろに控えている。そのことによって，道路の利用者が「右側通行」というルールに従って走るインセンティブは強化される。もちろん，写真の通り，改正法の施行日は混乱が見られたが，国家が「まわりは右側を走るだろう」という人々の期待に強く働きかけた結果，いまでは何も考えることなく，みんなが右側を通行している。

ここでは，国家は「右側通行」と「左側通行」という2つあるナッシュ均衡の1つに罰則を用いて人々の期待を誘導し，「右側通行」という秩序を作り出している。そして，「ルール違反者は罰するぞ」という脅しが重要であって，実際に罰則が適用されることは稀（まれ）である。それは，人々の期待が一致する限り，そこから逸脱した行動をとるのは各参加者にとっても不利益となるので，あえてそのような逸脱行動をとる者は少ないからである。

政治の役割の1つは，**正統性や強制力といった資源をもつ国家の力を用いて人々の期待に働きかけ，秩序を形成すること**である。通行のルールの選択ではナッシュ均衡は「右側通行」か「左側通行」の2つしかなかったが，さまざまなルールの選択において数多くのナッシュ均衡が存在する。例えば，長さの単位にメートルを使う必然はなく，アメリカで使われるヤードでも，昔の日本のように尺でも何でもよい。円滑な取引やコミュニケーションのためには，みん

CHART　表 1.2　橋の選択

		Bの戦略 東	Bの戦略 西
Aの戦略	東	《5，3》	《0，0》
Aの戦略	西	《0，0》	《3，5》

なが使う単位が揃っている必要があるという意味で，調整ゲーム的状況にあることがわかるだろう。自発的秩序に任せることも可能だが，みんなが同じ単位を用いる均衡をより安定させるため，例えば日本では計量法という法規を定めて人々の間に「メートル法を使う」という期待を強化している。国家を使って音頭をとり，無数に存在するナッシュ均衡の中から１つの点に人々の期待を収斂（しゅうれん）させることが政治の重要な機能の１つなのである。

政治と権力闘争

ここまで説明してきたような調整ゲームの枠組みで秩序の形成を考えると，政治があたかも技術的な問題に見えてしまうかもしれない。左側通行でも，メートル法でも，みんなが同じルールに従うことが重要であって，そのルールの間（例えば，右側通行 vs. 左側通行）には大した違いがないのであれば，どこかの専門家が均衡点を決めてくれれば，それでよいと思えるだろう。そこには，永田町やワシントン D.C. を描く映画やテレビドラマに出てくるような，国家の意思決定権を掌握するために多数派の形成をめざして争う政治家たちが登場してくる必然性が見えてこない。

そこで，「通行ルールの選択」で見た調整ゲームを少し変えたゲーム的状況を考えてみよう。**表 1.2** を見てほしい。いま，ある島の東側に集落 A があり，西側に集落 B があり，みんなで資金を出し合って島と本土とを渡す橋を架けることになったとしよう。地形的条件から，橋は東側の集落を起点とするか，西側の集落を起点とするかしかない。架橋にかかる費用の関係から，集落 A と集落 B の方針が一致しなければ橋を架けることはできない。それまで船で本土と往復していたのだから，どちらの集落にとっても橋は架かったほうが望ましい。問題はその位置である。

表 1.2 からわかるように，集落Aは集落Bが東を選択するならば同じく東側を選択したほうがよいし，集落Bが西を選択するならば同じく西側を選択したほうがよい。集落Bについても同じことがいえるので，《東，東》と《西，西》の戦略の組み合わせがナッシュ均衡となる。しかし，**表 1.1** と異なり，それぞれの均衡点での利得が異なっている。集落Aは東側に橋が架かれば利得5を得られるが，西側に架かれば利得は3となる。集落Bにとってはその逆である。

この「橋梁（きょうりょう）選択の事例」が示すように，人々はお互いに行動を調整したほうがしないよりも大きな利益を得られる。しかし，その利益が平等に分配されることのほうがむしろめずらしい。みんなでお金や労力を出し合って何を作るのか。それをどこに置くのか。大きな利益を得られる人もいれば，小さな利益しか得られない人も出てくるだろう。ここに対立のきっかけがある。

このように**分配上の違いが出てくるからこそ，「敵か，味方か」という対立関係が政治の本質の一面をなす**のである。自分たちに有利となるような決定をめざして互いに争い合う。だが，**表 1.2** のゲーム的状況が示すように，**お互いの調整が利益となることもまた政治の本質の1つ**である。政治学の目的の1つは，この協調と対立の構図をとらえ，どのように決定がなされ，どのように協調の果実が分配されるのかを分析することである。

3 集合行為問題とその解決

集合住宅の照明

マンションやアパートのような集合住宅に住んでいて，その廊下などの共用部分に照明が必要なときはどうすればよいだろう。自分だけが使うものではないから，自分だけが負担して照明を用意するのは割に合わない気がする。しかし一方で，できれば自分は負担せずに誰かがお金を出して照明をつけてくれるとうれしい，という気持ちがあっても不思議はない。ただ，みんなが負担を嫌がって，結局，集合住宅の共用部分に照明がつかなかったら，みんなが困るこ

CHART 表 1.3 囚人のジレンマゲーム

		Bの戦略	
		協力	裏切り
Aの戦略	協力	《3，3》	《0，4》
	裏切り	《4，0》	《1，1》

とになってしまう。

このような場合は，先ほどの調整ゲームとは違うことを考えなくてはいけない。調整ゲームの場合には，お互いに行動を調整することで，それぞれが利益を得られる望ましい秩序が成立したが，集合住宅の照明の場合には，望ましい秩序を成立させるために，それぞれの協力が必要になる。それは，個々の居住者が自分は負担せずに誰かの負担で共用部分につけてもらった照明を使いたいという誘惑をもっているので，自然に誰かが負担して共用部分に照明をつけよう，とはなかなかなりにくいからである。照明1つくらいなら誰かが負担してくれるかもしれないが，それが大量になったり，共用部分でもエレベーターや駐車場のように費用が大きくなったりすると，もう絶望的だろう。それではなぜ，実際の集合住宅では，共用部分に照明（あるいはエレベーターや駐車場）がついているのだろうか。

囚人のジレンマゲーム

ここで想定していたような状況は，**表 1.3** のように考えることができる。**表 1.3** の利得表では，AとBがともに協力をする場合はそれぞれ《3，3》という利得を得ることができるが，ともに協力せずに裏切る場合は《1，1》という利得になる。つまり，裏切るよりも協力したほうが，両者にとって利益が大きくなるというわけだ。

それでは何もしなくてもお互いに協力するようになるのだろうか。残念ながらそう簡単にはいかない。その理由は裏切りへの誘惑である。これは相手の負担にただ乗りしようというものだから，フリーライダーの誘惑とも呼ばれる。そして以下で説明していくように，**個人が自己利益を追求することで，他者と**

Column❶ 囚人のジレンマ

本文中では，集合行為問題とその解決について，集合住宅の例を用いて説明している。そして，その状態のことを「囚人のジレンマゲーム」と呼んでいる。このコラムでは，なぜ「囚人のジレンマ」という呼び方をするのかについて説明しておきたい。

「囚人のジレンマ」は，1950 年にアメリカのランド研究所というシンクタンクで，フラッドとドレシャーという 2 人の研究者によって考案された。ランド研究所では，囚人のジレンマのように，個々の意思決定主体の協力と裏切りが全体にどのような影響を与えるのかを分析するゲーム理論を，アメリカの核戦略に応用することを視野に入れていたという。考案した研究者たちは研究成果を論文として公表しなかったにもかかわらず，集合行為問題のわかりやすい説明として，多くの研究者に引用されることになった（スタンフォード哲学百科事典　http://plato.stanford.edu/entries/prisoner-dilemma/）。

その内容は，次のようなものである。逮捕された 2 人の銀行強盗（囚人）が別々の部屋に収監されており，ともに相手はともかく自分が少しでも早く釈放されることを望んでいる。検察官はそのような 2 人に対して，ある条件のもとで「自白」か「黙秘」を選ぶことを促す。その条件とは，次のようなものである。

1. あなたが自白してもう 1 人が黙秘したら，あなたは釈放し，あなたの証言を使ってもう 1 人にはきっちり長い期間の懲役で罪を償ってもらう。
2. あなたが黙秘してもう 1 人が自白したら，もう 1 人は釈放し，その証言を使ってあなたにはきっちり長い期間の懲役で罪を償ってもらう。
3. 2 人とも自白したら，私（検察官）は 2 つの有罪判決をとれるので，

の協力による望ましい状態を作ることができないような状況が生じる問題を，**集合行為問題**と呼ぶ。

具体的に相手（B）の戦略を考えながら自分（A）の戦略を考えてみると，まず相手（B）が協力を選択したとき，自分（A）も協力すればともに3の利得となるが，自分（A）が裏切ると4の利得を得ることができる。それだけではなく，相手（B）が裏切りを選択するときも，自分（A）が協力していれば0の利得だが，裏切っていれば1の利得となるのである。つまり，相手の戦略が協力

その代わり２人とも早い段階での仮釈放を取り計らってあげよう。

4. ２人とも黙秘したら，仕方ないので武器の不法所持という軽い罪を問うだけで我慢してあげよう。

本章の説明からもわかるように，「黙秘」が協力であり「自白」が裏切りとなる。２人の囚人はお互いに黙秘してほしいと思いつつ，ともに自白してしまうナッシュ均衡が期待されるということが「ジレンマ」なのである。

日本の感覚でいえば，容疑者が自白しようが黙秘しようが，検察はきちんと証拠を集めて起訴し，有罪判決をとればよいではないか，と思われるかもしれない。しかし，アメリカでは少し状況が異なる。陪審制があって，起訴された被告が有罪になる確率は日本と比べてずいぶん低い。それにもかかわらず，検察官はきっちり有罪判決をとることで評価されるのである。証拠調べには時間がかかるので，検察官としてはなるべく短い時間で確実に有罪判決を獲得できるに越したことはない。そこで，有罪を認める代わりに刑罰を軽くするような「司法取引」も行われるのである。なお，日本でも 2018 年に日本版「司法取引」が開始されている。

検察官にとっては，確実に２つの有罪判決をとることができることが望ましく，それができれば囚人に対して早めの仮釈放を取り計らうことも提案してくる。「ゲーム」に登場しない検察官にも自己利益というものがあるわけだ。囚人のジレンマをはじめとするゲーム理論による分析は，政治学の理解にとってもきわめて有用だと思われる。同時に，ここに登場する検察官のように，「ゲーム」の外部でプレーヤーの利益を設定する権力が存在することにも意識を向けておきたい。

でも裏切りでも，自分は裏切りを選んでおけば協力するよりも高い利益が得られるということになるのである。

話はこれで終わらない。というのは，裏切りによって利益を得ることができるのは自分（A）だけではないからである。相手（B）の立場からも同じことがいえるので，相手（B）としても，自分（A）がどちらの選択をとろうが裏切りを選ぶことになる。そのため，両方が裏切りをとるという望ましくない秩序が生まれてしまうことになる。そしてこのとき，相手が協力へと戦略を変えない限り，自分だけが協力へと戦略を変えても利得を増やすことができないので，ナッシュ均衡になる。**表 1.3** のようなゲーム状況を囚人のジレンマゲームと呼び，ここでは，両者が裏切りを選択するのが唯一のナッシュ均衡になっているのである。

秩序を変える

両者が裏切るのがナッシュ均衡だとすると，協力はどのように生まれるのだろうか。実際は多くの集合住宅の共有部分にきちんと照明がつき，エレベーターや駐車場が整備されているわけで，そのような集合住宅ではフリーライダーの誘惑を乗り越えて居住者の間の協力を引き出していると考えられる。

そこで考えなくてはいけないのが制度というものである。制度はとても多義的な概念だが，ここでは，**ある望ましい秩序から逸脱した場合の制裁を定めた公式・非公式のルール**と考えよう。そのような制度の存在によって，個人の行動とその帰結である秩序が変わることになる。ここで望ましい秩序と考えられるのは，お互いに協力する状態であるが，すでに確認したようにフリーライダーの誘惑があると，そのような協力はなかなか難しい。そこで，裏切ったプレーヤーに制裁を加える制度を用意することで，協力を促すのである。

共有部分の照明の例でいえば，集合住宅の居住者に共益費を払うことを求めて，払わない場合には費用をあらためて請求したり，集合住宅の居住者としての権利を一部停止したりするなどの制裁を用意するのが制度である。一般的には，個別に使途を決めてお金を集めるのではなく，マンション理事会や管理会社などが「管理費」「共益費」としてお金を徴収し，それを照明の更新などが必要なときに利用することになる。このように，お金を徴収し，決められたかたちで利用するのが制度なのである。

先ほどの囚人のジレンマゲームを利用しながら，制度についてもう少し考えてみよう。みんながお金を出し合って，みんなのために利用するという制度が存在するときは，裏切りよりも協力のほうが望ましい選択になっていると考えられる。そのような新しいナッシュ均衡を作り出すのは，例えば裏切ったときの制裁である。**裏切るという選択に対して十分に大きい制裁（p）を与えることによって，相手がどちらの選択をとっても自分は協力という選択をとったほ**

CHART 表 1.4 裏切りへの制裁

		Bの戦略	
		協力	裏切り
Aの戦略	協力	《3, 3》	《0, 4−p》
	裏切り	《4−p, 0》	《1−p, 1−p》

うが望ましい状態を作り出すのであり，それを示したのが表 1.4 である。

Aから見ると，相手（B）が協力を選択したとき，自分（A）も協力すればともに3の利得となるのに対して，自分（A）が裏切ると利得は4−pになる。Bの裏切りに対して，自分が裏切れば1−pの利得だが，協力していれば0の利得となる。相手が協力しても裏切っても，自分の協力という選択肢が望ましい状態，つまり，3>4−pかつ0>1−p，という状態を作り出す制裁（p）が行動を変えるのである。

集合住宅の例でいえば，居住者が共益費や管理費を払わないとき，マンション理事会や管理会社は，未払いの居住者に対して費用を請求することができる。あるいは，「あの人は共益費を払っていないらしいよ」といったような話が集合住宅の中で噂になれば，未払いの人は居心地が悪くなるだろう。そのような制裁が予定されていれば，裏切りによって相手を出し抜くことによるメリットは小さくなり，お互いに協力するという均衡が導かれるのである。

制度の限界

このように囚人のジレンマを解決し，新しい秩序を生み出すためには，裏切ったときに制裁を科せられることが明らかで，みんながそれを認めていることが必要である。そのためには，どのような条件が考えられるだろうか。

重要になるのは，第2節でも説明したように正統性と強制力である。まず，そのような**制裁が正しいものであるという正統性について人々が納得している**ということである。裏切ったときには制裁が与えられて当然だ，という感覚を共有しているからこそ，そのような制度が成り立つし，それぞれが協力という行動を選択することができるのである。そして，**もし裏切ったときにきちんと**

制裁が与えられる，制裁が強制されるということが確実であることが必要である。このことは，制裁が実効的なものとして機能する背景に強制力が存在することを意味している。

このような正統性や強制力という概念を使いながら，もう一度集合住宅の例を考えてみよう。すると，集合住宅の居住者が共益費や管理費を払うときに正統性の感覚が重要であることがわかるだろう。自分が支払うお金がきちんと自分たちのために使われることや，費用を支払うことが法律などによって求められていることが正統性の感覚を生み出し，集合住宅全体のために費用を支払うことにつながるのである。

正統性に比べると，集合住宅における強制力は，それほどはっきりしたものではない。法律による定めがあるとしても，管理費や共益費を支払わない居住者に対して無理やり支払わせることは非常に難しいのである。集合住宅については，実はそのような現象が見られることがある。それは，「廃墟マンション」などとして問題になっている，空き家だらけの集合住宅である。

「廃墟マンション」とは，多くの居住者が管理費を支払うことがなく，挙句の果てには自分の部屋を「空き家」として放棄し，その結果としていわゆる暴力団などの反社会的勢力が集合住宅に住み着いたり，手入れされずにゴミがたまるなどして使えない状態に陥ったりする集合住宅である。このような集合住宅が生まれるきっかけは，例えばエレベーターのような共有部分が事故などで使えなくなり，その修繕に多額の費用がかかることなどである。

そうしたときに，多額の修繕費を突然支払うのは嫌だという居住者が，求められた費用を支払わずに，必要な修繕が行われないことがある。そうすると，集合住宅の資産価値が下がり，自分の部屋を放棄する人が出てくる。残った居住者にとって１人当たりの費用負担はますます大きくなり，他にも部屋を放棄する人が増えてしまうのである。多額の費用負担が必要なとき，マンション理事会は拒否する居住者に費用を負担させるまでの強制力をもたないので，必要な修繕を妨げる，囚人のジレンマが現れるのである。

集合住宅，「廃墟マンション」の例は，制度を考えるときに，その裏付けとなる強制力が重要であることを示している。いいかえると，強制力があれば，個人の行動を変える制度が生み出される可能性がある。例えば，力が強かったり，人を傷つける武器をもっていたりするような個人が，その暴力を背景として自分に対する「協力」を強制するような制度を作り出すことがありうるだろう。協力が正しいことだとは感じられなくても，制裁が強制されるために協力せざるをえないということはありうる。

強制力によって人々の自由を制限することで，結果として人々の協力を促し，望ましい状態を作り出すことができるとすれば，人々は自分たちの自由の一部を誰かに委ねて，その決定を受け入れることもある。費用の一部を負担して，マンションという資産の管理を任せるマンションの理事会や管理会社は，その1つの例だろう。そこでの問題は，望ましい状態を作り出すことを期待される理事会や管理会社が，居住者から集めたお金を使い込むなど自分勝手な行動をいかに防ぐかということである。そのためには，資金の使い道を居住者に対して報告させたり，問題を起こした理事会や管理会社の責任を追及して交代させたりするようなしくみが必要になる。そういったしくみを整えて，理事会や管理会社が居住者の利益に反した行動をとることを防ぐのである。

4 「将来の影」と当事者間の協調行動

繰り返し囚人のジレンマゲーム

マンションの管理組合の先ほどの例では，裏切ったときに制裁が科せられるという期待の存在が，フリーライダーを防止し，当事者間の協力によるマンションの適正管理を実現していた。しかし，制裁という強制力の存在を意識することだけが，当事者が協力してマンション管理に資源を投入する理由なのだろうか。協力しないと「〇〇法」による罰則があるから，裁判所が出てきて資産が差し押さえられるから，といったことを想起してマンション管理に協力する人がどれだけいるのだろうか。強制力の意識化は，私たちの日常感覚からすると，あまり強く影響していないようにも感じられる。

事実，強制力を意識させずとも，相手とともに長く付き合わなければならないという期待を抱くことが，囚人のジレンマ状況を打破することが知られている。同じ人々と空間を共有し，時間的にかなりの期間，ある程度相互依存的に付き合うほかない，という期待が共有されるのか否かという問題である。なぜそのような期待の共有が重要になるのかを説明するのが，ゲーム理論のいわゆる繰り返し囚人のジレンマゲームのナッシュ均衡解である（鈴木・岡田 2013：第1章；岡田 2014）。

例えば，10年，20年といった長い間，共同で共有空間を維持していくことになる分譲マンションの居住者間の関係を想像してほしい。ここで，**表 1.3** の囚人のジレンマゲームを1日に1回，繰り返す場合を考えてみよう。協力がゴミ捨てルールを守ることを意味し，裏切りはゴミ捨てルールを守らずに好きなところにゴミを置いてしまう姿を意味する。ここで，1回目（1日目），2回目（2日目），3回目（3日目）と，順次ゲームが実施されていくことになる。

仮に，相手が協力して，自分も協力するならば，3+3+3+3+……と利益を毎回得ていく。ともに「永遠にこのマンションに住む」と期待している間には，相手を裏切るよりも相互に協力するほうが得だと考えて，実際にも協力を選択すると思われる。そのような期待が共有されているマンションでは，ゴミがルール通りに出されていくだろう。

しかし，例えば自分が近い時期に引っ越すとわかっているとしたら，どうなるだろうか。いまいるマンションに見切りをつけた瞬間から，自分だけはルールを守らずに利得4を得ようとするのではないだろうか。将来の利得にほとんど価値を置かないと，①ルール通りのゴミ捨ては早起きをしないといけないから面倒であり，また，②これからもそこに住み続ける人がきっとゴミを片づけるに違いないと考えて，裏切りが合理的な戦略になる。

つまり，最後の最後，相手との関係が切れる直前では，相手を出し抜くことで《自分の利得，相手の利得》＝《4，0》をねらうのが合理的になる。相手を裏切るという選択は，将来に対する期待が減じていくことで，徐々に魅力的な選択肢になっていく。もちろん，双方協力の場合の利得《3，3》を得るほうが，双方裏切りの場合の利得《1，1》を得るよりも望ましいのは明白である。したがって，繰り返し行われる囚人のジレンマゲームでは，①ゲームが将来にわたって繰り返されるという期待があり，②相手も自分が裏切らない限りは裏切ってこないという期待があり，そして，③将来に得られる利益の大きさを現時点で重視すればするほど，《協力・協力》が安定的な状態，つまり，ナッシュ均衡になる（鈴木・岡田 2013：第 1 章；岡田 2014）。

「将来の影」による囚人のジレンマの解決

このことは，数多く存在し実際に機能している「分譲マンション管理組合」と，現実には考えにくい「賃貸マンション管理組合」の違いにつながる。先ほど指摘したように，どちらでも市場メカニズムとは違うかたちで，集団の価値の配分をめぐる意思決定が行われうる。両者の違いは，構成員の将来への期待である。

分譲マンションの場合，賃貸マンションとは異なって，長い間ほとんど同じ居住者が住み続ける。そのため，分譲マンションでは居住者同士の関係が将来にわたって続くことが期待される。そこでは，強制力が意識されなくても，関係性の長期的な可能性を視野に入れ，居住者が管理組合を作ってお互いに協力する。すなわち繰り返し囚人のジレンマゲームの均衡解としての《協力・協力》という相互関係が成立しうる。

逆に，賃貸マンションの人間関係は，どうしても 2 年程度の短期間での入れ替わりが起こる。いくら管理組合を立ち上げましょうと声をかけても，そろそろ出ていこうかと考えている人は管理に資源を投入することなく非協力的態度をとり，仮に組合なるものができたとしても，その維持コストは一部の当事者だけが負担することになっていくだろう。したがって管理組合は安定的に成立せず，マンションのオーナーやオーナーから委託を受けた管理会社が第三者として賃貸料の一部をあてがわれて管理を一手に引き受けることになる。

このように，将来に対する合理的な「期待」を通じて社会のジレンマ状況を打開することは，ルールの明示化や制裁の制度化という政治の役割とは異なる。言い方を変えると，ルールの明示化や制裁の制度化は不要ながらも，繰り返し囚人のジレンマゲームの設定において将来の存在を十分に意識化することで，ジレンマ問題は打開できる。このような意識化を「将来の影」というのである。

要するに，次のような共有知を作ることができればよいことを意味する。すなわち，①社会の構成員がこれから先，他者とほぼ永続的な関係をもち，②裏切れば裏切り返すという能力と意図を相手がもつ中で，③将来の協力行動で得られる利益は大きいとわかる，ということがお互いの協力を引き出し，望ましい秩序を生み出す。特に，上位の権力主体が欠けていて，強制が機能しない国際関係における「政治」の根っこには「将来の影」の存在があるだろう。国際関係では，誰も統一的にルールを強制しないし，制裁も科さない。あるのは互いが抑止できて，相互に共存するほかなく，破壊し合うよりも協力するほうが，長期的に利益が大きくなると考えることが「平和」をもたらす，という基本構造の存在である。

＊　＊　＊

ここまで，合理的選択論の枠組みから人々の間の戦略的相互作用を分析した具体例として，ゲーム理論のモデルを紹介してきた。調整ゲーム，囚人のジレンマゲーム，繰り返し囚人のジレンマゲームという簡単なモデルの説明を通して示してきたのは，人々の間に望ましい秩序が生み出される条件である。

調整ゲームのモデルが示すのは，人々が自分以外のアクターの戦略を考慮に入れて行動する必要性である。「右側通行が好きだから」と相手の行動を考慮せずに行動すれば，自分の利益にすらならない。お互いが相手の戦略に沿って行動を調整し，互いの利益を実現することは，政治では決して少なくない。

また，囚人のジレンマゲームと繰り返し囚人のジレンマゲームのモデルが明らかにするのは，集合行為問題が解決されるには2通りのアプローチがあることである。集合行為問題とは，ゲームの参加者の誰もが相手の負担にただ乗りしようとする結果，協力的な秩序を構築できない状態を指す。囚人のジレンマゲームが教えるのは，相手にただ乗りしようとする「裏切り」という選択には制裁が用意され，しかもその制裁が必ず執行されるという期待を人々がもつとき，人々は安心して「協力」という選択をとり，お互いに協調の果実を享受できるということである。この場合，逸脱行動に対する制裁を定めたルールである制度が重要な役割を果たす。

繰り返し囚人のジレンマゲームが示すのは，ゲームの参加者を監視し，制裁を加える権力者が存在しなくとも，望ましい秩序が生み出される可能性である。すなわち，相手と今後とも永続的にかかわっていかなければならないことがわかっており，一度の「裏切り」で協力によって得られる利益をふいにするのは惜しいと思えるとき，たとえ制裁が制度化されていなくても協力が続けられるのである。その存否を決めるのが「将来の影」の存在であった。

本章で説明した利益の調整と集合行為問題の解決は，政治の中心的な課題であり，それを実現するために強制を伴う**権力**が必要とされることがある。他者の行動を変えるような強い権力は，利益の調整と集合行為問題の解決を行いやすくするかもしれないが，その権力をいかにコントロールするかという課題を生む。他方，国際関係のように上位の権力主体がない中で，望ましい秩序が生み出されるのは容易でない。

以下，本書でさまざまな政治のしくみを説明していく。その中でアクター間の利益の調整と集合行為問題の解決がどのように行われているのかが，繰り返し指摘されることになるので，本章で説明したゲーム理論のモデルをしっかりと理解しておいてほしい。それでは，具体的な政治現象の分析に歩みを進めることとしよう。

引用・参考文献　Reference ●

イーストン，デヴィッド／岡村忠夫訳 1968『政治分析の基礎』みすず書房。
岡田章 2014『ゲーム理論・入門——人間社会の理解のために〔新版〕』有斐閣アルマ。
鈴木基史・岡田章編 2013『国際紛争と協調のゲーム』有斐閣。

CHAPTER

第2章

国家という枠組み

INTRODUCTION

国家とは何だろうか。政治学の中心的な分析対象であるにもかかわらず，国家を理解するのはことのほか難しい。本章では，国家と国民とを区別し，統治機構としての国家の役割と機能を説明する。まず，国家を定義し，近代主権国家の構成要素を明らかにする。次に，国家の役割について検討する。市民の生命・自由・財産を守るためには国家による暴力の独占が必要だが，暴力を独占する国家はそれ自身の目的をもっていて，市民の自由や財産を脅かす存在となりうるという両義的な存在であることが示される。最後に，そうした独自の目的をもっている国家が市民のために働くようになる条件を，国家と市民との間のゲーム的状況の分析から探る。

1 国家をめぐる概念

国家とは何か

これから順を追って説明していくように，本書が焦点を当てるのは近代主権国家の内側の働き（国内政治）と，近代主権国家間の関係からなる国際政治である。しかし，そもそも「国家」あるいは「国」といわれたときに何をイメージするだろうか。

『国家の品格』『国家の命運』『国家の盛衰』……。書店には「国家」を語る本があふれているし，親戚のおじさんたちが集まれば「日本とは……」といった国家論をビール片手に繰り広げている。そこでイメージされる日本という国家は，南北に長く四季の変化に富んだ自然に恵まれた地理を有し，シャイだが勤勉な人々が住み，ダークスーツに身を包んだ政治家やエリート官僚が運営する「クニ」という姿のようである。

だが，このように漠然と「国家」を理解していると，次のような新聞記事に出くわしたとき面食らうこととなる。

> 成年後見人が付くと選挙権を失うとした公職選挙法の当時の規定は違憲だとして，茨城県と埼玉県の女性が国に選挙権の確認などを求めた2件の訴訟は17日午後，東京高裁で和解が成立した（『日本経済新聞』，2013年7月17日，電子版）。

「成年後見人」とは，知的障害や認知症などのために判断能力が十分でない人を援助して財産の管理などをする者のことである。この記事は，判断能力の問題から成年後見人が選定されると選挙権を喪失するという制度の合憲性を争うために起こされた訴訟について述べている。現行制度を不服とする原告は「国（クニ）」を相手取って裁判を起こしたのである。

では，ここでいう「クニ」とは誰だろう。「日本」という地図上の領域に住む人間集団や，それを囲む美しい野山や田園風景を思い描くだけでは意味が通じない。この裁判で訴えられているのは，人々に法令を定めて，それを押しつけてくる何らかの組織のはずである。

つまり，日本語の国および国家は，**地図上に区切られた領域内の自然とそこに住む人々全体**（country），**何らかのアイデンティティを共有する人々**（nation），そして**国境で区切られた領域とそこに住む人々を管理・統治している組織**（state），これらが渾然一体となった呼び名なのである。そこに混乱の種があるようだ。

以下では，こうした混乱をときほぐし，国（country）や国民（nation）とは区別された意味での「国家（state）」がどのような特徴をもち，どのような歴史的起源を有しており，どのような機能をもっているのかを説明していく。

国家の定義

20 世紀の初頭に活躍した社会科学の巨人，ヴェーバーによると，近代主権国家とは，**国境で区切られたある一定の地理的領域内で，物理的強制力の行使を正当に独占する組織**である（ヴェーバー 1980）。この定義の中には国家を構成するいくつかの要素が簡潔に述べられている。順番に見ていこう。

1 つ目は，領域性である。つまり，**他国の支配に服さないで統治する，すなわち主権を有する領土がなければ国家とはいえない**。例えば，イギリスのスコットランドやスペイン・フランス国境地域のバスク地方には，民族独立運動が存在する。その意味で，スコットランド人やバスク人は国民（nation）にはなりうる。しかし，彼らが他国の干渉を排して排他的に自らの法律を適用し，税金を徴収する対象となる領土を，戦争か交渉でイギリスやスペインから奪取しない限り，スコットランド国家やバスク国家は存在しない。

2 つ目は，物理的強制力の独占である。ここでいう「物理的強制力」とは，戦車や戦闘機といった軍事力，警視庁や海上保安庁といった警察力，税関や裁判所執行官といった法執行機関などを指している。**国家はこうした実力組織を独占しているからこそ，それが管轄する領土内でその意志を貫徹することができる**。例えば，国家が課した所得税を意図的に支払わなかったとすれば，税務署職員がやってきて資産を差し押さえようとするだろうし，それに猟銃で応戦しようとすれば警察が反撃し，最終的には刑務所に放り込まれて身体の自由を拘束されるだろう。人々が不承不承ながらも国家の命令に従っているとすれば，根源的なところでは，国家が暴力を用いて強制することができることを知っているからである。

3つ目は，正統性である。国家による支配の正統性の由来は，その支配者の選出過程があらかじめ定められた選挙や議会のルールに基づいているといった手続き的なものから，支配者が代々その領土を統治しているといった歴史的なものまで，さまざまなものがありうる。重要なことは，そうした理由を背景に，**国家が管轄を主張する領域内に住む人々が，自発的に国家の定めたルールに従うこと**である。国家の権力行使が妥当性をもつと人々に認識され，自発的な服従を得る権威が成立している状況といいかえてもよい。

こうした自発的な服従は，必ずしもルールからの逸脱の不在を意味しない。いかなる国家の支配下においても，殺人や詐欺や脱税は起こるだろう。そうした逸脱があくまでも例外的である限り，国家の所有する実力組織で対応できる。しかし，ひとたび国家が正統性を失い，人々が一斉に国家の定めるルールに従わなくなったとき，国家の所有する警察組織や軍事組織で無理矢理ルールを守らせることは不可能だろう。ある程度，人々が自発的に服従する権威を有していることが国家を構成する重要な要素なのである。

ここまで述べてきた国家の定義から示されるように，国家（state）とは地理的な領域やそこに住む人々とは区別された概念である。人々とは概念的に区別された組織であるからこそ，日本では裁判で訴えることもできる。国家の形態はさまざまであり，先進民主主義諸国のように人々が選挙や社会運動を通じて国家の意思決定に参加できるような場合もあれば，独裁国家のように人々が国家の意志を一方的に押しつけられる場合もある（第3章参照）。だが，民主主義諸国にも独裁国家にも共通するのは，**国家とは警察や軍隊といった物理的強制力を背景に領土とそこに住む人々を統治する組織**だということである。

国民とは何か

では，国家（state）とは対比される意味での国民（nation）とは何であろうか。国民とは，**言語・宗教・慣習といった文化的要因の共通性を基盤として，アイデンティティを共有する人間の集団**である。その意味で，日本語でいう「民族」の語感に近い。そして，国民国家（nation state）とは，**1つの「国民」が1つの国家を構成している状態**を指している。「1民族1国家」が規範化している国際社会では，旧東西ドイツや韓国と北朝鮮のように，同じ民族であるにもかかわらず2つの国家が存在している状態は悲劇ということになる。また，スコットランド人やバスク人が独自の言語や慣習をもつ集団であるならば，それに対応する国家をもつべきだということになり，彼らが独立運動を推進する論拠となる。

「1つの民族は1つの国家（だけ）をもつべきだ」という考え方をナショナリズムという。その起源は，歴史的にみると比較的新しい。例えば，11世紀のスイスに起源をもつハプスブルク家の領土は，オーストリアやハンガリーだけでなく中・東ヨーロッパに広く及び，第一次世界大戦（1914～18年）の敗戦を受けてオーストリア＝ハンガリー帝国が崩壊するまで，チェコ人，クロアチア人，スロバキア人など，さまざまな民族をその支配下に置いていたし，16～17世紀にかけての一時期はスペインも一族の支配下に置いていた。17世紀から20世紀初頭にかけてロシアに君臨したロマノフ王朝は，ロシアだけでなくフィンランドやポーランドを支配していた時期もある。

また，高校の世界史で学んだように，名誉革命において国王ジェームズ2世を追い出したイングランドの貴族たちは，オランダからオラニエ公ウィレム3世を国王に招いても平気であった。つまり，**歴史的には国家の領土の境界と民族の境界とが一致することは稀（まれ）であったし，国家を運営するエリート支配層とその領土に住む領民の民族性は一致するべきだという意識も薄かった。**

19世紀にはナショナリズムが各地で勃興（ぼっこう）するが，20世紀初頭の第一次世界大戦終結を見すえてアメリカ大統領ウィルソンが「14カ条演説」（1918年）において民族自決をあらためて提唱しなければならなかった背景には，こうした国家と国民が必ずしも一致しない現実があったといえよう。

他方，国際秩序が中世の封建的秩序から近代の主権国家を中心的なアクター，すなわち意思決定の主体とした秩序へと変わり，経済社会も資本主義的編成が発展していく中で，**国家という枠組みが積極的に国民を形成していった**という側面もある。そもそも，国境を隔てた隣村の人々よりも，一度も顔を合わせたことのない同国人に，より強い同胞意識を感じるというのは奇妙な現象である。このような奇妙な現象が起こった背景には，近代資本主義経済の発展によって情報通信産業が発達し，印刷物を通じて国家の領域内で人々の間に時間や空間を共有しているという意識が形成されたことがある（アンダーソン 2007）。つまり，出版文化とともに形成された「国語」で書かれた新聞や書籍を読むことを通じて，人々は同じ国に住むアイデンティティを共有する同胞として「国民」を想像するようになったのである。

また，**国家が中央集権化していく中で，国民意識を涵養していったプロセス**も見逃せない。例えば，19 世紀頃からヨーロッパでは初等学校教育が普及し始めるが，そこで初めて公定の「国語」が教えられ，そうした言語を共有する人々として国民が形成されていった側面もある（ホブズボーム 2001）。日本でも，1868 年の明治維新まで一般民衆が「日本人」という意識を共有していたかどうかは疑問である。そもそも，例えば，その話し言葉の違いを考えれば津軽藩と薩摩藩の農民を同室に押し込めたとき，円滑に意思疎通できたとは思えない。つまり，言語もアイデンティティも共有の度合いが低かったのである。だが，明治維新の後に新政府は小学校を義務教育化し，標準語を教え，統一された「日本人の物語」を刷り込んでいった。公教育という近代主権国家に特有の装置が国民形成に大きく寄与したことは明らかであろう。

2 国家の役割

国家なき世界

ヴェーバーのように国家を統治組織として定義すると，国家と暴力とは切っても切り離せない関係となる。そのような物騒なモノを背景に支配する国家などないほうが安楽に暮らせるのではないだろうか。このような疑問が当然湧いてくるだろう。

こうした疑問に肯定的に答える思想も存在する。いわゆる「無政府主義」（アナーキズム）である。アナーキーとは，国家のような集権的な統治機構がない状態を指す言葉であり，アナーキズムはそのようなアナーキーを望ましい状態と考える思想である。アナーキズムは非常に多様な思想なので体系的な統一見解は存在しないが，共通する認識は**物理的強制力をその手に集中させた国家は個人の自由にとって最大の脅威だ**ということであろう（プルードンほか 1980）。

CHART 図 2.1 破綻国家インデックス（2019 年）

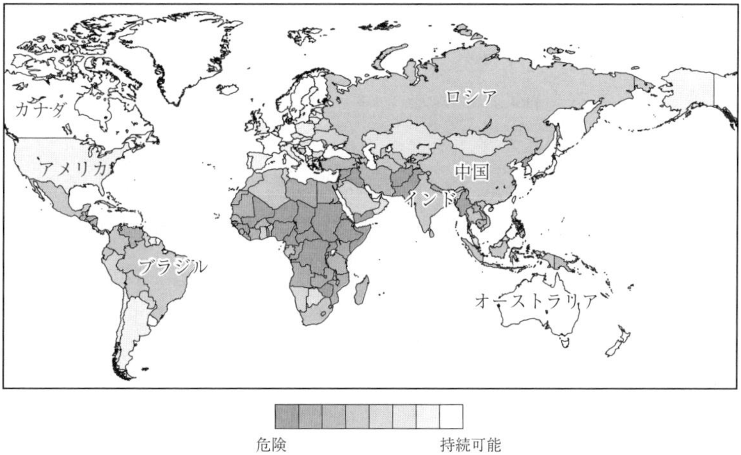

［出典］ The Fragile States Index 2019. *The Fund for Peace.*（https://fragilestatesindex.org/）を基に筆者作成。

後に述べるように，こうした見解には一理ある。反面，暴力が国家によって独占されていないときに実際に何が生じるのかを考えておくことも，国家のある世界とない世界の得失を比較するためには必要だろう。

図 2.1 は，平和財団（Fund for Peace）という非政府組織（NGO）が毎年公表している国家の破綻（はたん）度を示す指標を，世界地図に色分けして示した図である。青色の濃い地域では国家が破綻している傾向が強く，青色の薄い地域では国家がしっかりと統治能力を有している。この図に示されるように，サハラ砂漠以南のアフリカ諸国の多くや南アジアの一部では国家がもはや機能していない。2019 年度の破綻国家ランキングでワースト 10 を挙げると，イエメン，ソマリア，南スーダン，シリア，コンゴ民主共和国，中央アフリカ共和国，チャド，スーダン，アフガニスタン，ジンバブエの順となる。これらの国々は破綻国家とか失敗国家と呼ばれている。

こうした国々でも一応，大統領といった国の元首が何らかの方法で選出され，政府組織の建物は存在しているが，国家としては破綻しているとみなされている。なぜかというと，国家が物理的強制力の独占の確保に失敗しているからである。いいかえると，**暴力が国家内のさまざまな集団の間で分有されている**のである。例えばソマリアでは，有効に機能する中央政府は存在せず，地縁・血縁集団である複数の氏族やイスラム原理主義勢力であるアル・シャバーブがそれぞれ機関銃や大砲を有し，相争っている。コンゴ民主共和国では，モブツ大統領による独裁が崩壊した後，ジンバブエやナミビア，ウガンダ，ルワンダ，スーダンといった周辺諸国に支援された軍事勢力が割拠している。

では，このように国家がその法の執行を担保する物理的強制力（軍事力や警察力）をその手に集中させることができないとき，何が起こるのだろうか。端的にいえば，暴力を分有する勢力の間で，第 1 章で説明したような集合行為問題が生ずる可能性が高まる。すなわち，武装勢力同士がお互いに暴力の行使を差し控えれば平和裏に共存できるにもかかわらず，相手が自分たちを出し抜いて自分たちの利益を侵害してくるのではないかと疑心暗鬼になる結果，互いに血で血を洗う抗争となる。そうした武装勢力間の内戦状態を止める上位の権力主体は存在しない。

このように，物理的強制力の行使を独占できない破綻国家や失敗国家では，**人々の暮らしの安寧が奪われる**。例えば，コンゴ民主共和国では，政府軍と反政府軍の双方が人権侵害の点で悪名高い。住民の多くが武装勢力による拷問や性暴力に苦しめられている。ある報告書によると，コンゴ民主共和国の東部では女性の 39.7%，男性の 23.6% が性暴力の被害に遭ったことがあると調査に答えているほどである（Johnson et al. 2010）。また，いつ何時，自分の子どもが武装勢力によって徴用され兵士として戦場に立たされるかもわからない。武装勢力による身体・生命・財産への侵害を止める上位の力は存在しない。自分の身は自分で守るほかない世界なのである。

さらに，**人々は貧しい生活に堪え忍ばなければいけなくなる**。国家が破綻している地域と，世界の最貧困地域とが一致するのは偶然ではない。例えば，2018 年から 19 年にかけてアフリカ南部を襲った旱魃（かんばつ）では，ジンバブエとザンビアで，それぞれ 360 万人と 230 万人が深刻な食糧不足に陥ったとされる（『日本経済新聞』2019 年 12 月 25 日，電子版）。確かに旱魃という気象要因が飢饉（ききん）の直接の原因だが，そもそもの農業生産性の低さも要因の 1 つだろう。考えてもみてほしい。武装勢力の間の戦闘でいつ難民として逃れなければならないかしれ

Column ❷ 天然資源と内戦

国家が破綻国家とか失敗国家といった状態に陥るのは，それが物理的強制力の行使の独占に失敗しているからだが，それはいいかえれば政府軍と武装勢力の間で，あるいは武装勢力間で相争う内戦状態に陥っているともいえよう。こうした内戦を引き起こす要因として，天然資源の役割に近年注目が集まっている（大村 2010）。

例えば，「紛争ダイヤモンド」と呼ばれることのあるダイヤモンドの場合，鉱山から奪ったり国際市場でそれを売りさばいたりすることができるため，反政府勢力に武装闘争を行うインセンティブを与える。とりわけ，川や湖の浅瀬などの地表近くで採掘可能な「漂砂鉱床ダイヤモンド」は，地層奥深くのキンバリー層から採掘される「キンバリーダイヤモンド」に比べて採掘コストが低く，内戦の原因となりやすい（第 12 章参照）。そして，武装勢力がダイヤモンドを国際市場で換金して武器の購入費にあてることができるので，内戦が長期化・泥沼化しやすい。同じようなメカニズムは他の宝石類や麻薬にも当てはまる。

また，石油の場合，それが海上油田か陸上油田かによって，内戦に与える影響は変わってくるという。海上油田は石油の採掘・生産に高度な技術と莫大な資金を必要とするため，反政府勢力が石油を目当てに武装闘争をする可能性は低い。他方，陸上油田の場合は，それを奪って資金源とすることができるため，内戦を引き起こす可能性がある。

いずれにせよ，保有国に恵みをもたらすはずの天然資源が内戦を引き起こし，資源保有国に住む人々の生活をみじめなものとするというのは逆説的である。この逆説は**資源の呪い**と呼ばれる。

ず，せっかく収穫した生産物もいつ奪われるかわからないという状況で，誰が農業に設備投資できるだろうか。トラクターとスプリンクラーを用いた大規模農場など望むべくもない。

こうした状況は他の産業にも当てはまる。例えば，商人に衣服を売る長期の契約を結び，シャツを作る工場に投資したとしても，そうした工場がいつ武装勢力によって破壊されるかわからず，買い手が約束した金額を支払ってくれるかどうかもわからない。商人は商品だけ受け取って知らぬ顔を決め込むかもしれない。この商人の債務不履行を咎め，損害賠償を強制できる主体は存在しない。このような状況下では，おそらく人々はあらゆる生産設備への投資を控えるだろう。

つまり，国家が物理的強制力を独占し，治安を維持し，私的所有権を保障することができなければ，人々はそのもてる力を最大限に使って労働し，投資し，生活を豊かにすることができない。たしかに，一人ひとりの市民は物理的強制力の行使を独占する国家に歯向かえない以上，国家は市民の自由を容易に抑圧することのできる危険な存在である。しかし，私たちはそうした国家が他者の不当な暴力の行使を確実に抑止してくれると期待できなければ，安心して他の市民とかかわりあうことができない。どうやら，国家のない世界はユートピアとはいえないようだ。

略奪国家

では，領土内での正当な物理的強制力の行使の独占と他国の干渉を排した統治を特徴とする近代主権国家は，いかにして成立したのであろうか。先に述べたような暴力を分有する勢力間の集合行為問題を解決し，人々の暮らしの安寧を守るために人為的に考案されたのであろうか。近代国家の歴史的起源をたどると，実はそうとはいえない。ここでは「マフィアのような犯罪組織と国家との違いは程度問題であって，本質的な違いはない」という驚くべき主張を展開しているティリーの議論を紹介しよう（Tilly 1985）。

ティリーによれば，税金と引き替えに国家はたしかにその住民に「保護」を提供するが，それが保護するのは外敵からの脅威だけではない。ここでいう「保護」には，税金という対価と引き替えに国家そのものが当該住民の権利を侵害するのを手控えるという意味合いも含まれている。この構造は，そこを縄張りとする暴力団に飲食店が（暴力団排除条例違反だが）みかじめ料を支払うのと全く同じである。みかじめ料を支払って暴力団から受け取ることのできるサービスは，他の暴力団からのたかりの防止だけではなく，みかじめ料を支払わなければその暴力団から受けたであろう有形・無形の嫌がらせ行為からの保護だからである。

広く知られるように，中世ヨーロッパの封建制度は，宗教上の最高権威であるローマ教皇と世俗の最高権力である神聖ローマ皇帝が並び立ち，その下に国王，諸侯，貴族，領主などが緩やかな主従関係で結び付く重層的な権力構造を有していた。封建制度とは，下位の者が上位の者に軍事的奉仕をする代わりに所領の保護を受けるシステムであるから，暴力は騎士，貴族，諸侯など封建領主層の間に広く分有されていたこととなる。その意味で，**国境で区切られた領域内で物理的強制力を独占するような主権国家は存在しなかった**といってよい。

状況が変化するのは，近世に突入し，権力関係を秩序立てていたローマ教皇と神聖ローマ皇帝の権威が失墜した後である。ヨーロッパは国王や諸侯が領土をめぐり相争って混乱を極めた状態に陥る。日本でいえば，室町幕府の権威が失墜し，自分の領地は自らの力で確保しなければならなくなった戦国時代に相当しよう。

ティリーによれば，**軍事技術の変化が近代国家建設への道をひらいた**。中世においては騎士による一対一の戦闘が中心であったが，初めはクロスボウ，後には小銃や大砲の発展によって，規模がモノをいう歩兵集団による戦闘が中心となったからである。大規模な歩兵集団，特に常備軍を養うのは非常にお金のかかる企てであったし，飛び道具に耐える要塞の建造コストもかなり高い。このような軍事状況で生き残ったのは，そうしたコストに耐えられるように，領民を効率的に搾り取る徴税制度と官僚制を整備し，貿易を行う商人に庇護を与えて，その見返りとして関税と軍事費の借り入れ先を確保し，財政基盤を堅固にした王権だけであった。こうした王権は周辺の弱小領主を併呑（へいどん）し，他の王権による侵略を撃退し，自らの影響下にある地域の反抗勢力を駆逐していった。国内の軍事力が王権の手に集中し，国境線が確定していくと，図らずも近代主権国家の原型ともいえる国家が，近世のヨーロッパに誕生していったのである。

このようなプロセスを経て発展してきた国家のさまざまな統治機構は，**市民の生まれながらの権利を守るために創設されたのではない**。陸軍や海軍はもちろん対外戦争のためだが，警察や司法は，国内の治安を維持し，私的所有権を確保して経済活動を活発にすることを通じて国力を増強し，戦争を遂行するための徴税基盤の拡大につながる。官僚制は国民の福利向上につながる施策を打つことがあるが，それは国民の暮らし向きをよくすることが国家のサバイバルにつながるがゆえなのである。

これまで述べてきたような，国家をその支配下の住民から税金を搾り取る主体とみなす略奪国家観は，国家という存在の両義性を浮き彫りにしている。先に述べたように，暴力が社会に広く分有された国家なき世界というのは，住民の間に疑心暗鬼を生み出し，お互いの信頼と協力を妨げるおそれが強い。物理的強制力を独占する国家が存在しなければ，私たちの生活は暗く貧しい。他方，国家は，例えば国家自身のサバイバルといったような，**それ独自の目的を有しており，国家の目的がその支配下の住民の選好**（やりたいこと，好み）**と一致する保証はない**。しかも，国家は物理的強制力を独占しているため，国家が自らの目的を達成するために国民の身体・生命・財産といった権利を侵害したとしても，それに対抗するだけの物理的強制力を国民はもたない。自由を確保するために国家が必要であるとしても，その国家は住民の自由を侵害するかもしれないというジレンマが存在するのである。

契約国家

16世紀から17世紀のヨーロッパの国々では，先に述べたような軍事力と行政機構の中央集権化のプロセスを経て絶対王政が成立する。国王が排他的主権を有する秩序というのは，ローマ教皇と神聖ローマ皇帝といったヨーロッパ全域にわたる権威を頂点とし，末端では荘園領主層に至る重層的な支配関係を特徴とする封建秩序とは異なるものであった。だからこそ，それを正当化する思想を必要とした。その1つが王権神授説である。

王権神授説とは，国王の統治権は神から授かったものであるから神聖不可侵であり，国民は国王の支配に服従しなければならないという思想である。イギリスではフィルマーが，フランスではボシュエが提唱した。こうした思想によって絶対王権は，一方ではローマ教会といった超国家的権威の影響力を排し，他方ではさまざまな国内勢力の反抗を抑え込もうとしたのである。

王権神授説が国王による支配の正統性を神という聖なるものに求めたのに対し，人間の本性の分析から語り起こし，支配の正統性を徹底的に個人に還元したのが17世紀イギリスの哲学者ホッブズであった。ホッブズはその著書『リヴァイアサン』の中で，国家なき世界での人々の生き様を自然状態として描写した（ホッブズ 2009）。ホッブズによると，**自然状態ではすべての人間は自己保**

存のためならば何をしてもよいという生まれながらの権利を有している。これを自然権という。さらに，ホッブズの人間観察によると，人間には力の強い者もいれば弱い者もいるが，その力量の差は絶対的なものではなく，弱者も寝首を掻いたり徒党を組んだりすれば強者に十分に対抗できるというように，大きな違いはない。力量に差のない人間同士が自然権を行使する世界では，有限な資源をお互いがお互いに先んじて得ようとし，人々は次第に疑心暗鬼となり，万人の万人に対する闘争へと陥る。これが自然状態である。自然状態での人々の暮らしは「孤独で，貧しく，不潔で，粗暴で，短い」。

こうした自然状態での不幸を解消する方策が，社会契約による国家の設立なのである。社会集団全体の視点から考えれば，誰もが自己保存のために何をしてもよいという自然権の存在が，自然状態の不幸の源泉である。だが，個人のレベルで考えれば，自分一人だけ自然権を放棄すると他者によって殺されてしまうので，自然権にすがりつくほかない。ホッブズの解決策は，**一人ひとりが同時に自然権を主権者，つまり国家に委譲する契約を結ぶ**ことである。そうすることによって，他者の生きる権利を侵害する者は，すべての者の自然権を体現する主権者，すなわちホッブズにおいては専制君主によって，排除されることとなる。ここに平和が達成されるのである。

物理的強制力を独占する国家の存在を正当化するために，ホッブズによって始められた社会契約論という思考枠組みは，その後もさまざまな社会思想家によって継承された。例えば，ホッブズと同じ時代のイギリスを生きたロックもその著書『統治二論』の中で独自の社会契約論を展開している（ロック 2010）。ロックの想定する自然状態は，ホッブズのそれとは異なり，人々が互いの身体・生命・財産を尊重し，比較的平和に生きている状況である。ただ，こうした自然状態においても，時に他者の権利に対する侵害は起こる。自然状態ではこうした権利侵害を裁定することができないため，**人々は自らの自由を守るために自然権の一部を政府に信託し，権利の擁護を委ねる**のである。

また，フランスの啓蒙思想家ルソーも社会契約による国家の設立を理論化している（ルソー 1954）。ただし，ルソーの場合は，専制君主や議会に自らの自然権を委譲することはできないと考えたので，**国家の運営は人民が直接それに当たる直接民主主義**とした点が異なる。直接民主主義でも，人民が理性に従えば，個別の利害の集計である全体意志とは違う，公共の利益を体現する一般意志に全員一致で到達できると考えたからである。

市民革命を経て王権神授説を駆逐した**社会契約論は，近代主権国家の存在を正当化する重要な論拠の1つ**となった。ホッブズは社会契約の帰結として絶対的な専制君主であるリヴァイアサンを導出したが，それでもその存在は市民の自己保存の実現を目的としたものであった。そこから，そうした自己保存の権利を侵害する，そもそもの目的にかなわない国家は正当化できないという論理までは，あと一歩である。ロックにいたっては，市民の生まれながらにもった身体・生命・財産の権利を侵害する政府は不当であるから，自然権の信託という社会契約を解除して政府を覆す抵抗権を設定しているほどである。そして，国家に自分たちの権利を信託する人々の集合体として「国民」が想定され，国家の統治権の根源は国民の意思にあるとする国民主権が規範化していった。

しかし，いうまでもないことだが，**人々の間の社会契約によって国家が設立されたという設定はフィクションであって，歴史的事実ではない**。人民の代表が憲法に調印して設立したアメリカを除けば，社会契約を起源とする国家はほとんどないだろう。「国家は市民の身体・生命・財産の権利を保障するために社会契約によって創出された」というフィクションに基づいて，その契約を国家に守らせるためには，何らかのメカニズムが必要となる。次節では，それが可能となる条件を探っていこう。

3 国家と市民の対抗関係

退出・発言・忠誠ゲーム

国家はその軍事・警察力の独占を背景に，その支配下の住民から有無をいわせずに税収を搾り取ることのできる存在である。しかし，どの国家も常にこうした国民からの搾取（さくしゅ）のみを行っているわけではない。イギリス議会政治を始まりとして，国家の意思決定を行う主権が広く国民に共有される民主主義国家も過去数世紀の間に数を増やしてきた（第3章参照）。では，どのような条件が揃うと国家は市民の声に耳を傾けるようになるのだろうか。

CHART 表 2.1 退出・発言・忠誠ゲームの均衡点

		国家	
		自立	依存
市民	退出できる	国家：財産を没収 市民：財産移転（退出）	国家：財産没収撤回（応答） 市民：財産の確保（発言）
	退出できない	国家：財産を没収 市民：財産を奪われる（忠誠）	国家：財産を没収 市民：財産を奪われる（忠誠）

［出典］ Clark, et al. 2017: Chap. 3 を基に筆者作成。

その条件を探るため，ハーシュマンが企業と顧客の関係を分析するために構築した退出・発言・忠誠の枠組みを，国家と市民との関係に応用したクラークらの退出・発言・忠誠ゲームを用いて考えてみよう（ハーシュマン 1975; Clark et al. 2017: chap. 3）。

ゲームの構造としては，国家が市民の財産や重要な基本的人権を侵害する政策を宣言したときに，市民が「退出」「発言」「忠誠」のいずれかの選択肢から戦略を選択するゲームである。「退出」とは，財産を国内外に隠匿（いんとく）したり，その身を国外に逃したりして，権利の侵害の後は国家に協力しないという戦略である。「発言」とは，そうした権利侵害を受けて国家に抗議するという戦略である。「忠誠」とは，国家の権利侵害に対してそれを甘受する戦略である。

こうした市民の３つの行動に対し，国家は市民が「発言」を選択したときに，その「発言」を「無視」するか，「応答」するか，という選択に直面する。国家が「応答」すれば市民の権利を侵害する政策は撤回され，「無視」すれば，市民は今度は「退出」と「忠誠」のいずれを選ぶかという選択を行う（ゲームの詳細は本書ウェブサポートページを参照）。

このような前提で分析すると，表 2.1 のような結果が得られる。これが意味しているのは，まず，**国家が市民の有形・無形の協力に依存せず自立しているとき，市民がどのように行動しても国家は最初に打ち出した権利侵害の政策を執行する**。将来的な協力を必要としないので，国家には市民の抗議行動に耳を傾ける必要はない。他方，国家が将来にわたって市民からの協力に依存している場合，国家は市民の声に耳を貸す可能性が生じる。だが，国家が市民の協力に依存するだけでは不十分である。

市民が国家に今後は協力しないという「退出」の実行可能性が重要なもう1つの条件となる。そもそも「退出」できない，あるいは「退出」するほうが国家の権利侵害を甘受する（忠誠）よりもコストが高いならば，「自分たちの意向が無視されれば退出するぞ」という脅しは，はったりとみなされる。国家は安心して市民の財産を奪うことができる。他方，**国家にとって市民が今後とも協力してくれたほうが望ましく**（依存），**市民の「発言」を無視すれば確実に「退出」するならば，国家は市民の抗議を受け入れて権利侵害を撤回する。**

分析から得られた知見

ここまでの「退出・発言・忠誠ゲーム」の分析から何がわかるかといえば，市民に対して物理的強制力で優位に立つ国家であっても，市民の声に耳を傾ける場合は十分にあるということだろう。そして，市民の声が国家に届くかどうかは，次の2つの条件に依存していることが示唆されている。

第1の条件は，**国家の存在が市民に依存している程度**である。国家のサバイバルが恒常的に市民からの税金の徴収や兵士の徴用に依拠している場合，国家が市民の求めに耳を傾ける蓋然性は高まる。市民からの協力を引き出し続ける必要があるからだ。逆にいうと，石油などの天然資源を国家が豊富に保有し，市民からの税収に依存しない場合などは，国家は市民の意向を気に掛ける必要がない。クウェートやサウジアラビアといった中東の豊かな石油産油国の多くが現代でも族長支配を維持しているという事実は，示唆的である（第3章参照）。

第2の条件は，**市民が国家への協力を引き揚げるという脅しがどれだけ信ずるに足るか**という条件である。たとえ国家のサバイバルが市民からの恒常的な拠出に依存していたとしても，市民が決してその国家から逃れることがないならば，国家は市民の意向を忖度する必要はない。例えば，農業経済で国家の税収が農村から上がる貢納に大きく依存していたとしても，土地は国外へ脱出することができないし，それを耕す農民が移民や難民として逃げ出すのはコストが高い。そのため，国家は安心して市民から搾取し続けることができる。

他方，不満がたまれば市民はその資産を国外に移転するという**「退出」の選択肢が確保されている場合，国家は市民が逃げ出さないように市民の意向を気**

に掛けなければならない。経済の発展段階が進み，国家がその税収の多くを工業や商業に依存するようになれば，資本は土地や労働に比べて逃げ足が速いので，「退出」の実行可能性が高まる。このとき，一時の満足のために商人や資本家から財産を押収するよりは，彼らの意向に耳を傾けて長きにわたって税金を納めてもらったほうが国家にとって利益となるので，国家は市民の声に応答的となる。「黄金を産むニワトリを殺すなかれ」の格言に従うからである。

引用・参考文献 Reference●

アンダーソン，ベネディクト／白石隆・白石さや訳 2007『定本 想像の共同体――ナショナリズムの起源と流行』書籍工房早山。

ヴェーバー，マックス／脇圭平訳 1980『職業としての政治』岩波文庫。

大村啓喬 2010「天然資源と内戦の発生に関する研究動向」『国際公共政策研究』15(1)：181-195。

ハーシュマン，アルバート・O.／三浦隆之訳 1975『組織社会の論理構造――退出・告発・ロイヤルティ』ミネルヴァ書房。

プルードン，ピエール・J.＝ミハイル・A.バクーニン＝ピョートル・A.クロポトキン／猪木正道・勝田吉太郎責任編集 1980『プルードン・バクーニン・クロポトキン』中央公論社。

ホッブズ，トマス／永井道雄・上田邦義訳 2009『リヴァイアサンⅠ』中央公論新社。

ホブズボーム，エリック・J.／浜林正夫・嶋田耕也・庄司信訳 2001『ナショナリズムの歴史と現在』大月書店。

ルソー，ジャン-ジャック／桑原武夫・前川貞次郎訳 1954『社会契約論』岩波文庫。

ロック，ジョン／加藤節訳 2010『完訳 統治二論』岩波文庫。

Clark, William Roberts, Matt Golder and Sona Nadenichek Golder 2017, *Principles of Comparative Politics*, 3rd ed., CQ Press.

Johnson, Kirsten, Jennifer Scott, Bigy Rughita, Michael Kisielewski, Jana Asher, Ricardo Ong and Lynn Lawry 2010, "Association of Sexual Violence and Human Rights Violations with Physical and Mental Health in Territories of the Eastern Democratic Republic of the Congo," *Journal of the American Medical Association*, 304(5)：553-562.

Tilly, Charles 1985, "War Making and State Making as Organized Crime," P. B. Evans, D. Rueschemeyer and T. Skocpol eds., *Bringing the State Back In*, Cambridge University Press.

CHAPTER

第3章

政治体制

INTRODUCTION

本章のテーマは，政治体制を分類し，自由民主主義体制，全体主義体制，権威主義体制といった政治体制の間の違いを特徴づけ，政治体制が変動する要因を探ることにある。そもそも，どういった条件が揃うと，その体制は「民主主義」とみなされるのだろうか。非自由民主主義体制は，いかなる特徴をもち，どのように分類されるのだろうか。どのような要因が，政治体制を非自由民主主義体制から自由民主主義体制へと移行させ，民主主義の定着を促すのだろうか。本章では，政治体制をめぐる政治学の諸理論を解説し，こうした問題を順に考えていく。

1　政治体制の分類

国家，体制，政権

前章で詳しく説明したように，国家とは，**物理的強制力の正当な行使の独占を背景に，ある一定の地理的領域において住民を統治する組織の総体**である。1990年代初頭にスロベニアやクロアチアなどが分離することによってユーゴスラビアが崩壊したり，チェコスロバキアがチェコとスロバキアに分かれたりするなど，国家が消滅することは確かにある。だが，国境線が維持され，国民が自発的に服従している限り国家は存続するのであるから，内部で分離・独立が生じるか，他国によって併合されない限り，国家は基本的には長期間存続する実体である。

政治体制とは，**国家を運営するリーダーを選出し，国家の意志を決定し，それを執行するという国家全体のしくみを定めたルール，制度，規範の総体**である。体制概念は非常に多義的であって，選挙制度や執政制度など，どの要素が変化すれば体制が変動するのかを明示するのは難しい。しかし，革命によって憲法が変わったり，軍事クーデターによってリーダーを選出するルールが変わったりすれば体制は変化する。

例えば，日本では1945年に太平洋戦争に敗れた後も，連合国軍最高司令官総司令部（GHQ）の間接統治によって日本のもろもろの統治機構は存続した。その意味で，統治機構としての日本国家は敗戦を経ても存続した。だが，天皇が統治権を総攬（そうらん）し，元老の推挙した首相に組閣の大命を降下する大日本帝国憲法から，衆議院の多数派の首班指名によって国家の運営責任者を選出する国民主権の日本国憲法へとしくみが変わった。そのため，政治体制は戦前から戦後にかけて変化したと考えられる。

政権とは，**政治体制が規定するルールや制度のもとで選出されたリーダーが組織する，国家の中核的な運営組織**である。政府ともいう。日本の議院内閣制であれば内閣がそれに当たり，アメリカの大統領制であれば大統領府がそれに当たる。政治体制がリーダーを選出するルールを基準にするのに対し，政権は誰が統治しているのかを基準としている。

政権を数える単位を何にするかは目的によって変わりうるが，仮に内閣を組織する首相を基準にすると，2000〜20年現在の日本では，小渕，森，小泉，安倍（第1次），福田，麻生，鳩山，菅，野田，安倍（第2次）と，延べ10人の首相が組織する10の政権が存在してきた。つまり，政治体制は変化しなくとも，政権は変化するのである。

さて，そもそもなぜ政治体制を問う必要があるのだろうか。政治学が政治体制に関心を寄せるのは，**政治体制の違いが人々の享受(きょうじゅ)できる自由を規定しうるから**である。自由民主主義体制と非自由民主主義体制を区分する基準を開発して国家を分類したり，そうした政治体制の違いが政治や経済に与える影響を考えたり，逆に社会や経済的条件がどのように政治体制を規定するのかを検討したりすることは，政治学の重要な課題である。そして，政治学者がこうした問いに取り組むのは，人々が自由に生きられる政治体制をいかにすれば構築・維持できるのかという実践的な問題意識を有しているからにほかならない。

自由民主主義体制

私たちが生きる現代世界で正当とみなされる政治体制の構成原理は，自由民主主義である。これは，個人の内面に国家が干渉することを控える自由主義と，国家の正統性の源泉を国民の意思に置く民主主義とが組み合わさった概念だが，しばしば「自由」を省略して単に民主主義と呼ばれる。では，どのような条件が揃うと，私たちはその政治体制が自由民主主義体制であるとみなすことができるのだろうか。

ダールはその著書『ポリアーキー』の中で政治体制を構成する2つの原理を提示した。そして，政治体制は，その2つの原理の両方を体現して初めて自由民主主義となると論じた（ダール 2014）。ただし，ダール自身は「自由民主主義」とは呼ばず，「ポリアーキー（多数の支配）」という用語を用いている。

政治体制を構成する原理の1つ目は，その体制の包摂性である。体制の民主主義の程度と言い換えてもよいだろう。**どれだけの市民が選挙や住民投票などの公的な意思決定プロセスに参加できているのか**。包摂性とは，その程度を示す概念である。包摂的な体制では，すべての市民が選挙権をもち選挙に投票することができるし，すべての市民に国会議員や大統領といった公職に立候補する被選挙権が原理的にはひらかれている。逆に，閉鎖的な体制では，そもそも公職を選出する際に選挙が行われないか，行われても非常に限られた割合の市民しか参加できない。それゆえ，包摂性という次元は，国家の意思決定を行う主権がどれだけ市民の間に分有されているのか，いいかえると国民主権がどれだけ達成されているのかを測る次元といえよう。

政治体制を構成する原理の2つ目は，体制の競争性である。これは体制の自由主義の程度と言い換えてもよいだろう。ダール自身の言葉を用いれば，「公的異議申し立ての自由」である。これは，**言論・出版・報道の自由が保障され，市民がどれだけ現行の政策への不満を組織して，現在の政権に対抗した政治活動を実行できるのか**を示す概念である。ダールの考えでは，政治過程への市民の参加だけでは不十分である。政権を握る与党に野党が言論を通じて対決し，現政権に不満をもつ市民の受け皿として機能することで，政党間での競争が確保されなければ，望ましい体制とはいえないのである。

さて，ダールの議論をまとめると，包摂性と競争性が自由民主主義を構成する車の両輪である。政治体制が自由民主主義体制とみなされるためには，国民の多くが選挙や住民投票などの政治的意思決定に参加できなければならない。選挙への参加や公職に就く権利が特定の人種・階層や一方の性別のみに限定されていては，自由民主主義体制とは呼べない。だが，それだけでは十分とはいえない。憲法によって国家を拘束し，どの党派が政権を握っても政治的な意見を異にする市民の自由を侵害しないように保障する立憲主義が確立していなければならない。こうして初めて，**政権を握る党派が反対勢力を国家権力を用いて弾圧することを防ぎ，複数の政治勢力が権力を求めて競い合う政治的多元性**を確保することができる。政治的意思決定への参加が広く認められていたとしても，そこに実質的な選択肢が存在しないのであれば，それは自由民主主義体制とはいえないのである。

ここで注意すべきは，民主主義の程度を示す包摂性と，自由主義の程度を示す競争性が，必ずしも予定調和の関係にはないということである。例えば，国民の圧倒的多数がある民族的少数派を差別し，抑圧することを望んでいたとしても，自由主義は政権に断固として多数者の意思に抗（あらが）うことを求める。多数派の意思を金科玉条として一度少数派の人権の抑圧を許せば，多数派の占める政権と意見を異にする少数派を政治的競争の場から排斥する論理を否定する基盤は失われる。自由民主主義は，国民の多数派による政権の選出を求める一方，民主的に選ばれた政権にも自由主義的原理によって箍(たが)を嵌(は)めるという，2つの原理の危ういバランスの上で成立するものなのである。

全体主義体制

近代に入り産業資本主義が興隆し，資本家・経営者層であるブルジョアジーが政治的な力をつけていく中，自由主義が広く受け入れられるようになっていった。しかし，20世紀の前半，それとは全く異なる政治体制の構成原理が現れる。全体主義である。

この全体主義体制という概念が念頭に置くのは，1930年代のナチスが支配したドイツであり，スターリン支配下のソビエト連邦（ソ連）である。全体主義体制に自由民主主義の構成原理の1つである包摂性がなかったわけではない。むしろ，人々は集会やパレードなどに参加し，支配政党の候補者しかいない選挙で投票することで，党＝国家への忠誠を示すことが求められた。実際，**全体主義体制はしばしば人々の歓喜の声の中から誕生した**。ニュルンベルク・ナチス党大会の様子を描いたプロパガンダ映画に，ヒトラーの到来を熱烈に歓迎し，その演説に熱狂する市民を見てとることができる（1935年，リーフェンシュタール監督『意志の勝利』）。

全体主義に欠けているのは，個人の内面の自由を保障する自由主義の原理である。全体主義体制は，むしろ，そうした自由主義を積極的に否定する。全体主義の特徴は，国家が社会の全領域に浸透していき，個人的・私的な領域を残さない点にある。全体主義では，支配政党が形式的にも実質的にも権力を独占して国家と同一化する。そして，支配政党やそのリーダーの主唱するイデオロギー的目標の実現に向けて社会の諸集団や諸個人を動員していくのである。

そこでは，支配政党やカリスマ的リーダーへの異論はもちろん許されないが，建前上は個人が私的領域にひきこもることすら許されない。「第三帝国の栄光」でも「共産主義社会の建設」でもかまわないが，そこでは政権を握る支配者が理想社会のあるべき姿とそこへ至る道のりを理解している，つまり真理を知っているとせんしょう僭称する。「何をなすべきか」がわかっている以上，そこから逸脱して「美味しいモノを食べたい」「キレイな洋服を着たい」といった個人的欲望にふけることは，個人を超越した真理へのぼうとく冒瀆ということになる。個人的欲求を国家的目標よりも優先してしまう人間は，自分の本当の生きる目的に気づいていないことになり，「教育的」指導が必要ということになる。太平洋戦争中の日本のスローガンが「欲しがりません勝つまでは」であったことを思い起こしてほしい。

実際，毛沢東支配下の中国で生じた「文化大革命」(1966〜77年）では，社会主義思想にかなった新たな人間を作り出すということで，誰もが『毛沢東語録』を学ぶことが求められた。毛沢東と意見を異にする非主流派のエリートや知識人は，公衆の面前での「自己批判」を求められるとともに，農村部に「下放」された。共産党支配下の旧・東ドイツでは，国民の6.5人に1人が秘密警察（シュタージ）の協力者であったともいわれ，国家公認思想から逸脱した者がいないかを互いに監視する社会であったという（ファンダー 2005)。自由にモノをいえない閉塞した社会が全体主義体制の特徴の1つであろう。

全体主義という言葉は，第二次世界大戦後の米ソ冷戦という文脈の中で，西側資本主義陣営に対立する東側社会主義陣営を論難する言葉として広く使われた。そのため，ソ連や東ヨーロッパの共産主義政権が1990年代初頭に崩壊し，中国も鄧小平の改革開放路線のもとで全体主義の特徴を失うと，その有用性を減じてきたといえるかもしれない。現在でも明らかに全体主義体制に分類できる国家は北朝鮮ぐらいであろう。そのため，自由民主主義体制の反対物を指す体制概念は，全体主義から権威主義へと変わってしまったという現状がある。

権威主義体制

先に述べたように，第二次世界大戦後しばらくは，自由民主主義体制と全体主義体制の二分法で政治体制を把握することが多かった。しかし，母国スペインのフランコ将軍による支配体制を念頭に，この二分法に疑問を呈し，1960年代に**権威主義体制**という中間類型を唱えたのがリンスであった（リンス 1973)。

リンスによれば，権威主義体制の特徴は，先に示したダールの政治体制を構成する2つの次元の**競争性が厳しく制限されている**ことである。軍，政党，独裁者が国家の機構を握り，言論や出版といった政治的自由を制約することで，自分たちの権力を脅かすような反対勢力が台頭するのを妨げるのである。野党の活動は必ずしも全否定されるわけではないが，集会や選挙運動は組織的に妨害され，権威主義政権と反体制派の野党が対等の立場で公正な選挙を戦うことはない。

他方，全体主義体制と異なるのは，**公認イデオロギーを実現するために国家が国民を動員しない**ことである。権威主義体制には「理想社会の建設」といった大上段の目的があるわけではなく，現行の支配集団が権力を維持することが自己目的化する。そのため，自由民主主義体制のように市民が自発的に集団を組織して政治的意思決定に働きかけることは制限されるが，支配集団の権力維持の邪魔にならない限り，市民が私的な活動にふけることは許される。むしろ，**権威主義体制を維持するためには，市民は私事に専念して政治に無関心であるほうが望ましい**のである（リンス 1995）。

このように政治的自由の制限や低度の政治動員といった特徴をもつ権威主義体制という中間形態は，1960～70年代の南米の軍事政権や，1980年代まで続いた東・東南アジアの開発独裁体制を分類するのに都合がよく，広く使われるようになっていった。ただし，1989年の「ベルリンの壁の崩壊」を端緒とするソ連・東ヨーロッパの共産主義政権の崩壊に伴い，全体主義体制という類型の実態が失われたいま，**さまざまな形態の非自由民主主義体制の総称として権威主義体制という概念が用いられることが多い**。本書もこれ以降，自由民主主義体制の反対物に権威主義体制を置くこの二分法に従って叙述を進めていくが，この用法における権威主義体制は専制（autocracy）や独裁制（dictatorship）と相互互換的に用いられる。

この現代的な用法における権威主義体制は，当然のことながら，実際にはさまざまな統治原理の政治体制をひとまとめにした概念である。この類型のもとには，王族が支配権を世襲する君主制，個人のカリスマに依存する個人独裁制，軍部が政権を握る軍事政権，公認政党が支配する一党制，宗教原理によって国家が運営される神権制，限定的ながら言論・報道の自由や政党間競争が認められる選挙権威主義など，リーダー選出の原理も国家の意思決定のしくみも異なる雑多な下位類型が並ぶ。

個人独裁制は，**政府の役職への就任やそれがもたらす便益の享受が，指導者個人のさじ加減に委ねられている政治体制**である。そのリーダーは，軍の将官であったり，政権運営のために政党を設立したりするかもしれないが，軍も党もリーダー個人の裁量に影響を与えないというのが，この体制の特性といえる。例えば，イラクのフセイン大統領はバース党という支配政党を組織していたが，フセイン大統領がバース党の運営に大きく影響を及ぼすことはあっても，バース党の党組織がフセイン大統領の政権運営を制約することはほとんどなかった。

軍事政権は，**軍の将校団が政治権力を掌握し，政権を運営する政治体制**である。往々にして戒厳令が布かれ，憲法が停止される。文民政権の機能不全をあげつらい，軍部による政権運営を「暫定政権」と称することが多い。確かに，短期間の政権運営の後に民政移管することも多いが，タイの軍事政権に見られるように，その支配が長期化することもある。

一党制とは，**政権の形成が1つの政党によって法的に，あるいは事実上，独占されている政治体制**である。第二次世界大戦後の東ヨーロッパ諸国を支配した社会主義政権では，共産党の一党独裁が他の政党の活動を許さなかった。他方，1929年から2000年まで続いたメキシコの制度的革命党による支配や，1965年から続くシンガポールの人民行動党による支配では，野党の存在は許されたが，さまざまなかたちでその活動が制約され，一党支配が維持された。

選挙権威主義や競争的権威主義とは，**複数政党による選挙が与党による支配を正当化する重要な手段ではあるものの，野党との公正な選挙競争を妨害することによって与党が政権を維持し続ける政治体制**である（Levitsky and Way 2002; Schedler 2013）。政権は，野党の候補者や支持者に嫌がらせを加えたり，批判的なメディアの活動を妨げたりするなど，野党が対等な競争相手とはならないように国家のリソースを使って手を施すのを常とする。プーチン政権下のロシアや，エルドアン政権下のトルコが一例として挙げられる。

こうした権威主義体制の下位類型が問題となるのは，**「民主化」のプロセスがこうした下位類型に応じて異なる可能性**があるからである（Geddes 1999, 2007）。選挙権の拡大が争点となるような君主制からの移行と，すでに普通選挙権は確立しているものの選挙権の実質的な行使が制限される個人独裁制や一党制からの移行とでは，民主化を駆動する要因も，そのプロセスの速さも異なるかもしれない。権威主義体制の下位類型に応じた移行プロセスのモデル化は，権威主義体制から自由民主主義体制への体制移行を論じる民主化論の理論的課題の１つである。

2 民主化と近代化

民主化の３つの波

さて，政治体制が変動し，自由民主主義体制が定着する要因を探る前に，歴史上どのようにして民主化が生じてきたのかを振り返っておこう。

ハンチントンによると，民主化は波のように諸国に普及し，幾度かの揺り戻しを経験してきた（ハンチントン 1995）。民主化の第１の波は 19 世紀前半から 20 世紀初頭まで続いた長い波であり，北米や西ヨーロッパ諸国における選挙権の漸進的な拡大や，秘密投票の導入，執政府が議会に責任を負う議院内閣制の確立などを特徴とする。この第１の波は，第一次世界大戦終了後に独立した中・東ヨーロッパ諸国の民主化でピークを迎える。しかし，1922 年のムッソリーニによるローマ進軍をきっかけとするファシズムの広まりによって，20 年代から 30 年代にかけて最初の揺り戻しを経験した。これにより，イタリアはもとより，リトアニア，ラトビア，ポーランド，エストニア，ユーゴスラビア，ブルガリアなど，ヨーロッパの広い範囲で権威主義政権が誕生した。さらに，ドイツにおけるナチズムの成立はオーストリアやチェコスロバキアの民主主義を終焉（しゅうえん）させた。日本が大正デモクラシーから昭和の軍国主義へと歩を進めたのも，この時期である。

第二次世界大戦後のイタリア，ドイツ，日本といった敗戦国の民主化によって，第２の波が生じた。また，植民地の独立に伴う新しい国家の誕生が民主主義国を増やした面もある。多くの新興国で政治体制は不安定であったものの，インド，スリランカ，フィリピン，イスラエルといった国々で自由民主主義体制が比較的長期にわたり持続した。しかし，1950 年代後半には，この第２の波の勢いが止まる。特に，ラテンアメリカ諸国で権威主義体制への移行が顕著となり，1960年代から70年代にかけて，ペルー，ブラジル，ボリビア，アルゼンチン，ウルグアイ，チリといった国々で軍事クーデターが発生し，選挙で選出された文民政権が倒された。また，アジアでも，韓国の朴正熙政権，インドネシアのスハルト政権，フィリピンのマルコス政権などによる開発独裁体制がこの時期に成立した。

第3の波は1970年代の南欧における民主化に始まるとされる。ポルトガルの軍部の民主派によるクーデターを始まりとして，ギリシャ，スペインで民主化が進み，ラテンアメリカ諸国でもペルー，アルゼンチン，ブラジルといった国々で軍事政権から文民政権への移行が進んだ。アジアでも，1986年にはフィリピンのマルコス政権が倒れ，80年代後半の韓国や台湾では選挙による競争性の強化が実現した。体制移行は実現しなかったが，1989年の中国で生じた学生を中心とした民主化運動による天安門事件も，この流れに位置づけることができよう。

さらに注目すべきは，この民主化の第3の波がソ連・東ヨーロッパの社会主義諸国を飲み込んだところである。ソ連共産党ゴルバチョフ書記長によるペレストロイカ（改革）路線は，西側資本主義陣営との冷戦を終わらせたが，ソ連を中核とする東側陣営における共産党独裁体制の終焉をも導いた。1989年には「ベルリンの壁」が崩壊し，90年に分断国家であった東西ドイツが再統一した。ハンガリー，ポーランド，チェコスロバキア，ルーマニアといった国々では独裁体制が終焉し，バルト3国はソ連から独立した。さらに，ソ連自体も，独立国家共同体を経て，各共和国が独立国家を形成するかたちに至る。

21世紀に入ってからの体制移行の動きとしては，2010年にチュニジアで生じた民主化デモが北アフリカ・中東諸国一帯に飛び火し，権威主義体制の打倒を求める反政府運動として各地に広まった，いわゆるアラブの春がある。その結果，チュニジア，エジプト，リビア，イエメンで政権が崩壊した。しかし，国民対話カルテットがノーベル平和賞を受賞したチュニジアを除けば，いずれも軍による揺り戻しか，内戦状態に陥っており，民主制の定着は実現していない。

近年，盛んに議論されているのは，現代が第3の揺り戻しの時期に入っているのではないかということである（Lührmann and Lindberg 2019）。確かに，

CHART 図 3.1 自由民主主義国の数の推移（1800～2017 年）

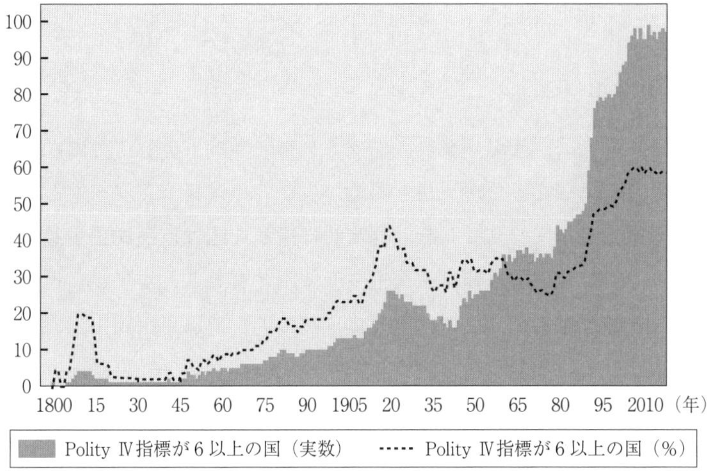

［出典］ Polity IV Project: Political Regime Characteristics and Transitions, 1800-2017（http://www.systemicpeace.org/polityproject.html）を基に筆者作成。

ソ連の共産党政権が崩壊した後に独立した諸国の中には，ベラルーシ，アゼルバイジャン，カザフスタンなど，個人独裁型の権威主義体制が定着している国も多い。しかし，ファシズムや軍事政権が広まった第 1 と第 2 の揺り戻しの時期とは異なり，自由民主主義の規範性が国際社会において確立している現代では，競争的選挙の正統性を正面から否定することは難しい。クーデターのような違法な権力の簒奪は国際的な制裁を招き，政権の存立基盤を損ないかねないからである。それゆえ，複数政党による選挙自体は行われるものの，野党の活動を組織的に妨害したり，報道の自由や司法の独立をかなりの程度侵害したりするなど，自由主義的制度の漸進的な浸食による**専制化**（autocratization）が広く見られるという。オルバン政権下のハンガリーや，法と正義党（PiS）支配下のポーランドに，この傾向を見て取ることができよう。

図 3.1 は Polity Ⅳというデータセットを用い，自由民主主義体制とみなされる国の数を時系列で追ったグラフである。図から見て取れるように，自由民主主義国の数の増加傾向は 1920 年ごろに一度ピークを迎え，1930 年代に底を打った後，第二次世界大戦後に再び急増して 60 年ごろに一段落している。そ

して，1970 年ごろに再び始まった民主化の波は，90 年前後に急拡大したが，2010 年頃から停滞していることが見て取れる。

古典的近代化論

政治学は，古くは古代ギリシアのプラトンやアリストテレスの頃から政治体制の規定要因を探ってきたが，最も異論が少ないのは経済発展水準と自由民主主義との関係であろう。すなわち，**経済的に豊かな国は自由民主主義体制をとることが多く，貧しい国は非自由民主主義体制となることが多い**。世界地図を眺めれば，豊かな北アメリカや西ヨーロッパの国々では自由民主主義体制がしっかりと確立しているのに対し，貧しいサハラ以南のアフリカ諸国では安定した自由民主主義体制が少ないことにすぐに気づくだろう。しかし，なぜ経済的に豊かだと自由民主主義体制になるのか，経済発展水準と政治体制との間の因果メカニズムを定立するのは思いのほか難しい。

最初にこの関係を定式化したリプセットは，工業化や都市化や教育水準の向上といった要素がひとかたまりとなった近代化が民主化を促進すると主張した（Lipset 1959）。そこで想定された因果関係は，**近代化のもたらす都市化や教育水準の向上といった要素が，少数派に対する寛容や政治参加を求める姿勢といった，市民の民主主義的価値観や規範を育（はぐく）み，その結果，自由民主主義体制がもたらされる**というものであった。そして，実際，リプセットやそれに続く研究者は，所得水準，教育水準，識字率，都市化の度合い，エネルギー消費量といった近代化を構成する要素が，民主化の度合いと高い相関をもつことを明らかにしたのである。こうした一連の研究を「古典的近代化論」と呼んでもよいだろう。

だが，こうした経済発展水準と政治体制の関係を直線的に結び付ける見方に対しては批判も多い。古典的近代化論への批判を通して，民主化論の理論的進展を見ていこう。

3 古典的近代化論への対抗

民主主義体制のサバイバル理論

プシェヴォルスキらは，古典的近代化論の想定とは異なり，**自由民主主義体制への移行と経済発展水準との間には関係がない**と主張した（Przeworski et al. 2000）。

リプセットが定式化した因果関係は，次の２つの関係を前提としていた。

① 経済発展が進むと，非自由民主主義体制から自由民主主義体制へと移行しやすくなる。
② 経済発展が進むと，自由民主主義体制が定着しやすくなる。

古典的近代化論は，民主化がこの①と②の両方によって引き起こされると想定している。しかし，考えてみれば，自由民主主義体制への移行は必ずしも①が想定するように社会の成熟化によって必然的に生じるわけではない。例えば，日本の民主化は，太平洋戦争における敗戦の結果，GHQによって進められた側面が大きい。また，1960年代のアフリカ諸国の民主化は，ヨーロッパの旧宗主国が植民地支配から一斉に撤退した結果であろう。先に見たように，民主化が波のように諸国に波及するのであれば，経済発展の結果として市民の価値観・規範が変わり，政治体制が変動するという一国内に閉じた内発的なプロセスをたどるとは限らない。プシェヴォルスキらは，近代化論の２つの想定のうち①は誤りであり，自由民主主義体制への移行は，経済の発展度合いとは関係なく，ランダムに生ずると主張したのである。

では，なぜ豊かな国では自由民主主義体制がとられることが多いのか。それは，経済発展水準は②の「自由民主主義体制の定着」のプロセスに影響を与えるからにほかならない。プシェヴォルスキらによれば，**経済発展水準の低い国々では自由民主主義体制が持続せず権威主義体制に逆戻りしてしまうことが多いのに対し，経済発展水準の高い国々では体制の揺り戻しが少ない**。権威主義体制から自由民主主義体制への移行の確率はランダムでも，豊かな国において自由民主主義体制が定着しやすいので，長い目で見ると経済発展水準の高い国に自由民主主義体制が多く見られるようになるのである。このような理論を民主主義体制のサバイバル理論という（Column ❸参照）。

階級闘争モデル

古典的近代化論は，所得や教育水準の向上といった近代化の過程が市民の価値観や規範に影響を与え，民主化に至ると考えた。しかし，実際に民主化が生じるには，**権威主義体制において政権を握る支配エリートが倒されるか，そうしたエリートが市民に譲歩して政治的権利を分け与えたり，反対派の自由な政治活動を保障したりするプロセスがなければならない**。古典的近代化論では詳しく分析されてこなかった，そうしたエリート間の相互作用や，支配エリートと市民との間の相互作用をモデル化する研究も，近年，進められている。

例えば，ボイッシュやアセモグルとロビンソンは，社会集団を，政権を握るもてる富者ともたざる貧者に分け，民主化を富者の貧者に対する譲歩ととらえる（Boix 2003; Acemoglu and Robinson 2006）。そして，経済発展の結果，社会における所得分配が平等化すると民主化が生じやすくなると主張している。

というのも，所得分配が非常に不平等なときに完全に民主化してしまうと，選挙の帰趨（きすう）を決める中位投票者が貧者となり，新しい政権は富者からすべてを奪って貧者に分け与えようとするかもしれないからである。中位投票者とは，投票する人全体を所得で一列に並べたときにちょうど真ん中にくる投票者である（第4章第3節も参照）。

自由民主主義体制のもとでは中位投票者の支持を得た側が，投票者の過半数の支持を得て議会での過半数や執政府の長のような公職を占めることができる。国民の大半が貧しく，中位投票者でさえ貧者のとき，富者は貧者の政権ができることを恐れる。したがって，富者が貧者の民主化運動を徹底的に弾圧して権威主義体制を維持するか，弾圧された貧者が革命に打って出て左翼独裁政権を樹立することとなる。逆に，所得分配がより平等であれば，中位投票者も相対的に豊かとなり，民主化しても富者が財産没収を恐れる心配は小さくなる。それゆえ，民主化が進むという。

エリート競合モデル

階級闘争モデルは所得格差と土地格差を混同していると批判し，**所得格差の拡大はむしろ民主化に結び付いている**と主張したのが，アンセルとサミュエルズのエリート競合モデルである（Ansell and Samuels 2014）。工業化の初期段階においては，増大した富は工業や商業の担い手である新興ブルジョアジーや上層労働者階級に集中するので，貴族や地主以外のみなが等しく貧しかった農業経済に比べて所得格差ははるかに大きくなる。そして，民主化運動の担い手であったそうした新興エリート層は中位投票者よりも高い所得を得ているため，民主化を受け入れる側の地主や貴族といった旧来型のエリート層は「富を奪われる」というおそれを抱く必要はなかった。

では，政治的権利をもたない新興エリート層は何のために民主化を求めたのだろうか。それは，階級闘争モデルの想定とは逆に，**選挙権を得て議会において発言権を確保し，市民的自由を確立することで，旧エリート層が握る国家権力による恣意的な権力行使から自らの財産を守ること**だったのである。それゆえ，新興エリート層の台頭を示す所得格差の拡大は民主化を促すという。

ボイッシュも1850～1980年における各国の政治体制類型と所得分布との相関関係を検証する計量分析を行い，自らの主張の根拠としている。しかし，所得分布の指標として，識字率や教育水準といった理論の想定する概念とはかなりかけ離れた指標を用いている，という限界を有していた。アンセルとサミュエルズは，計量経済史の最新の研究成果を活用し，19世紀の西ヨーロッパにおける所得の不平等度合いを直接測定することで自分たちの主張を検証しており，実証分析という観点では後者に軍配があがる。また，彼らの主張はムーアの古典的著作が比較歴史分析から導き出した「ブルジョアがいなければ，デモクラシーもない」というテーゼとも整合的である（ムーア 2019 下：292）。

国家対市民モデル

民主化を，歳入を最大化したい国家と税金をとられる市民との間の相互作用からモデル化する研究も存在する。例えば，ノースとワインガストは名誉革命後のイギリスにおける立憲主義の確立や議会政治の発展を，戦争を遂行するた

Column ❸ 政治体制の測定

本章では，政治体制を分類するために，かなり抽象度の高い概念や基準を説明している。しかし，そうした抽象的な概念を具体的な国に当てはめ，それぞれの国を自由民主主義体制あるいは権威主義体制といった政治体制類型に網羅的に分類するのは，容易なことではない。政治学者は，これまでさまざまな政治体制分類の指標を開発してきた。ここでは，そのいくつかを紹介しよう。

本章の第３節で「民主主義体制のサバイバル理論」として紹介したプシェヴォルスキら（Przeworski et al. 2000）が分析に用いた指標を，1946〜2008年までの202カ国に拡張したのがDD指標である（Cheibub et al. 2010）。その名は民主制（Democracy）と独裁制（Dictatorship）の頭文字に由来する。この指標の特徴は，**競争的選挙の実施の有無を唯一の基準に，各年の各国を民主制か独裁制かのいずれかに分類する二分法を採用している**点にある。しかし，こうした二分法では，同じ体制類型内での変化をとらえられないという難点がある。例えば，いまだ民主制の枠内ではあっても，強権的な与党が最高裁判所判事の任免などで司法の独立を浸食するプロセスを観察・測定できない。

他方，他の指標は，**各国の政治体制を，十全な自由民主主義体制を一方の極とし，その反対物である権威主義体制をもう一方の極とする連続体の中に位置づけ，民主制を程度問題として扱うものが多い**。フリーダムハウス指標（https://freedomhouse.org/）は，各国の個人が享受する10の政治的権利と15の市民的自由を評価し，それぞれの国の政治体制を最も自由な体制（1）から最も不自由な体制（7）までの7段階の尺度で指標化したものである。この指標の特徴は，競争的選挙の有無しか見ないDD指標とは逆に，民主制の手続き面のみならず，学問の自由や司法の独立といった市民の実質的な権利保障や，汚職の程度といった政府のパフォーマンスをも考慮に入れている

めに歳入を確保したい王室の戦略に求める（North and Weingast 1989）。

戦争技術が進歩するにつれ，戦費も莫大なものとなる。戦争を遂行するためには，公債を発行し，それをその頃台頭し始めた商業資本家層に引き受けてもらう必要がある。しかし，商業資本家層が懸念するのは国家が公債の返済に応じない可能性である。商業資本家には国家に約束の履行を強制する力はない。約束不履行の危険性が高い限り，商業資本家層は公債の引き受けに応じない。

点である。しかし，政治体制類型の指標に政府のパフォーマンスを組み込んでしまうと，政治体制類型のあり方が政府のパフォーマンスに与える因果関係を，もはや検証できないという難点がある。

本章の図 3.1 にも用いたが，現在広く使われている指標が Polity Ⅳである（http://www.systemicpeace.org/polityproject.html）。これは，現在のところ，1800～2017 年までの 167 カ国をカバーしている。この指標は，**史資料を基に，各国の政治体制を①執政のリーダーの任免（制度化・競争性・開放性それぞれの程度），②執政のリーダーの権限への制約の程度（三権分立），③政治参加の制度化と競争性の程度，といった 3 つの側面から評価し，−10 から＋10 までの 21 点尺度で指標化したものである。**使い勝手のよい指標ではあるが，ダールの自由民主主義の定義でいえば，包摂性の測定が手薄という面は否めない。例えば，この指標の評価基準では，複数政党による競争的選挙が行われている限り，成人男性だけの普通選挙と女性を含めた普通選挙を行う政治体制とを区別することができない（前田 2019）。

最近開発された V-Dem 指標（https://www.v-dem.net）は，民主制の手続き面を超えて政治体制を多面的に測定する包括的な指標である。この指標は，最長で 1789 年まで遡り，202 カ国の政治体制を数多くの項目で評価し，**多義的な「デモクラシー」を，選挙，自由，参加，熟議，平等という 5 つの原理のそれぞれで指標化している。**これらの 5 つの指標の中でも選挙民主制指標（Electoral Democracy Index）は，ダールが「ポリアーキー」の必要条件として定義した包摂性と競争性の両方の側面を過不足なく測定して，各国の政治体制を長期にわたり 0～1 の間で指標化しており，政治体制を分類する指標として今後広く使われていくことになるだろう。

ここで想定されている国家の姿は，第 2 章で述べた略奪国家のそれであり，実際，農業経済であれば農民や地主の財産を徴発すれば目的は達せられたかもしれない。しかし，経済が発展して重心が商工業に移ると，そうした資本はすぐに国外に逃げ出すことができるので，略奪国家は財産の徴発では目的を達成できない。そこで，**王室は私的所有権を保障し，議会の同意なしには課税できないような制度を作ることで自らの手を縛り，「借りた金は返す」という約束**

の履行可能性を高めたのである。その結果，商業資本家層は公債の募集に応ずることとなり，イギリスは大英帝国への道を歩むことになったという。

ここから，**経済発展の結果，社会で富を生み出す資本の構成が変化して資本の流動性が高まると，流動的な資本に依存する国家は民主化を進める**というモデルを引き出すことができる。私的所有権が無視され，恣意的で予測不能な政策をとる国家のもとでは，資本家は安心して投資ができない。選挙によって多様な社会階層から選ばれた代表の同意を国家の政策執行の条件にし，国家の活動の限界を定めて予測可能性を高めれば，経済活動は活性化し，国家も利益を得ることができる。経済発展は資産の移動可能性を高め，国家の恣意性を制限することで民主化を促すという論理である（第2章参照）。

レンティア国家モデル

いま述べたノースとワインガストのモデルは，名誉革命後のイギリスを念頭に置いていたが，**独自の利害を有する国家と租税を負担する市民との間の相互作用の結果として民主化をとらえる枠組み**は，現代世界にも適用可能である。先の「国家対市民」モデルでは，国家が流動的な資本をもつ市民からの税収に依存するようになると，民主化が進むことを示している。流動的な資本とは，**産業資本，金融資本，そして労働者一人ひとりの身についたスキルを指す人的資本**などである。このモデルの含意として，逆に，国家がこうした流動的な資本に自己の存立基盤を置かないならば民主化は進まないことになる。こうした可能性を示すのが「レンティア国家」モデルである。

レンティア国家とは，歳入の多くをレントと呼ばれる自国内の天然資源の売却益から得るため，国内の他の産業や労働者からの税収に依存しない国家を指している（Beblawi 1987）。こうした**国外に逃げ出すおそれのない税収源に依拠する国家は，流動的な資本を所有する市民の意向を気に掛ける必要がないので，民主化は進まない**こととなる。

実際，歳入のほとんどを潤沢な原油の販売代金から得ている中東の産油国は，1人当たり国内総生産（GDP）で見れば非常に豊かであるにもかかわらず，サウジアラビアやアラブ首長国連邦に見られるように，王族支配が続いている。こうした中東の産油国が民主化する気配はいまのところ薄い。こうした国々は原油の輸出で得た収益を市民に分配して彼らの歓心を買い，その支配をより強固にしているようにすら見える。

さらに，石油以外にダイヤモンドのような天然資源の輸出代金を歳入の源とする国家においても，中央アフリカの諸国に見られるように，自由民主主義体制の定着が難しい。レオナルド・ディカプリオが主演した映画『ブラッド・ダイヤモンド』が描いたシエラレオネが戦乱に苦しんでいたように，天然資源の収益をめぐって内戦が国を引き裂いたり，独裁者の支配が続いたりすることも多い。このように，豊かな天然資源を保有する国家が内戦や圧政に苦しむ逆説を指して資源の呪い（**Column** ❷参照）と呼ぶこともある。

引用・参考文献　Reference●

ダール，ロバート・A.／高畠通敏・前田脩訳 2014『ポリアーキー』岩波文庫。

ハンチントン，サミュエル・P.／坪郷實・中道寿一・藪野祐三訳 1995『第三の波―― 20 世紀後半の民主化』三嶺書房。

ファンダー，アナ／伊達淳訳 2005『監視国家――東ドイツ秘密警察（シュタージ）に引き裂かれた絆』白水社。

前田健太郎 2019『女性のいない民主主義』岩波新書。

ムーア，バリントン／宮崎隆次・森山茂徳・高橋直樹訳 2019『独裁と民主政治の社会的起源』（上・下）岩波文庫。

リンス，フアン・J.／宮沢健訳 1973「権威主義的政治体制――スペイン」エリック・アラルト＝イルジョー・リッツネン編『現代政党論』而立書房。

リンス，フアン・J.／高橋進監訳 1995『全体主義体制と権威主義体制』法律文化社。

リンス，フアン・J.＝アルフレッド・ステパン／荒井祐介・上田太郎・五十嵐誠一訳 2005『民主化の理論――民主主義への移行と定着の課題』一藝社。

Acemoglu, Daron and James A. Robinson 2006, *Economic Origins of Dictatorship and Democracy*, Cambridge University Press.

Ansell, Ben W. and David J. Samuels 2014, *Inequality and Democratization: An Elite-Competition Approach*, Cambridge University Press.

Beblawi, Hazem 1987, “The Rentier State in the Arab World,” H. Beblawi and G. Luciani eds., *The Rentier State: Nation, State, and the Integration in the Arab World*, Croom Helm.

Boix, Carles 2003, *Democracy and Redistribution*, Cambridge University Press.

Cheibub, José Antonio, Jennifer Gandhi, and J. Raymond Vreeland 2010, “Democracy and Dictatorship Revisited,” *Public Choice*, 143 (1-2): 67-101.

Geddes, Barbara 1999, “What Do We Know about Democratization after Twenty Years?,” *Annual Review of Political Science*, 2(1): 115-144.

Geddes, Barbara 2007, "What Causes Democratization?," C. Boix and S. C. Stokes eds., *The Oxford Handbook of Comparative Politics*, Oxford University Press.

Levitsky, Steven, and Lucan A. Way 2002, "The Rise of Competitive Authoritarianism," *Journal of Democracy*, 13 (2) : 51-65.

Lipset, Seymour Martin 1959, "Some Social Requisites of Democracy: Economic Development and Political Legitimacy," *American Political Science Review*, 53(1) : 69-105.

Lührmann, Anna, and Staffan I. Lindberg 2019, "A Third Wave of Autocratization is Here: What is New about It?" *Democratization*, 26(7) : 1095-1113.

North, Douglass C. and Barry R. Weingast 1989, "Constitutions and Commitment: The Evolution of Institutions Governing Public Choice in Seventeenth-Century England," *The Journal of Economic History*, 49(4) : 803-832.

Przeworski, Adam, Michael E. Alvarez, José Antonio Cheibub, and Fernando Limongi 2000, *Democracy and Development: Political Institutions and Well-Being in the World, 1950-1990*, Cambridge University Press.

Schedler, Andreas 2013, *The Politics of Uncertainty: Sustaining and Subverting Electoral Authoritarianism*, Oxford University Press.

CHAPTER

第4章

選挙と投票

INTRODUCTION

自由民主主義の要件の 1 つは，国民が選挙を通じて国家の意思決定に参加できることである。だが，内面の自由や言論の自由が保障された自由民主主義体制において，多様な個人の意見や選好を集計して代表を選出するのは，それほど簡単ではない。どのような集計方法が民主的な意思決定や代表選出を保障するのであろうか。集計方法の違いは，国民の意思の代表のされ方に違いをもたらすのだろうか。本章では，まず政治的競争を枠づける政策の対立軸を検討する。そして，具体的に代表を選出するしくみである選挙制度を日本のそれを含めて概観し，そこにトレードオフが存在することを確認する。最後に，有権者は何に基づいて選挙に参加したり，投票先を決めたりするのかを考える。

1 政策の対立軸

イデオロギー

本章のテーマは選挙と投票行動だが，そもそも国家の意思決定を担おうとする政党や政治家，およびそこに1票を投じる有権者の間に対立の構図がなければ，競争にはならないだろう。では，政治的競争の世界には，どのような政策の対立軸が存在するのだろうか。

われわれの社会には公共政策をめぐり無数の対立が存在するが，政策の対立軸を考えるとき，どの対立も等しい重要性をもって互いに無関係に存在しているわけではない。有権者は，比較的単純な原理から多くの対立争点をパターンとして認識し，多数の争点の間で相互に矛盾せず，コストをかけずに簡単に意思決定していることが知られている。この，**政治の世界における複雑な現実を簡略化して把握し，価値判断することを可能にする枠組み**のことをイデオロギーという。

例えば，防衛力拡充策への賛否を考えてみよう。第10章で学ぶように，一方的な軍拡は，仮想敵国である相手側からの戦略的応答を引き起こすので，自国の抑止力の強化につながるとは一概にはいえない。また，一方的な軍縮も，国際的な安全保障環境に変化をもたらし，平和な国際関係を乱しかねない。特定の安全保障政策が国益に適うかどうかは，専門的知識に基づく慎重な検討を経なければ，本来判断できないものなのである。しかし，有権者のほとんどは政治を生業（なりわい）とはせず，安全保障に関する専門的知識も，慎重な戦略的検討を行う時間的余裕もない。その中で，政策への賛否を判断しなければならない。そうした判断を可能にするのが，イデオロギーなのである。「私は保守なので，軍拡には賛成！」，「私は革新なので，反対！」といったように，イデオロギーに基づいて判断すれば，ほとんどコストをかけることなく意思決定ができるし，有権者の多くはそうしている。

さらに，イデオロギーは**情報の収集・分析コストを最小限にしつつ，有権者が自らの利益を代表してくれそうな政党や政治家を選ぶことも可能にする**（飯田ほか 2015: 64-67)。例えば，先の例でいえば，すべての政党や政治家の防衛力拡充策への賛否とその理由を詳細に調べるのは骨が折れる。しかし，イデオロギーを指標として「この党は保守だから……」,「この党は革新だから……」と推測すれば，政治的知識の乏しい有権者でも，かなりの確度で当該政策に関する政治家や政党の立ち位置を把握できる。あとは，イデオロギーによって単純化した自らの立場に近い政治家や政党を選べばよい。

イデオロギーは，一般に，保守主義，（古典的）自由主義，社会主義，権威主義，リベラリズム（現代的自由主義），ナショナリズム，リバタリアニズムなど，「○○主義」や「○○イズム」という呼称をもつ。以下では，現代の先進民主主義諸国で政治的競争を枠づけている代表的なイデオロギー的対立軸をいくつか紹介していく。

経済的左右軸

第二次世界大戦後の先進諸国の多くで政治運動や政党の間の競争を規定してきたのが，経済的左右軸である。多くの国で政治的対立は「左派」対「右派」のそれとイメージされてきた。この対立軸は，主に**国家が市場に介入する程度をめぐる争い**を示すものである。

左派の側は，共産主義や社会主義，あるいはヨーロッパの社会民主主義，アメリカのいわゆる「リベラル（現代的自由主義）」によって構成される。左派は基本的に「大きな政府」を信奉し，**市場経済が生み出すさまざまな不平等・不公正を政府の力によって是正し，平等な社会を実現することをめざす立場**に立つ。経済政策や社会保障政策の面では，機会の平等を確保するために公教育を拡充したり，市場競争の結果として生じざるをえない貧富の格差を年金・失業保険・生活保護といった社会保障給付によって是正したり，所得にかかわらず医療サービスへのアクセスを保障するといった，結果の平等を志向する。「公共サービスの拡充のためであれば，租税負担の増加は甘受する」というのが左派の立場である。なお，冷戦が終焉（しゅうえん）し，ソ連・東ヨーロッパの社会主義政権が崩壊して，自由主義経済に対する代替的選択肢がなくなった現在，市場経済そのものに否定的な共産主義や社会主義は左派イデオロギーの中でかつての優越的な地位を失っている。

右派の側は，ヨーロッパの（古典的）自由主義，アメリカの保守主義などから構成される。あるいは，自由な市場競争を重視した19世紀の古典的自由主義の復権という意味で1970年代頃から使われる「ネオリベラリズム（新自由主義）」もまた右派の側に分類される。右派は基本的に「小さな政府」を信奉し，**市場経済がもつ巨大な生産力を十分に活用することで人々の生活を改善することをめざす**。

もちろん，右派の側も自由主義を奉じているので，社会的門地や身分によって市場競争の入り口で差別されないという意味での機会の平等は尊重する。しかし，機会の平等や結果の平等を確保するために国家が市場に対して規制・介入することや，市場の効率的な資源配分によって実現する所得格差を国家の再分配によって是正することは好まない。自由な市場がもつ潜在力の発揮を妨げることになるからである。むしろ，公共セクターの民営化，規制緩和，自由貿易，減税といった政策を好む。「公共サービスが貧弱となっても，租税負担の軽減を選好する」というのが右派の立場である。

文化的対立軸

現代の先進民主主義諸国でますます重要性を増しているのが，文化的対立軸である。この対立軸の呼び名は定まっていないが，リバタリアン－権威主義軸，あるいはGAL-TAN軸などと呼ばれる（Kitschelt 1994, 1997; Hooghe et al. 2002）。ここでいう「GAL」とは，Green（環境保護主義），Alternative（主流に対する代替的なライフスタイル），Libertarian（自由主義者）の頭文字を取っており，「TAN」とは，Traditional（伝統主義），Authoritarian（権威主義），Nationalist（国民主義者）の頭文字を取ったものである。この対立軸は，主に**共同体の伝統的な価値観をどの程度保持するのか，新しい価値観をどの程度受け入れるのかをめぐる争いを示すもの**である。

リバタリアンの側は，文化的な意味でのいわゆる「リベラル」によってまとめられるが，エコロジズムあるいはフェミニズムといった雑多な立場によって構成される。その意味で，ここでいうリバタリアン的立場は，政府による規制を極小化してすべてを市場に任せようという，アメリカの思想潮流として存在する「リバタリアニズム（自由至上主義）」とは意味合いが異なる。

リバタリアンは，**個人が多様な価値観・倫理観・道徳観をもっていることを受け入れ，そうした新たな価値観を個人が自らの目標を自由に追求できることに価値を見出すため，そうした自由の妨げとなる因習・慣習・伝統の墨守（ぼくしゅ）には批判的となる**。例えば，大量生産・大量消費を前提とする既存の社会システムのあり方に疑問を呈（てい）し，人類文明と地球環境との共存を図るオルタナティブ（代替的）なライフスタイルを模索するエコロジズムは，この立場の一例である。

また，公的あるいは私的領域で男性に支配的な役割を割り当てる固定的な性別役割分業を疑問視し，抑圧的なジェンダー規範からの女性の解放を唱えるフェミニズムもまた，リバタリアン的立場の代表例となる。さらに，この立場は，多数派の支配的文化が少数派を抑圧することに批判的であるため，さまざまな民族的背景をもつ少数派が，そのライフスタイルを尊重される多文化主義にもつながる。共同体の中での調和を乱してでも，個人が大切だと考える価値を追求できる自由を尊重するのが，リバタリアン的立場である。

第３章では政治体制の特徴を示す用語として説明したが，権威主義は個人の心性を示すものとしても用いられる。そうした意味での権威主義の側は，文化的な保守主義やナショナリズムによって構成される。権威主義は，**個人を超えた，さまざまなレベルの共同体が伝統的に培ってきた価値観・倫理観・道徳観を維持することに価値を見出すため，そうした実際は近過去に作られたものも含めた「伝統」を乱す存在には批判的となる**。例えば，国民（nation）や郷土への献身や自己犠牲を尊び，国旗や国歌，あるいは王室といったナショナル・アイデンティティの象徴を敬う心性を示す。

また，倫理観の面では，夫が賃労働に従事し，妻が子どもを育てるという性規範・家族規範を当然視するので，女性に主導的な地位を割り当てるクオータ制やポジティブ・アクションに否定的であったり，同性婚の容認に消極的であったりする。さらに，国民の中の民族的・文化的多数派のライフスタイルを維持することに価値を置くので，そうしたライフスタイルの攪乱（かくらん）因子となる移民の増加に抵抗感をもつ。移民が主流派文化に同化せずに彼らのライフスタイルを保持し続けることを促す多文化主義は拒絶する。個人の自由の発露（はつろ）よりも，家族・地域コミュニティ・国民といったさまざまな水準の共同体の秩序維持に価値を置くのが権威主義の立場である。

経済的左右軸と文化的対立軸がどの程度相関するのかは，各国の政治的文脈に応じて異なり，経験的問題となる。かつては，1980年代のイギリスのサッチャー首相やアメリカのレーガン大統領など，文化的には権威主義的立場とレッセ・フェール（自由放任主義）の右派的経済政策を組み合わせる新自由主義や新保守主義と呼ばれる立場が人気を博した。しかし，現在の先進民主主義諸国では，移民の排斥や主流派文化への同化を求める権威主義的立場を唱える一方，経済政策の面では保護貿易や不遇な主流派国民の救済を求めて左派的な立場をとる政治家や政党が台頭してきており，2つの対立軸の間に強い相関関係は認められない。

戦後日本の対立軸

第二次世界大戦後の日本の政治的対立を枠づけてきたのは，他の先進諸国と同様，「左派」と「右派」が対抗する左右イデオロギーであった。ただし，**日本に特徴的なのは，この対立軸が外交・安全保障政策と憲法問題に対する態度によってもっぱら構成されていたことである**（蒲島・竹中 2012）。右派の側は，日米安全保障条約に基づく日米軍事同盟によって共産主義陣営と対峙し，戦争の放棄と戦力不保持を定める憲法9条を改正することを主張した。他方，左派の側は，日米安全保障条約の破棄による非武装中立と憲法9条の堅持を唱えた。

そして，この戦後日本に特有な，外交・安全保障政策と憲法問題を中心とした左右の対立軸は保革イデオロギーと呼称された。右派の側は「保守」と呼ばれ，左派の側は「革新」と呼ばれた。保守と革新が対抗する保革対立が戦後日本の政治的競争の構図を形作ってきたのである。

自由民主党（自民党）が結党された1955年から，細川非自民連立政権が成立した1993年まで，自民党が政権を担い続けた38年間を55年体制と呼ぶが，**この時期の政党間対立は保革イデオロギーによって一次元的に理解できた**。すなわち，保守から革新にかけて，自民党，民社党，公明党，社会党，共産党といったように，有権者の多くが国政政党を一列に並べることができたのである。

この保革イデオロギーによる一次元的な政治的対立の状況は，1993年の55年体制の終焉と，その翌年に社会党委員長・村山富市を首班とする自社さ内閣（自民党，社会党，新党さきがけによる連立政権）が成立し，日米安保条約の破棄と

CHART 図4.1 2012年衆議院選における各党のイデオロギー位置の認識

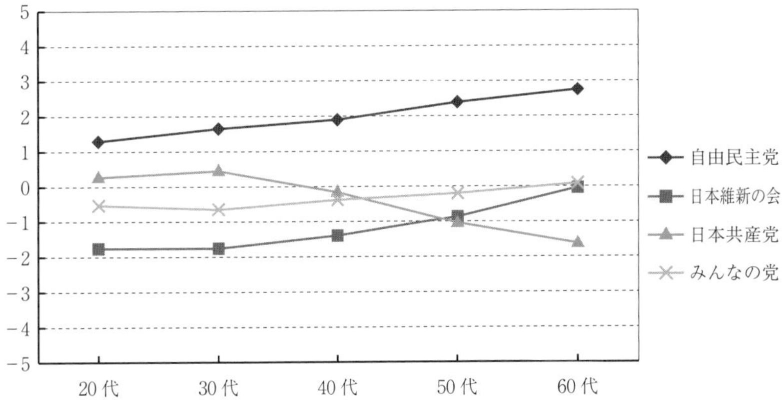

［注］ −5＝革新的　5＝保守的
［出典］ 遠藤・ジョウ 2019: 69の図2.5.

自衛隊の違憲性を唱える革新政党がほぼ消滅したことによって，大きく変わったように見えた。しかし，にもかかわらず，有権者は外交と憲法をめぐる保革対立によって，いまだに政治的対立を把握している（蒲島・竹中 2012; 遠藤・ジョウ 2019；谷口 2020）。そして，最近の調査では，多くの有権者が左右イデオロギーの軸では中道に位置する一方で，自民党は右派に，民主党を引き継ぐ政党は左派に位置する傾向が強まっていることが指摘されている（谷口 2020）。

さらに興味深いのは，有権者の多くが保革あるいは左右という軸で政治的対立を把握しているにもかかわらず，その意味するところが世代によって異なるという点である。近年の研究では，図4.1が示すように，若い世代はかつての革新政党の代表格である日本共産党を「保守的」とみなし，保守的な外交・安全保障政策を掲げる日本維新の会を「革新的」とみなすというねじれが生じていることが明らかにされている（遠藤・ジョウ 2019）。これは，政党間対立を保革イデオロギーで理解することができた55年体制期に政治意識を育んだ高齢世代と，そうした単純な政党間対立がなくなった1990年代以降に政治を体感的に学んだ若年世代とでは，「保守」や「革新」という言葉のもつ意味合いが異なっているということである。

ただし，イデオロギーのラベルを「左右」とすれば，どの世代でも社会通念通り，共産党から自民党まで並べることができる。その意味で，いまも続く左右イデオロギーと，伝統的な保革対立の枠組みとで，ずれが生じているに過ぎないということもできるかもしれない。しかし，政党を並べる質問に「左右」というイデオロギーラベルを用いると，若年層のほぼ半数が「わからない」と答えており，左右イデオロギーの対立認識の枠組みとしての有効性も疑問なしとはしない（遠藤・ジョウ 2019）。

有権者の間で共有されたイデオロギー対立の図式が失われることが，日本の政党間競争にどのような影響を及ぼしているのか。さらなる研究が求められているといえよう。

2 選挙と選挙制度

選挙という難問

第3章で説明したように，自由民主主義体制の要件の1つは，国民の意思が国家のとる方針・政策に選挙で選ばれた代表を介して反映されることである。だが，ここまで述べてきたように，国民は必ずしも一枚岩ではない。それを構成する個々人は，もろもろの政策の対立軸上で，さまざまな自分の立場・意見というものをもっている。それでは，どのような集計方法が，個人の多様な意見を集計して，国民の意思と国家の意思とを一致させてくれるのだろうか。

これから述べていくように，国民が自分たちの代表を選び出す選挙制度がこの難問への国家からの一応の回答ということになるが，**いつでも，何にでも適用可能な最善の選挙制度というものは存在しない**。それはなぜなのかを説明していこう。

選挙制度のトレードオフ

選挙には大まかにいって2つの機能がある。1つは，自らの利害を代表してくれる議員を議会に送る**民意表出機能**である。人々の利害や意見，政策に対する選好（好み）は多様であることを前提とすると，選択肢となる政党や議員の数は多いほうがよいし，その表明する政策位置は政党間や議員間で多様であるほうが好ましいということになる。例えば，仮に憲法9条改正，脱原発，消費税増税というたった3つのイシュー（問題）が国政で重要な案件として選挙で争われていたとすると，

$$\text{憲法9条改正に}\frac{\text{賛成}}{\text{反対}}\times\text{脱原発に}\frac{\text{賛成}}{\text{反対}}\times\text{消費増税に}\frac{\text{賛成}}{\text{反対}}=8\text{通り}$$

の政策的選択肢が存在することになる。有権者の選好のどの組み合わせにも対応するには，少なくとも8つの政策集団が必要となる。実際には，政治的課題がたった3つということはありえないから，もっと多くの候補者・政党が用意されていなければ，有権者の選好を議会の場に正確に反映させることはできない。

他方，選挙には有権者の意見を集約することで，国家の目標を定義して国民をその方向へ導く執政を行うリーダーを選ぶ民意集約機能もある。大統領や首長を選ぶ場合は当然のことながら議席は1つであるし，議員が首相を選出する間接選挙をとる場合も最終的に1人を選ぶのだから，あまり多くの選択肢が提示されるのは望ましくない。理想的には過半数の有権者の支持が反映されるように，議会選挙における選択肢は2つのほうがよい。そうすると，有権者が選ぶことのできる政策的選択肢は制限されることとなる。

ここで決定の安定性と選択の自由のトレードオフが問題となる。選択の自由に重点を置いて民意が表出しやすい選挙制度にすると，人々の多様な利害や意見を代表する多数の政党や議員が議会に送られることとなり，日本でいえば首相のような国家を運営するリーダーの選出は，多数決の循環に陥りやすくなる（**Column ④**）。それを避けるには，投票した個々の有権者の選好をリーダー選出の過程からいったん切り離し，多数の政党や議員間の談合によってリーダーを選ぶほかない。市民は，執政の責任者を直接には選べないこととなる。

そうではなく，決定の安定性に力点を置いて民意を集約しやすい選挙制度とし，人々に二大政党からの「政権選択」を強要することで選択肢を2つに制限すると，多様な意見や少数意見は議会の中に代表されないこととなる。大統領制のように，執政を行うリーダーと立法にかかわる議員を別々に選出して，民意の表出と集約を別々の機関が担うようにすれば，問題は解決するように見え

Column ❹ コンドルセのパラドクス

選挙制度を論じるとき，「小学校の学級会の頃から慣れ親しんだ多数決ではなぜダメなのか？」と不思議に思う人もいるかもしれない。いま，学級委員をクラスから1人選出することを考えよう。もし，立候補者が2人（出木杉，剛田）しかいないならば，クラスで投票を行って，より多くの得票を得た候補者が選出されることで問題はない。だが，立候補者が3人（出木杉，剛田，骨川）の場合はどうだろう。

仮に，生徒が24人いるとして，それぞれの候補者への順位づけをまとめると，表のようになる場合を考えよう。

社会科学では，**個々人がもつある対象に対する好みのこと**を**選好**と呼び，それは**少なくとも順序の関係で表現できる**とする。ここでの学級委員選出の例でいえば，クラスメートの1人である源さんは，骨川より剛田が好みであり（剛田≥骨川と表す），出木杉より骨川を好むというような順序で必ず表現できるという意味である。また，源が剛田≥骨川かつ骨川≥出木杉という選好をもつとき，彼女が合理的であれば，剛田≥出木杉という選好順序をもつこととなる。この程度の合理性が個々人の意思決定を行う際の前提となる。

さて，ここで表にまとめたクラスメートの学級委員候補に対する選好順序に基づいて，単純に1人1票の多数決を行えば，剛田9票，出木杉8票，骨川7票という結果となり，剛田（ジャイアン）政権が成立する。しかし，これをクラスの「民意」とみなすことに問題はないだろうか。

剛田と出木杉だけを比べれば，9人が出木杉より剛田を支持し，15（=8+7）人が剛田より出木杉を支持していることがわかる。つまり，クラスの過半数は剛田よりも他の候補のほうが望ましいと考えているのである。それでも1人1票の多数決で剛田が選ばれるのは，多数派が出木杉と骨川に割れてい

る。しかし，今度は行政府の長と立法府の議員の選好が異なることとなり，政治的意思決定が困難になる可能性が高まる。

この民意表出機能と民意集約機能との間のトレードオフのどこにバランスを求めるのか。選挙制度の設計とは，その終わりなき模索である。そして，選挙制度の違いによって政治的意思決定の舞台に代表される選好は異なるものとなり，その場で決定される政策も全く違うものとなりうる。そのため，**選挙制度はそれぞれの国の政治のあり方を決めるきわめて重要な政治制度**なのである。

るからである。

3つ以上の選択肢があるのに一度の単純多数決で決めようとするのが問題なのであれば，候補者2人組のペアをそれぞれ多数決すればどうだろうか。このような考え方をペア比較という。先に述べたように，剛田と出木杉だけを比べれば，出木杉（15票）>剛田（9票）で出木杉の勝ちとなる。剛田に勝った出木杉をもう1人の候補者である骨川と対決させれば，骨川（16票）>出木杉（8票）で骨川が勝つ。そこで，出木杉に勝った骨川を剛田と対決させると，剛田（17票）>骨川（7票）で剛田が勝ってしまう。つまり，すべてのペアの多数決で勝利する候補者はおらず，多数決の勝者は　出木杉→骨川→剛田→出木杉　というように循環してしまうのである。

このように，決定に参加する個々人は首尾一貫した選好順序（例えば，剛田≥骨川≥出木杉）をもっているにもかかわらず，**ペアごとの多数決でそれを集計して全体の順序を定めようとすると循環が生じ，一貫しない結果となる**ことを，これを発見した18世紀フランスの数学者にちなんでコンドルセのパラドクスと呼ぶ。コンドルセのパラドクスが示すのは，個々人の合理性は集団全体の合理性を保障しないということである。選択肢が2つに制限されない限り，たとえ個々の参加者が首尾一貫した選好順序をもっていたとしても，ペア比較の勝者が循環するという可能性が常につきまとう。

表　学級委員候補に対する選好順序

	9人	8人	7人
1位	剛田	出木杉	骨川
2位	骨川	剛田	出木杉
3位	出木杉	骨川	剛田

選挙制度の分類

この世には多種多様な選挙制度が存在する。**表 4.1** に示したように，国政レベルの議会選挙に限っても，世界ではさまざまな選挙制度が用いられている。さらにいえば，日本に限っても，衆議院議員総選挙，参議院議員通常選挙，都道府県知事選挙，市町村議会議員選挙において，それぞれが用いている選挙制度は異なる。ここでは，選挙制度を，有権者が投じた票からどのような順に当

CHART 表 4.1 世界の選挙制度

多数代表制	比例代表制	混合制
単純小選挙区制 決選投票付 2 回投票制 優先順位付投票制 大選挙区単記非移譲式投票制（中選挙区制）	拘束名簿式比例代表制 非拘束名簿式比例代表制 プレミアム付比例代表制 単記移譲式投票制	小選挙区比例代表並立制 小選挙区比例代表併用制

選者を決めるのか，その決定方式によって多数代表制と比例代表制の 2 つに分類して説明を試みたい。

多数代表制

多数代表制とは，**獲得票数の多い順に当選者を決める方式**である。選挙区定数といわれる各選挙区から選出される議員数が 1 人であり，1 人 1 票の投票で相対的に 1 位になった候補者を当選させる単純小選挙区制が，この多数代表制の代表例といえる。イギリス議会下院やアメリカ連邦議会上院および下院議員選挙など，小選挙区制を採用する国では単純小選挙区制をとることが多い。単純小選挙区制では 1 票でも他の候補者より得票が多ければ当選できるので，当選者がその選挙区の有権者の過半数の支持を得ることを保障しない。

単純小選挙区制の利点としては，各選挙区から相対的に 1 位となった，たった 1 人の議員を選出するので，有権者にとって責任の所在が明確となることが挙げられる。国政の状況や当該選挙区で遂行された政策に不満があれば，選出した議員に責めを負わせ，次の選挙で代わりを選べばよい。

他方，単純小選挙区制にはいくつかの難点が存在する。仮にある選挙区 X に 4 人が立候補しており，**図 4.2** のように左一右の**イデオロギー**軸上に位置取りしているとしよう。

さらに，有権者の各候補者への支持も図 4.2 のように分布しているとしよう。有権者が投票用紙に自分の選好に正直に候補者の名前を書き込む誠実投票を行えば，候補者 C が 40% の票数を得て相対多数で当選する。このとき，候補者 A・B・D に投じられた 60% の有権者の票は議員の選出に一切変換されない。

CHART 図 4.2 選挙区 X における有権者の候補者支持分布

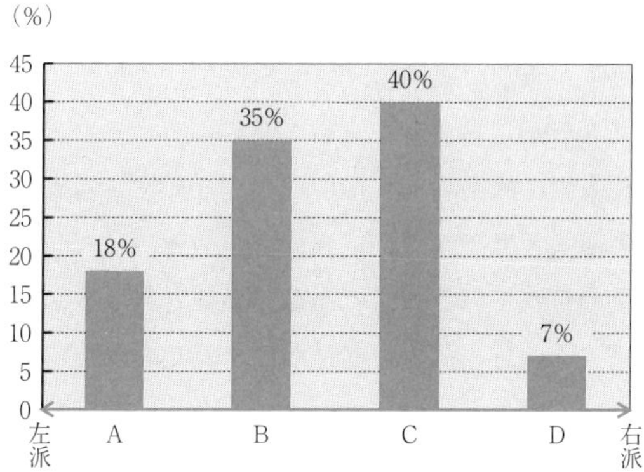

こうした落選者に投じられ誰にも代表されない票のことを死票と呼ぶが，**単純小選挙区制では一般に死票が多くなり，投じられた過半数の票が死票になることもめずらしくない。**

また，単純小選挙区制は戦略投票を促してしまうという面もある。再び図 4.2 を見てほしい。候補者 A の支持者は，自分の支持する候補者が当選する可能性が薄いことを事前に知れば，当選可能性がありかつ自分のイデオロギー的位置により近い候補者 B に投票するかもしれない。候補者 A の支持者がすべて戦略的に投票先を変えれば，候補者 B は 53% の得票を得て当選できる。候補者 D の支持者にも同じことがいえ，結果として候補者 B と C に得票が集まることになる。これは，有権者が自分の真の選好を選挙で表現できないという点で，選挙に民意表出機能を求める観点からすれば問題となる。だが，選択肢を絞り込んで有権者に選択を迫るという民意集約機能を重視する立場からすれば，むしろ望ましいともいえる。いいかえれば，**単純小選挙区制は，制度が与えるインセンティブによって選択肢を 2 つに絞り込み，民意を集約することに重点を置いた選挙制度**といえる。

比例代表制

比例代表制とは，**政党が獲得した得票数に比例して議席を配分しようとする**

選挙制度である。有権者の選好の分布になるべく近似して議員を選出しようという制度であるから，民意表出機能に力点を置いた政治制度だといえよう。比例代表制では，政党が事前に候補者リストを作成しておき，各政党の獲得議席に基づき，そのリストから当選者を決めていく。

さらに，比例代表制は拘束名簿式比例代表制と非拘束名簿式比例代表制に分けられる。拘束名簿式とは，政党が提出する候補者のリストの順位が政党によってあらかじめ決められている方式である。候補者にとってはリスト内の自分の順位が高ければ，その分当選の可能性が高まるため，候補者の順位を決める政党執行部の意向に刃向かうわけにはいかなくなる。**拘束名簿式は，党首や幹事長といった政党執行部の求心力を高める働きをもつ**といえよう。

他方，非拘束名簿式とは，政党の提出するリストの候補者順位があらかじめ決められていない方式である。有権者は，通常，政党かリスト上の個々の候補者かのどちらかに投票し，政党と候補者に投じられた票の全体数に応じて各政党に当選議席数が割り振られる。そして，候補者リスト内の得票数の多い順から割り振られた当選議席数分だけ当選者が決まっていく。有権者は個別の候補者への選好を表明できるという利点をもつが，リスト内の順位は自分への得票数次第であるから，同一政党内で候補者同士が得票数を競い合うこととなる。それゆえ，**各候補者は政党全体の利益よりも自分の支持者の利益を優先するインセンティブを拘束名簿式より強くもつ**ことになる。

日本の選挙制度

では，日本ではどのような選挙制度が用いられているのだろうか。まず，第二次世界大戦後の日本で長らく使われてきたのが，いわゆる中選挙区制である。これは，1947 年から 93 年までの日本の衆議院議員総選挙において用いられ，それぞれの選挙区から 3～5 人の議員を選出する選挙制度であった。ちなみに中選挙区制という名称は俗称であり，大選挙区単記非移譲式投票制という呼称が学術上の分類名となる。

選挙制度を分類する次元には，先に述べた多数代表制か比例代表制かという当選者決定方式のほか，**各選挙区からの当選者が 1 人の小選挙区制なのか複数の大選挙区制なのか**という選挙区定数，および**有権者 1 人が何票もたされ**

るのかという投票方式がある。中選挙区制は，1人が1票しかもたされない単記式にもかかわらず，選挙区定数が複数の大選挙区制だという特徴をもつ。しかも，その1票には1人の候補者の名前しか記入できないので，当選ラインに達しない候補者に投じられた票や，当選ラインを超えた分の票が当選者の選出に再利用されることがない。これを指して非移譲式というのである。

選挙区定数のもつ意味は，それぞれの候補者が当選するのに必要な得票率を規定する点にある。選挙区定数が重要となるのは，それが候補者の当選に必要な票数の閾値を規定する点である。いま，選挙区定数をMとするとき，これ以上獲得すれば必ず当選できる閾値は次の式で算出できることが知られている。

$$当選の閾値=\frac{有効投票総数}{M+1}$$

例えば，有効投票総数全体を1として，小選挙区制の当選の閾値を求めれば，$\frac{1}{1+1}=\frac{1}{2}$ということになり，50% より多くの票を獲得すれば必ず当選できることがわかる。この式から見てとれるように，選挙区定数が小さければ当選に必要な得票率は大きくなり，選挙区定数が大きければ，それは小さくなるという関係にある。

このように有権者は自分の1票に候補者名を1名分書き入れる投票方式にもかかわらず，小選挙区制に比べて当選に必要な得票率が低くなる性質から，大選挙区単記非移譲式投票制は，政党の存在を前提としなくとも選挙の比例性を高め，経済的・社会的・文化的に少数派である集団の政治的代表を促進することができるという特徴をもつ。図 4.2 の選挙区Xで，定数3の単記非移譲式投票制を採用していたとすれば，当選の閾値は$\frac{1}{3+1}=25\%$ということになり，単純小選挙区制に比べれば格段に少数の支持で当選しやすくなる。実際，定数3であれば，候補者Aは18% の支持で当選できるだろう。

しかし，大選挙区単記非移譲式投票制には大きな問題もある。先に述べたように，図 4.2 で定数が3だとすれば，候補者Aの獲得する得票率 18% が当選ラインとなる。候補者Cはその倍以上の得票率となるため，候補者Cを擁立する政党は新しくもう1人の候補者を擁立して候補者Cの支持を均等に分割すれば2人当選させることが可能となる。これがいわゆる中選挙区制における票割りの問題となる。候補者Cにとっては，同一政党内の新しい候補者は他の候補者と同様に当落を争うライバルということになり，同一政党内での競争が激しくなる。これは**政党の**一体性**を損ない，派閥争いや政党の**断片化**に結び付く可能性がある。**

このような中選挙区制がもたらす派閥争いや個人主体の選挙運動といった弊害を反省し，1994年の政治改革法案によって導入されて96年の衆議院議員総選挙から用いられているのが，小選挙区比例代表並立制である。これは，単純小選挙区制度と拘束名簿式比例代表制を組み合わせた混合制の一種である。混合制には併用制と並立制があるが，当選者の決定において選挙区選挙と比例代表選挙が基本的に別建てとなるのが，並立制の特徴である。例えば，日本の並立制では，2020年現在，単純小選挙区制で争われる289の選挙区選挙と，全国11のブロックで拘束名簿式によって争われる比例代表選挙との間で，各政党の当選者数を調整するメカニズムはない。

ただし，選挙区選挙と比例代表選挙とで重複立候補が認められており，2つの選挙制度の間に全く関連がないわけではない。日本の並立制の拘束名簿式比例代表選挙では，各党が提出するリストの小選挙区立候補者を同一順位とすることが許されている。そして，その同一順位とされた候補者の間の順位を決めるのが，小選挙区で当選者に対してどれほど善戦したのかを示す惜敗率である。惜敗率は（候補者の小選挙区獲得票数）÷（当該候補者の選挙区における最多得票数）で算出され，たとえ小選挙区で勝ち目は薄くとも，選挙運動に最大限励むインセンティブを重複立候補者に与えている。

これに関連して，小選挙区比例代表並立制では選挙区選挙と比例代表選挙との間に連動効果が確認できると主張されることもある（水崎・森 1998；Herron and Nishikawa 2001）。単純小選挙区制であれば，泡沫（ほうまつ）候補の支持者は戦略投票を促されて主要な2人の候補者へと投票先を変え，勝ち目のない政党は候補者擁立を手控えるので，最終的には各小選挙区から候補者を擁立する政党数は2に近づいていくはずである。しかし，小選挙区比例代表並立制では，各政党が比例代表選挙での票の掘り起こしを考えて，勝ち目がなくとも選挙区に候補者を擁立し続けるので，実質的に小選挙区で競合する政党の数が2とならない。これは，右派陣営あるいは左派陣営の内部での候補者の乱立をもたらし，有権者に限定された選択肢を提示することで民意の集約を図るという単純小選挙区制の利点を阻害する働きをもつ。つまり，小選挙区制と比例代表制の「いいとこ取り」を狙った並立制導入であったが，2つの制度が組み合わさって「どっちつかず」に陥っている可能性が高いのである。ただし，この連動効果がどの程度であるかは，いまだ論争の的である（Maeda 2008）。

3 投票行動

政治参加と投票参加

ここまでは，有権者の候補者に対する選好は与えられたものとして，それを議席へと変換する選挙制度を説明してきた。では，そもそも有権者はどのようにして投票先を決めているのだろうか。こうした課題に取り組む政治行動論も政治学の重要な研究領域である。以下では，これまでの政治行動論の研究成果から得られた知見をいくつか紹介していく。

まず，投票行動を考えるうえでは，個々の有権者はそもそも政治に関心をもってそれに参加しようとするのかという，政治参加の問題を考えなければならない。政治参加には，もちろん公職への立候補もあるが，公益あるいは私的利益の追求を目的とした政治家や官僚への働きかけ，デモ行進，議員後援会への参加や政治献金，および選挙運動の手伝いなどが含まれる。投票参加も，こうした政治参加の1つの形態である。

では，政治参加を規定する要因は何であろうか。その要因としては，次の3つを指摘できる（Verba et al. 1995）。1つ目は，政治的資源である。ここでいう資源とは，時間，お金，および政治や社会活動に必要なスキル（技術）を指している。政治献金はお金を必要とするし，社会運動や政治家への働きかけはもちろん，投票にさえ時間が必要である。また，仲間の組織化や働きかける相手とのコミュニケーションのとり方など，スキルが高ければ，その政治参加はより有効なものとなるだろう。

2つ目の要因は，政治への心理的なかかわりである。政治に働きかければ，それを動かせると感じる政治的有効性感覚。政治に参加することによって市民的義務を果たしているという満足感。政治参加を通じて得られる集団への帰属感。あるいは，何らかの信念を政治を通して社会で実現したいという目的意識。こうした心理的要素が高まれば政治参加へのハードルは下がるだろう。

3つ目の要因は，政治的勧誘のネットワークである。もちろん，家族や親戚といった血縁ネットワークによる政治参加への誘いかけに応じる場合もあるだろう。また，職場，宗教団体，住民自治組織，趣味のサークルといった社会的ネットワークによって政治参加への誘いを受けることもあるだろう。いずれにせよ，こうしたネットワークから切り離されている場合に比べ，ネットワークの網の目に組み込まれているほうが政治参加のきっかけを得やすいと考えられる。

では，政治参加を規定するこれら3つの要因によって，投票参加をどのように説明できるだろう。投票参加を合理的な個人の便益計算に基づいて考察したライカーとオードシュックの意思決定モデルを基に考えてみよう（Riker and Ordeshook 1968）。ライカーとオードシュックによれば，有権者は次のように自分の投票行動がもたらす効用を計算して，投票するかどうかを決定している。

$$\text{期待利得}=\text{確率}\times\text{便益}+\text{義務感}-\text{投票コスト}$$

$$\begin{cases}\text{期待利得}>0：\text{投票に行く}\\ \text{期待利得}\leqq 0：\text{投票に行かない}\end{cases}$$

ここで期待利得とは，投票参加から得られると期待できる便益である。これがプラスであれば投票に行き，マイナスだとわかっていれば投票には行かない。そして，右辺にある「確率」は自分の1票が選挙結果を左右する確率であり，「便益」は候補者が当選した場合にもたらされる便益である。しかし，どの候補者も獲得票数が同じで，自分1人の1票が当落を決めるという確率は，通常，かなり低い。それゆえ，「確率×便益」は相当に小さな値となるため，投票コストがプラスである限り，自分の利益しか考えない有権者にとって投票参加から得られる期待利得はマイナスとなり，誰も投票しなくなってしまう。

このパラドクスを解決するのが，右辺にあるライカーとオードシュックが「義務感」と呼んだ項である。政治参加を規定する3つの要因のうち，政治への心理的なかかわりが，この項の高低を決める。政治を通して達成したい目的を有し，政治に関心をもち，自分の1票で政治を動かすことができるという政治的有効性感覚が高く，さらにひいきの政党をもっていれば，投票行為自体から得られる満足感が高くなる。いま投票コストを一定と考えると，市民的義務の履行からある程度の満足感を得られるのであれば投票所へ足を運ぶだろうし，満足感を得られないならば棄権するだろう。

実際に，日本の国政選挙では，自分の1票が選挙の帰趨（きすう）を決める可能性はかなり低いにもかかわらず，過半数の有権者が投票している。狭い意味での物質的利益を超えた，投票行為そのものから得られる満足感が，選挙という民主的政治制度の正統性を担保しているのである。

政策投票

では，有権者が投票に参加すると決めたとして，彼らがどのようにして投票先を決めるのかをあらためて考えてみたい。1つの考え方は，ダウンズが提唱した，有権者や政治家の選好と行動を政策空間における距離の関係に置き直して理解する空間理論による説明である（ダウンズ 1980）。

空間理論の枠組みでは，ある政策争点への賛否の程度が1つの次元を構成し，それぞれの有権者は自己の理想とする政策位置を定める。そして，有権者は各候補者のその政策空間上での政策位置を定め，自分の理想点と比較する。ダウンズのモデルでは，有権者と候補者の政策位置が一致するときに効用と呼ばれる有権者の満足度が最大となり，候補者の政策位置が有権者のそれから離れるにつれて効用水準が下がっていく。それゆえ，**有権者は自己の理想点に最も近い候補者に投票する**こととなる。

図 4.3 の例で考えてみよう。この例では，原子力発電（原発）政策が投票における政策争点となっており，有権者 X と候補者 A および B は「脱原発」から「原発推進」まで広がる一次元の直線上に，自分にとって最も望ましい理想点を位置づけている。ダウンズの空間理論では，有権者 X は政策位置が自分の理想点に近い候補者に投票すれば効用が最大化するから，自分の理想点により近い候補者 A に投票することになるだろう。

この空間理論による説明は，有権者は候補者の政策位置が自分の理想点に近ければ近いほど効用水準が高くなるという単純な前提に基づいてモデルが組み

CHART 図 4.3 有権者と候補者の政策位置

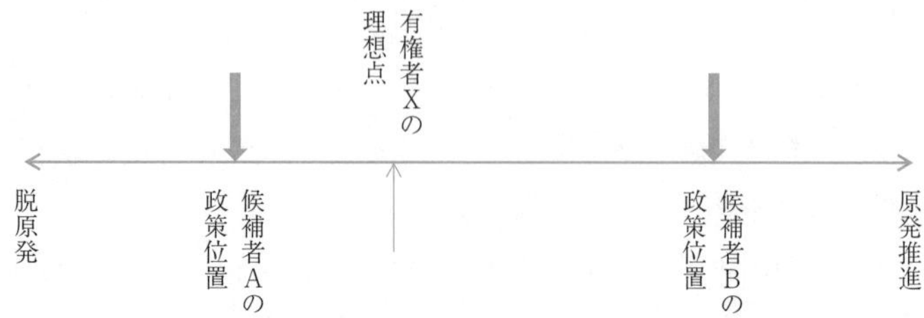

立てられており，直観的に理解しやすい。しかも，選挙では候補者間の政策位置が似通ってくるという理論的予測も与えてくれている。

図 4.4 から考えよう。いま，有権者は「原発は全基即時廃炉・撤去！」という極端な脱原発派から「原発の新規大増設推進！」という極端な原発推進派との間に位置取りしており，その中間的政策位置を理想とする有権者が最も多くなる単峰型に分布しているとする。そして，中位投票者の政策位置が単峰型の山の頂上に位置しているとしよう。中位投票者とは，有権者が 9999 人いたとして，脱原発派の左端から数えても，原発推進派の右端から数えても，ちょうど 5000 番目となる有権者を指している。なお，ここでは棄権は考えないので有権者＝投票者である。

ここで選挙制度が単純小選挙区制であり，候補者が A と B の 2 人しかいない小選挙区の場合で，候補者が当選をめざすうえで合理的となる戦略を考えてみよう。有権者は自己の政策位置に最も近い候補者に投票するので，候補者 A の政策位置の左側に位置する有権者は候補者 A に，候補者 B の右側に位置する有権者は候補者 B に投票する。候補者 A と B の間に位置する有権者は，A と B のちょうど中間点より左側であれば候補者 A に投票し，右側であれば候補者 B に投票する。

図 4.4 では，候補者 B が当選に必要な右端から中位投票者までの有権者に加え，中位投票者から A と B の中間点までの有権者の票を獲得するので当選することになる。候補者 A がこれに対抗するには，政策位置をより右側に移動させ，A と B の中間点が中位投票者を含むようにすればよい。候補者 A と

CHART 図 4.4 単峰型の有権者の分布と政策の収斂

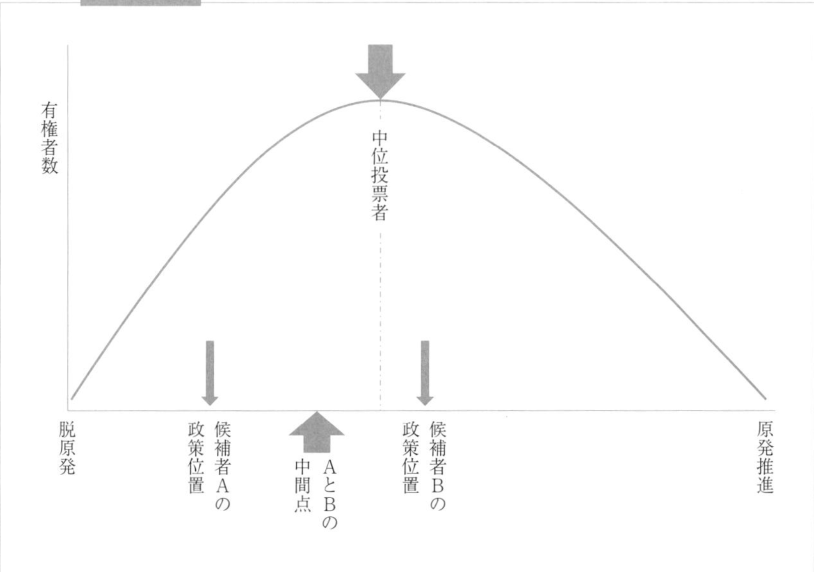

Bは，ともに同じように戦略的に考える結果，2人の候補者の政策位置は中位投票者のそれに収斂（しゅうれん）する。このようにダウンズの空間理論は，候補者が2人に限定され，一次元的政策空間で競争する単純小選挙区では，**候補者の政策位置が中位投票者のそれに収斂する**という理論的予測を与えてくれるのである。

イデオロギーによる投票

ダウンズが唱えた空間理論は，有権者は自分の政策位置に従って投票先を決めていると想定していた。これは，選挙の時期になると新聞の社説が「各党は政策論争を繰り広げ，有権者は各党の政策に基づいて投票先を判断すべきだ」と唱えるように，規範的な社会通念とも合致する。しかし，有権者は常に政策的争点に基づいて投票しているのだろうか。また，それは可能なのだろうか。

実際には，**政策投票というものはそれほど行われない**。なぜなら，特殊な条件が揃わないと，有権者は政策的争点に対する位置取りで投票できないからである。

まず，政策投票が行われるためには，政策的争点が事前に絞り込まれていなければならない。例えば，第２節の冒頭に述べたように，憲法９条改正，脱原発，消費税増税が大きな争点となっている場合，有権者はどうやって自分と候補者との政策的距離を判断すればよいのだろうか。各有権者はそれぞれの争点の情報を集めて自分の政策位置を決め，それぞれの争点における各候補者との政策的距離を算出し，各争点の相対的重要性を判断して重み付けをし，三次元政策空間での政策的距離の近さ・遠さを判断しなければならない。政策的争点が無数にある現実世界では，これはかなりの無理を有権者に課している。

では，有権者は実際にはどのように投票しているのか。1つは，**数多くの政策的争点を**イデオロギー的対立軸**としてまとめあげることができれば，ダウンズの論理によって投票先を決めることができる**。有権者は，候補者の所属政党名を，イデオロギー的対立軸上の位置を示すラベルとして用いる。そして，個別の争点ではなく，「あの党は保守」「あの党は革新」といったように，**イデオロギー対立の構図の中で政党の政策位置を把握し，自らの選好に最も近い政党に投票する**。このイデオロギーによる投票が可能となる条件は，政党が単純なイデオロギー対立の対立軸上に明確に位置づけられ，有権者がそれを認識していることである。先に見たように，日本の55年体制期はそれが可能であった。

業績投票

候補者や政党が誰も文句のつけようのない，いわゆる合意争点で争っている場合もまた，政策投票は行われない。有権者は候補者との政策的近接性からは投票先を決められないからである。例えば，「景気回復」「行財政の効率化」「環境保全」「健やかな社会」といった争点は誰もが賛成するため，賛否が問われることは少なく，誰がよりよく実行できるかが問われる。そして，選挙で争われる争点の多くは，こういった合意争点なのである。

では，無数に政策的争点が存在し，その多くが合意争点である実際の選挙において，有権者はどのように投票先を決めているのだろうか。

有権者は合理的に投票先を決めているという前提を残しつつ，現実的には無理な計算を有権者に課さないモデルが業績投票モデルである（Fiorina 1981）。業績投票モデルとは，簡単にいえば，**現政権の業績がよいときには与党に投票し，業績が悪いときには野党に投票する**ということである。有権者はもちろん選挙で選んだ政治家たちの将来の業績が自分の期待に沿うかどうかに関心がある。しかし，候補者の公約や信条をみても，専門家でもない限り，それを判断することは難しい。そこで，最も簡便で信頼性の高い方法が現政権の業績から判断することなのである。

ただし，業績投票が働くかどうかは各国の政治制度や選挙の置かれた文脈に依存している（遠藤 2009）。ここで重要となるのが，政権政党の責任の明確性である（第6章も参照）。多くの有権者が景気によって現政権の業績を判断しているとして，経済政策の形成・執行に責任があるのはどの政治的アクターなのかが明確であれば，有権者は景気動向に応じて投票先を決めることができる。他方，誰が経済政策に責任があるのかを有権者が特定できない場合，業績投票を行うことは難しい。

例えば，二院制の下院と上院とで多数派が異なる，いわゆる「ねじれ国会」のような状況の場合，現政権は経済指標の悪化を与党の政策形成を妨害する野党のせいにするだろう。その場合，有権者は経済の状況から現政権の業績を判断することが難しくなる。また，連立政権の場合，連立与党のどの党に現在の業績の責任を負わせればよいのかを判断することは難しい。さらに，かつての中選挙区制時代の自民党によく見られたが，政党の一体性が弱く，それぞれの政治家の自律性が高い場合，与党の政治家が「現政権の失政を糺（ただ）すためにこそ，私に投票してほしい！」と，与党議員としての責任を棚上げして選挙を戦うかもしれない。与党議員が現政権の業績に対して連帯責任を負わないのであれば，有権者は業績投票をすることができないだろう。

ここで，業績投票の実行可能性に影響を与える「ねじれ国会」「連立政権」「政党の一体性」といった，それぞれの要因には制度的な背景が存在することに注目すべきだろう。「ねじれ国会」が生じるためには比較的対等な二院制でなければならないし，連立政権が常態となるのは比例代表制を採用している場合が多い。つまり，有権者が業績投票を行う傾向の強さ・弱さは各国の政治制度のあり方に応じて異なるだろうと推論できる。それゆえ，政治制度と投票行動の関係に関する多国間比較というのも，近年の重要な研究課題となっている。

引用・参考文献　Reference●

飯田健・松林哲也・大村華子 2015『政治行動論――有権者は政治を変えられるのか』有斐閣ストゥディア。

遠藤晶久 2009「業績評価と投票」山田真裕・飯田健編『投票行動研究のフロンティア』おうふう。

遠藤晶久＝ウィリー・ジョウ 2019『イデオロギーと日本政治――世代で異なる「保守」と「革新」』新泉社。

大嶽秀夫 1999『日本政治の対立軸―― 93 年以降の政界再編の中で』中公新書。

蒲島郁夫・竹中佳彦 2012『イデオロギー』（現代政治学叢書 8）東京大学出版会。

ダウンズ，アンソニー／古田精司監訳 1980『民主主義の経済理論』成文堂。

谷口将紀 2020『現代日本の代表制民主政治――有権者と政治家』東京大学出版会。

水崎節文・森裕城 1998「得票データからみた並立制のメカニズム」『選挙研究』13 号：50-59。

Fiorina, Morris P. 1981, *Retrospective Voting in American National Elections*, Yale University Press.

Herron, Erik S. and Misa Nishikawa 2001, "Contamination Effects and the Number of Parties in Mixed-Superposition Electoral Systems," *Electoral Studies*, 20(1): 63-86.

Hooghe, L., Marks, G. and Wilson, C. J. 2002, "Does Left/Right Structure Party Positions on European Integration?" *Comparative Political Studies*, 35(8): 965-989.

Kitschelt, Herbert 1994, *The Transformation of European Social Democracy*, Cambridge University Press.

Kitschelt, Herbert 1997, *The Radical Right in Western Europe: A Comparative Analysis*, University of Michigan Press.

Maeda, Ko 2008, "Re-Examining the Contamination Effect of Japan's Mixed Electoral System Using the Treatment-Effects Model," *Electoral Studies*, 27(4): 723-731.

Riker, William H. and Peter C. Ordeshook 1968, "A Theory of the Calculus of Voting," *American Political Science Review*, 62(1): 25-42.

Verba, Sidney, Kay Lehman Schlozman and Henry E. Brady 1995, *Voice and Equality: Civic Voluntarism in American Politics*, Harvard University Press.

CHAPTER

第5章

政党と政党システム

INTRODUCTION

有権者が選挙で代表を選び，選ばれた代表たちが議会で意思決定を行う議会制民主主義において，事実上の主要アクターは政党である。だが，なぜ政党は必要なのだろうか。本章では，社会に存在する利益・意見の表出と集約という政党の２つの機能を概観した後，議員の間の集合行為問題の解決策として政党をとらえる見方を検討する。次に，政党組織のあり方の変遷をたどり，社会環境と有権者の変化に政党がどのように対応してきたのかを考える。最後に，複数の政党が互いに競争したり協力したりする場を「政党システム」としてとらえ，社会的亀裂と選挙制度が政党システムに与える影響を検討する。

1 政党の役割

政党とは何か

第3章で説明したように，現代世界において広く正当とみなされている政治体制の構成原理（統治原理）は自由民主主義であり，誰もが国家の意思決定に参加できる包摂性と，選挙での選択肢をもたらす競争性の確保とが，その必要条件となる。実は，この両者を実質的に担保しているのが政党の存在である。大規模化し複雑化した国民国家では，国民が直接意思決定を行う直接民主主義が現実的ではない以上，包摂性は選挙を通じた議会制民主主義を通じて確保するしかない。そこで，さまざまな社会の利害を代表する政党の存在がきわめて重要となる。また，競争性の程度は，現政権を構成する与党に次の選挙で対抗する野党の存在にかかっている。かつて，シャットシュナイダーは「政党が民主政治を作り出したのであり，近代民主政治は政党なしでは考えられない」と述べたほどである（Schattschneider 1942：1）。

しかし，それほど重要であるにもかかわらず，「政党とは何か」を説明するのは案外難しい。本書の筆者の一人は，ある日の授業の冒頭，試みに「政党」の具体例を学生に順番に挙げてもらったことがある。自由民主党，立憲民主党，公明党……と日本の主要な国政政党が続いたが，そろそろネタが尽きてきたころに「幸福実現党」の名が挙がった。ちなみに，この党は（いまのところ）国会議員を選挙で当選させられていない。また，こちらから「街宣車で軍歌を大音量で鳴らしている大日本○○党は政党か？」「では，自分たちの政治的理想の実現のためにテロを繰り返すアルカイダは政党か？」と問いかけると，学生たちは微妙な顔つきになった。どうやら，政党を構成する要件が何かあるようだが，その基準は明確な線引きが難しいようである。

そこで政党論の泰斗（たいと）であるサルトーリの定義を引いておこう。サルトーリの簡潔な定義によると，**政党とは，選挙を通じて候補者を公職に就かせることができるすべての政治集団**ということになる（サルトーリ 1980）。この定義に従えば，大日本○○党とアルカイダは政党ではないが，幸福実現党は政党ということになる。このように選挙を軸に政党を定義する利点は，主権の担い手である人々によって構成される市民社会と，主権を実際に行使する国家との間には一応の分離があり，**政党は市民社会の側に軸足を置きつつ，市民の意思や選好を選挙を通じて集約し，政策形成・執行過程に反映させようとする自発的結社**であるという側面をとらえていることにある。確かに，政党以外にも，官僚制，利益団体，市民運動，マスメディアなども市民社会と国家との間を媒介するが，選挙という政治制度を通じて正統性を確保し，その正統性を担保に統治を担う点が，他のアクターとは異なっているといえよう。

政党と利益団体

政党の役割を考えるために，ここで利益団体のそれと比較してみよう。利益団体とは，**共通の利益をもつ人々の集団のうち組織化されたもの**を指す。農業従事者や理容業者といった人々は規制や価格政策において共通の利害を有するが，それだけではまだ利益団体とはならない。彼らが全国農業協同組合中央会（JA 全中）や全国理容生活衛生同業組合連合会（全理連）といった団体に組織されて初めて利益団体となる。こうした同業者たちが利益団体を形成する1つの理由は，地理的に分けられた選挙区を代表する政治家によっては，彼らの利害がうまく政策形成・執行過程に伝達されないからである。

例えば，理容師は日本に22万人ほどいるが，それぞれの衆議院議員総選挙の小選挙区で占める比率はコンマ数% 以下であろう。そこで，利益団体は，地理的には集中しないかもしれないが，ある程度利害を共有する職能・業界関係者を組織化し，その要望を政策過程に伝達し，それによって公共政策に影響を与えることをめざすのである。

ただし，このようにいったからといって，利益団体が「有権者→政党→政府」という選挙を通じた意見表明のプロセスに関係しないわけではない。むしろ，政党に票や政治資金を提供することで，見返りとして政党を介して公共政策に大きな影響を与えている。また，参議院議員通常選挙の全国区比例代表のように全国に散らばる利益団体構成員の票を生かせる場合には，団体の代表を選挙で議会に送り込んで政策決定への影響力を確保することもある。これは日本医師会や全国農業協同組合中央会（JA 全中）といった職能団体，あるいは全国電気通信労働組合（全電通）といった労働組合が政党を通じて行ってきたことである。

では，政党の役割とは何だろうか。1つの役割は，利益団体と同じく，**社会に存在する多様な利益・意見を政策過程に吸い上げる**利益表出機能である。政党は，自分たちを支持してくれる利益団体の要望を受け止めて政策に反映させようと励む。また，政党に所属する個々の議員が，自分の選挙区の，利益団体には組織されていない有権者の要望や意見を政策過程に取り込もうとする活動も利益表出機能の一部である。

利益団体や選挙区の有権者によって表出された**さまざまな利害をまとめ，相反する利害を調整して政策にまとめあげる**利益集約機能も，政党の重要な役割の1つである。例えば，医療の診療報酬や薬価をめぐって利益団体間の利害は対立する。病院団体，医師団体，薬剤師団体といった医療サービスの供給側はサービスの価格を高めに設定したいし，健康保険組合のような医療サービスの支払い側にとって価格は低いほうがよい。こうした対立する意見の双方に耳を傾け，説得，妥協，威圧，貸し借りといったさまざまな調整手法を用いて意見集約を図るのは，政党の重要な機能である。また，ある法案に対して政党間の意見が対立し，そのままでは議会で多数派を形成できない場合には，政党間の利害調整を行うのも政党の利益集約機能の一部である。

このように，社会に存在する多様な意見や利害を吸い上げ，それを政策にまとめあげて国家に執行させるのが政党の役割といえよう。

政党の存在理由

ここまでの説明は，政治という大きなしくみの中で政党の機能を見るという意味では間違いではないが，「政党はなぜ存在するのか？」という問いへの解答としては論理の飛躍がある。というのも，多くの場合，選挙で有権者が選ぶのは議員個人であり，その議員がなぜ政党を組織するのかの説明にはなっていないからである。

そこで，ここでは政党の存在理由を根本的に問い直したオルドリッチの議論を紹介し，なぜ政党は存在するのかを理論的に説明していきたい（Aldrich 1995）。オルドリッチによると，議席の確保と再選を目標とする合理的な政治

CHART　表 5.1　法案に対する各議員の利得表

	法案 X	法案 Y	法案 Z
議員 A	3	−1	−1
議員 B	−1	3	−1
議員 C	−1	−1	3

家たちが政党を組織し続ける理由は，**個々人が合理的に行動する結果として集団全体としては不合理な帰結が生じる問題（集合行為問題）を政党の存在が解決してくれるから**である。以下では，議員間および選挙における集合行為問題から見ていこう。

議員間の集合行為問題の解決

政党の存在意義の第 1 は，議員間の集合行為問題の解決である。いま仮に，3 つの選挙区から選出された議員 A，B，C から構成される議会が存在するとし，この 3 つの選挙区だけでできている社会を考えよう。そして，各議員は自分の選挙区に他の選挙区の負担で道路を作る法案 X，Y，Z を提案するという例を考えよう。ここで，それぞれの法案についての各議員の利得が表 5.1 のようになっているとする。つまり，法案 X は議員 B と C の選挙区の負担で議員 A の選挙区に道路を作る法案であり，そのときの議員の利得《A，B，C》=《3，−1，−1》となっている。法案 Y と Z についても同様である。

このとき，社会的に最も望ましい（これをパレート最適という）のは，議員 A，B，C の全員が法案 X，Y，Z のすべてに賛成票を投じることである。他の 2 選挙区の経費を分担しても自分の選挙区に道路を作ることができるので，議員の利得《A，B，C》=《1，1，1》となり，社会全体では合計 3 の利得が生み出される。

しかし，単純に各法案を議会で個別に投票にかけたのでは，どの法案も否決されるだろう。各議員は自分の利益のみを考慮するので，法案 X には負担だけを迫られる議員 B と C が反対し，法案 Y には議員 A と C が反対し，法案 Z には議員 A と B が反対するだろうからである。その結果，議員の利得《A，B，

C》=《0，0，0》となり，社会全体では合計0の利得しか生まれない。つまり，**各議員が個別に合理的に行動すると，お互いに協力すればその議員自身も得られたはずの利得をみすみす逃す結果となり，社会的に望ましい状態を達成できない**。こうした状況を集合行為問題と呼んでいる（第1章参照）。

この集合行為問題への解決策が，議会内で議員同士が連合を組んで政党を形成することなのである。ここで，議員AとBがAB党を事前に結成していたとしよう。同じ政党の仲間同士として，各議員の利益となる法案には相互に助け合うのが政党である。このとき，議員Bは自分の選挙区の損にはなるが，見返りに自分の利益となる法案への支持を期待できるので，法案Xに賛成して議員Aを助けるだろう。また，議員Aも，自分の選挙区の損にはなるが，法案Yに賛成して同じ政党の仲間である議員Bを助ける。法案の通過には3人中2人の賛成が得られれば十分なので，AB党は安定して自分たちに有利な法案を通過させることができる。AB党に属さない議員Cが望む法案Zは否決されるだろう。このとき，議員の利得《A，B，C》=《2，2，−2》となり，AB党の党員である議員AとBは，お互いに法案を潰し合っていたときよりも利得が大きくなる。また，議員Cは割を食うが，社会全体では合計2の利得が生み出されるので，お互いにお互いの法案を否決し続けるよりも社会的に見て望ましい。

選挙における集合行為問題への対処

政党の存在意義の第2は，選挙における集合行為問題に政党が対処してくれる点にある。ここでいう集合行為問題とは，**望ましい候補者が当選すれば選挙区全体の利益になるのに，その利益は投票の有無にかかわらずに受けることができ，投票には必ずコストがかかるので，潜在的支持者が投票しない**という状況を指している。政党は，こうした支持者に投票所へと足を運ばせる装置ともなりうる。

第4章で「ライカーとオードシュックの意思決定モデル」として詳しく述べたように，各有権者は次のような意思決定状況に直面していると考えられる。

$$期待利得=確率\times便益+義務感-投票コスト$$

ここで,「便益」とは自分が1票を投じた候補者が当選したときにもたらされる便益なので,他の候補者に勝って議席を獲得したい候補者は,有権者に自分がもたらす便益が他の候補者より高いと信じさせなければならない。そして,そのためには自分の資質や能力を有権者に知ってもらわなければならない。ここで問題となるのが「投票コスト」である。このコストには投票先を決める意思決定コストも含まれている。そのため,演説会に直接赴いたり,選挙公約を詳細に読み比べたりする以外に,その候補者の資質や能力を知る術(すべ)がないのであれば,投票コストはきわめて高くなる。そして,そうした作業を省く有権者は候補者間の「便益」の違いが認識できず,投票に来てくれないかもしれない。他方,自分の資質や能力や政策的立場の情報を自らの力で有権者一人ひとりに伝達するのは,各候補者にとってもコストが高くつく。

ここで,こうしたコストを下げてくれるのが「政党」というブランドなのである。いま,あなたの選挙区の候補者全員が無所属という状況を想像してほしい。おそらく,誰がどのような政策的立場なのかが判別できず,投票先に困るだろう。もし,それぞれの候補者が自民党,公明党,共産党といった所属政党を明らかにしていたり,推薦政党を明記したりしていれば,彼らの政策的立場は容易に想像がつく。私たちはブランド名で電化製品や服飾品の品質を類推するように,**政党名という簡便な方法で候補者の性質を把握し,意思決定コストを削減している**のである。潜在的支持者を投票所へと動員したい各候補者にとって,政党に所属するインセンティブは大きい。

政党規律

政党は議会および選挙における集合行為問題を解決する存在であるという観点に立つとき,重要となるのが政党規律である。政党規律とは,**政党執行部が所属議員を党の方針に沿って行動させる政党の機能**である。政党規律が政党の一体性を形作っているといってもよい。この政党規律を守る役目を担っているのが,党首や幹事長といった政党執行部の役職である。彼らは所属議員に党の方針を伝え,脅したり,なだめたり,すかしたりしながら,政党として一体の行動をとるように図る。

1つの例として,2000年のいわゆる「加藤の乱」を紹介しよう。不人気をきわめた当時の森喜朗首相に対して野党が提出した不信任案に，自民党実力者の加藤紘一と山崎拓が自身の派閥の仲間とともに賛成する意向を表明した。政党にとって，首相の選任や内閣不信任案への賛否といった投票は最も重要な議案である。自民党幹事長・野中広務は不信任案賛成者の党除名を公言し，選挙での公認剥奪をほのめかすなど，さまざまな手段を使って加藤派と山崎派の切り崩しを図った。その結果，賛同者が激減した中，加藤，山崎はともに不信任案の採決には欠席するほかなかった。つまり，政党のリソースを使って所属議員の党方針からの逸脱を防ぐのが幹事長の役目なのである。

このような政党執行部による所属議員への締め付けは，議員本人にとっても，その支持者にとっても鬱陶しいものであろう。自分たちの利害が政党の方針と常に一致するとは限らないからである。しかし，ここで「政党は集合行為問題を解決する役割を果たしている」としたオルドリッチの議論を思い起こしてほしい。

議会における集合行為問題の解決という点でいえば，**政党執行部が所属議員の行動を律しているからこそ，個々の議員は自分の短期的利害に反する議案にも賛成できる**。表 5.1 で議員 A と B は「AB 党」を作ったが，両議員とも相手の法案に賛成すると約束しておいて，後になってその法案に反対するという誘惑にかられるだろう。議員 A にとっては自分に得となる法案 X だけを可決し，法案 Y は否決したほうが利得が大きくなるからである。政党規律のない状態では，議員 A と B はいまだ集合行為問題に直面したままなのである。そこで，政党に所属する議員は政党執行部を選出し，彼らに自分たち議員間での裏切り行為の取り締まりを委ねる。そして，政党執行部が所属議員の規律違反を抑止することで，「自分が協力しても他の議員は裏切るのでは……」と疑心暗鬼になるのを防ぎ，政党内で議員間の協調の利益を引き出しているのである。

また，選挙における集合行為問題の解決という点でいえば，**政党執行部が保障する政党規律があるからこそ，有権者は政党名で候補者を選択することができる**。個々の議員は，選挙運動に際し，自分の所属する政党の名前を利用しつつ，自分に都合の悪い党の方針には従わない誘惑にかられる。例えば，「国家財政を安定化させるために道路建設を抑制し，財政規律を守る」と，自分の所属政党が公約しているとき，「財政規律に責任をもつ政党です！」という党の方針を有権者にアピールしつつ，「でも，うちの選挙区だけは例外で，道路をどんどん作ります！」と公約したほうが選挙で有利となるかもしれない。しかし，その党の所属議員全員がこの戦略をとれば，「財政規律に責任をもつ政党」というブランドの価値が消えてなくなってしまう。

同じ政党の所属議員でも，選挙での公約や，議場での投票行動がばらばらならば，再び候補者個人の政策的立場や資質を吟味せざるをえなくなる。これは投票コストを引き上げ，潜在的支持者を投票から遠ざけてしまうであろう。そこで，政党執行部は所属議員の党の方針に沿わない選挙公約や議場行動を取り締まることで，政党というブランドの価値を維持する役目を担っている。そして，政党規律が生み出す政党単位の政治は，投票の意思決定コストを引き下げることで，有権者にも利益となりうるのである。

2 政党組織

政党組織の発展

ここまで述べてきたのは，政党が議会制民主主義体制において果たしている役割についてである。だが，一言に政党といっても，その形態は「十党十色」といってもよいほど異なっている。では，政党はその組織形態に応じて，どのように分類できるのだろうか。

まず，近代議会制民主主義の発展とともに，19 世紀に登場した政党の形態が幹部政党である（デュベルジェ 1970）。幹部政党は，選挙権が収入や財産によって強い限定を受けた制限選挙権のもと，議会内の議員のまとまりとして生まれた政党の形態である。旧領主層，地主，経営者，土地の名士といった，いわゆる名望家層を構成員とし，**それぞれの選挙区の各議員と支持者の人間関係を中心に結び付いた緩やかな組織**を，その特徴とする。19 世紀イギリスのトーリー党やホイッグ党が典型である。議員主導の政党組織であり，伝統的にヨーロッパの保守政党がこの類型に該当した。日本でも，戦前の二大政党（立憲政友会，立憲民政党）は幹部政党とみなされるだろう。

ヨーロッパで工業化と都市化が進み，選挙権の拡大と（男子）普通選挙制度の成立を見た19世紀後半から20世紀初頭にかけて登場したのが，大衆政党である（デュベルジェ 1970）。拡大された選挙権によって政治参加を認められた労働者は，労働組合を基礎に社会主義政党を結成し，議会政治に参画し始めた。こうした社会主義政党は，**広く労働者層を党員として組織し，社会改革を志向する党綱領を基に，名目上は党員全体が参加する党大会で重要な意思決定をしながら，実際は中央執行委員会などの党執行部が中心となって党運営を行った**。この政党執行部は必ずしも議会議員である必然性はなく，議員はあくまで政党の代理人として議会で行動することが求められた。そのため，政党執行部の方針に忠実に従うという政党規律が重視された。党機関紙で世界観を同じくし，党員同士の相互扶助で支持基盤を固めていく大衆政党の組織形態は，社会主義政党以外にも広く応用されていった。日本の共産党や公明党は大衆政党に分類できるだろう。

第二次世界大戦後，大衆社会の成熟化と，福祉国家化をめぐる左派と右派との間の合意を背景に出現した政党類型が，包括政党である。大衆政党は，職業階層や宗教で分断された社会を前提として，それぞれのグループの利害を議会で代表することを，その役割としていた。しかし，戦後の経済成長と社会変動の中で社会の流動化が進み，各グループの支持を固めるだけでは勢力を拡張できなくなっていった。また，社会主義政党の挑戦を受けた保守政党は，それに対抗して支持拡大を図る必要性に迫られた。さらに，政権への参画を果たした社会民主主義政党も，労働者層の利害の代弁だけではなく，政権の獲得そのものを目的とし始めたために，より幅広い層へのアピールを開始した。包括政党は，こうした状況を背景に，**特定の階層・集団・宗派に限定せず，幅広い有権者に支持を求める，議会議員や執行部主導の政党**である。選挙での優位の確保が目的となるため，政策的には幅広いイシューに穏健的な立場をとる。ドイツのキリスト教民主同盟，スウェーデンの社会民主党，日本の自由民主党が，その典型である。

カルテル政党化

経済の脱工業化が進み，政党と支持者との間の結び付きが緩んだ西ヨーロッパの民主主義諸国で，近年，政党の新しい類型として議論されているのが，カルテル政党である（Katz and Mair 1995）。大衆政党や包括政党は，政党の足場が市民社会にあり，政党は支持者の利害を公共政策に反映させたり，有権者と国家との間を仲立ちしたりする役割を果たすことを前提とした政党類型である。しかし，カルテル政党は，具体的には政党助成金のようなかたちで存立基盤を国家に依存し，国家が与える政見放送やテレビ討論会といったメディア活動によって選挙戦を戦う，**国家の資源に頼って生き残りを図る政党**である。もちろん，競争的選挙は行われるが，選挙に敗れて政権を奪取できなくとも政党助成金によって活動資金は担保されるので，負けは痛くも痒（かゆ）くもない。いわば，主要な国政政党がカルテル（≒談合）を結び，自分たちの食い扶持（ぶち）は確保したうえで，政権をたらいまわしにしているというのがカルテル政党論の含意である。

既成政党のこうした「カルテル」化の原因でもあり，結果でもあるのが，政党と有権者との結び付きの変化である。それまでの大衆政党や包括政党は，労働組合，宗教団体，農業団体，住民自治組織といった社会組織を通じて市民社会に深く根づいていた。しかし，人々を結び付け，政党が安定して支持を期待できる有権者集団を作り出していた職域・地縁・宗教といった旧来型のネットワークが徐々に力を失い，マスメディアやインターネットの影響が増してきた。このように旧来型の社会組織との結び付きを弱めた有権者は，選挙ごとに投票先を変えるような，支持政党を特にもたない無党派層となり，選挙結果を大きく左右する存在となっている。

従来の支持基盤に依存できなくなった既成政党は，依存先を国家へと変え，メディアを通じて移り気な浮動層にアピールすることで選挙競争に勝ち残ろうとする。これがカルテル政党化といえる。しかし，この帰結として，既成政党は支持層の利害や選好を代表・集約することで，公共政策へと反映させるという，政党本来の役割を果たしにくくなっていった。いいかえれば，市民社会と国家との間の利益媒介機能を低下させたのである。現代の有権者の多くが「既成政党は私たちを代表していない」という感覚をもっているとすれば，こうしたことがその一因であろう（金丸 2009）。

新しいタイプの政党

そして，既成政党のカルテル政党化に対する有権者の間の反発を吸収して勢いを伸ばしたのが，ニッチ政党とも呼ばれる，新しいタイプの政党類型である（Meguid 2008; Hino 2012）。1つは，1980年代から西ヨーロッパで政党システム上に確固たる地歩を占めるようになった，緑の党に代表される環境政党である（Kitschelt 1994）。このタイプの政党は，単一争点政党であったり，ネットワーク型政党であったり，既存の政党類型には当てはまらない政党組織をもつことが多い。

いま1つは，ポピュリスト政党である。**ポピュリズムとは，「善良な人民である我々」対「腐敗した邪悪な彼ら」という二分法で政治の世界をとらえ，有権者を動員する政治手法を指す。**中でも，新しい極右とか，ポピュリスト急進右翼政党などと呼ばれる，ナショナル・アイデンティティの復興や外国人排斥といった極端な政策を掲げる政党群の台頭が近年，先進民主主義諸国において著しい（Kitschelt 1997; 水島 2016; ミュデ＝ロビラ・カルトワッセル 2018）。この政党群の特徴は，「我々」対「彼ら」の二分法の「彼ら」に，政財界を牛耳る既成エリート，リベラルな価値を押し付けるメディア，そして社会システムに寄生する難民・移民などを入れる点にある。そして，政治とは，善良な人民である「我々」の意志を実現することであるとし，こうした政党は「我々」の側の意志を知っているし，それを代表していると僭称（せんしょう）するのである。その際，「〇〇人」として一括りにされる「我々」は一枚岩であるとされ，その間に存在する多様性や差異は一顧だにされない。

環境政党とポピュリスト急進右翼政党は政策的には対極に位置するが，ともに環境保護や移民問題といった文化的対立軸上の争点に力点を置いて有権者に支持を訴えるという共通点をもつ（第4章参照）。既存の主要な国政政党は，基本的に，国家による再分配の規模をめぐる経済的左右軸上の位置取りで競い合ってきた。新しいタイプの政党類型は，そうした経済的問題のみでは収まらない，有権者の選好の多様化を反映しているともいえそうである。

3 政党システム

政党システムとは何か

ここまで，あたかも各政党が独立して存在しているかのように説明してきた。しかし，実際には，各政党はそれぞれの国の他の政党と競合関係にある。政党は，選挙で得票を最大化したい，政権に参加したい，自分たちにとって望ましい政策を実現したい，といった複数の目標の実現に向けて互いに競争している。競争であるから，これらの目標を実現するための戦略も，当然，相手の出方次第である。この**政党間競争から生じる相互作用の構造**を政党システムと呼ぶ（サルトーリ 1980）。

具体的には，次の3つのフェーズ（段階）において，政党は競争および協力関係にある（空井 2010）。政党は，選挙の局面（フェーズⅠ）で，まず他党と競争する。政党は，次の政権形成の局面を見越して戦略を練るため，得票を最大化するように行動する政党もあれば，他の政党と連立しやすいようにイデオロギー的・政策的位置取りを工夫する政党もあるだろう。

そして，選挙結果を受けて，政権形成の局面（フェーズⅡ）に移る。選挙だけで政権構成が決まるような多数決型のシステムもあれば，選挙結果を受けてから連立交渉に何カ月もかけるようなシステムもある。

政権が形成されたのちは，政策形成の局面（フェーズⅢ）に移行する。政権与党は再び訪れる選挙局面で勝利できるように政策形成を行うだろうし，野党は自分たちにとって望ましい政策を与党に実現させるよう働きかけるかもしれない。次の選挙で勝利できるよう，与党の政策の問題点をあげつらって有権者にアピールするかもしれない。そして，政策形成局面での成果が新たなインプットとなって，再び選挙局面へと移行する。この選挙→政権形成→政策形成→選挙という終わりなきサイクルを通して政党が作り出す相互作用全体を，政党システムと呼んでいるのである。

Column ⑤ 政党システムの類型

これまで，多くの政治学者がさまざまな政党システムの類型論を提案してきたが，最も影響力のあった政党システムの類型はサルトーリのそれである（サルトーリ 1980）。サルトーリは，それまで単に政党の数のみで分類されてきた政党システムを，政党数と政党間のイデオロギー距離を基準に類型化した。ここでいう「イデオロギー距離」とは，左派と右派の対立を前提に，左右軸上に位置づけられる政党間の距離を指している。この2つの基準からサルトーリは政党システムを7つに類型化している。

一党制およびヘゲモニー政党制は，選挙の局面において競争がないシステムである。一党制は，社会主義体制や全体主義体制において公認政党しか存在がそもそも認められていないシステムである。現在の中国や北朝鮮がこれに当てはまるだろう。ヘゲモニー政党制は，野党の存在は許されているが，選挙妨害や言論抑圧によってその活動が制限され，与党が選挙の前から勝利を確実にしているシステムである。権威主義体制に多い政党システムである。

こうした非競合的システムとは異なるが，一党が継続して政権を担うのが一党優位政党制である。この類型では，与党は野党と選挙を公正に戦うが，一党が有権者の多数の支持を受け，長期政権を築く。スウェーデンの社会民主党（1932～76年）や日本の自由民主党（1955～93年）が優位政党の例となる。

二党制とは，二大政党が選挙で競合し，過半数を得た政党が単独政権を樹立するシステムである。選挙の局面が政権形成と政策形成の局面を決定づけるともいえる。そして，政権を担う力のある野党が，次の選挙での政権交代をめざ

社会的亀裂

広く知られるように，英語圏諸国では二大政党が選挙を戦い，それに勝利したほうが単独政権を形成する二党制が主流であり，大陸ヨーロッパでは選挙後に連立政権を樹立する多党制が一般的である。では，政党システムが各国間で多様であるとして，なぜこのような多様性が生じているのだろうか。とりわけ，二大政党が対決する二党制と，複数政党が選挙において競合し，政権形成や政策形成において協力する多党制との違いを生み出す背景には，どのような要因があるのだろうか。

すのである。保守党と労働党が競合するイギリスや，共和党と民主党が競合するアメリカなど，英語圏の国々にこの類型が多い。

稳健な多党制とは，比較的イデオロギー距離が近い3～5の政党が選挙で競合し，これらの政党が政権形成の局面では，もっぱら連立政権を形成するシステムである。中道右派の陣営と中道左派の陣営が選挙で競い合う二極構造となる場合が多い。キリスト教民主同盟，社会民主党，自由民主党の間のいずれかの組み合わせで政権が担われてきた，第二次世界大戦後のドイツが典型とされる。スイスやオランダなど，大陸ヨーロッパ諸国にこの類型が多い。

分極的多党制とは，国政に影響を与えうる反体制政党が左右の両極に存在し，政権を担う中間政党の支持を掘り崩す結果，政策位置が左右に分極化したシステムである。ここでいう反体制政党とは，共産主義政党やファシスト政党など，現在の政治体制の転覆をめざす政党である。そのため，左右両極の野党が選挙の局面で実現性のある政権構想を示すことはできないし，政策形成の局面で責任ある対案を示すこともない。その結果，政治システムそのものの正統性が脅かされる不安定な政党システムとなる。第二次世界大戦前のワイマール期ドイツや，戦後のキリスト教民主党による長期政権下のイタリアが，この類型とされる。近年では，2010年にヨーロッパ債務危機が生じて以降のギリシャの政党システムも，この観を呈している。

なお，有力政党が一切存在しない乱立型の政党システムは原子化政党制となる。

政治学において，政党システムを規定する要因の1つとして重視されるのが，社会構造の違いである。社会には**民族，言語，宗教，階級といった，人々を区分し，潜在的に対立を引き起こしうる分断線**が存在する。こうした分断線のことを社会的亀裂と呼ぶ。そして，政党というのは，こうした社会的亀裂によって区切られた市民の集団の利害を代表していると考えられる。それゆえ，各国の政党システムにおける政党数の多寡は社会的亀裂の数に対応しているというのが有力な見解である（Lipset and Rokkan 1967）。

リプセットとロッカンは社会的亀裂の例として，①国民国家形成時の主流派集団と非主流派集団との間の亀裂（中央－周辺対立），②地主・農民層と都市住民層との間の亀裂（都市－農村対立），③宗教勢力の私生活への封じ込めを狙う世俗派と教会勢力との間の亀裂（国家－教会対立），そして④産業革命の進展の中でもてる経営者層ともたざる労働者層との間で経済的利害をめぐって生じた亀裂（資本－労働対立）を指摘した。政党は，これらの社会的亀裂に沿って形成されていったというわけである。彼らによれば，1920年代にヨーロッパ各国が男子普通選挙を実施し，資本－労働対立が政党システムに取り込まれた段階で政党システムのあり方は固定化された（Lipset and Rokkan 1967）。これを政党システムの凍結仮説と呼ぶ。

実際，西ヨーロッパ諸国では，1960年代初頭まで新たな政党の参入はあまり見られなかったのだが，その後，新しいタイプの政党が各国の政党システムに参入し始める。それが，先に述べた環境保護を訴える緑の党であったり，外国人排斥やナショナル・アイデンティティの復興を唱える新しい極右やポピュリスト急進右翼と呼ばれる政党であった。

こうした新しいタイプの政党群の出現を促したのは，経済成長と社会の成熟化が生み出した新たな社会的亀裂だと考えられている（イングルハート 1978, 1993）。この新しい亀裂は脱物質的価値軸と呼ばれる。第二次世界大戦後の高度経済成長の結果，先進工業諸国は豊かになり，政治の対立軸が，資本と労働との間の経済的取り分をめぐる綱引きから，環境，個人の自由，ジェンダー間の平等，多文化主義といった脱物質的価値に移行した。環境政党の興隆は，こうした脱物質的価値を重視する有権者の受け皿となった側面が強い。また，新しい極右政党は，ナショナル・アイデンティティを希薄化させる個人の自由の重視や，移民の文化も多数派の文化と等しく尊重すべきとする多文化主義といった脱物質的価値に反発する層を動員することによって国政進出を果たしたと主張される（Kitschelt 1997）。

脱物質的価値軸の登場と軌を一にするのが，これまで政党システムを規定してきた旧来の社会的亀裂の弛緩（しかん）である。例えば，1960年代ごろまでのオランダは柱状化社会と呼ばれ，カトリック，プロテスタント，世俗主義の労働者階級とで，通う学校も所属するスポーツクラブも異なるような社会であった。社会的亀裂によって区切られた社会であり，各集団の支持政党も固定化されていた。しかし，このような社会的区分は徐々に曖昧（あいまい）となり，政党と社会集団の固

CHART 表 5.2 2010 年イギリス下院議員総選挙結果

	保守党	労働党	自由民主党
得票率（%）	36	29	23
議席率（%）	47	40	9

定的な結び付きも緩んでいった。その結果，無党派層が増大し，環境政党や新しい極右は流動化した有権者の新たな受け皿となっていったのである。

デュベルジェの法則

社会的亀裂以外に政党システムを規定する要因として強調されるのが，選挙制度の効果である。とりわけ，**小選挙区制は二党制を作り，比例代表制は多党制を作る**としたデュベルジェの法則が最も有名である（デュベルジェ 1970）。

デュベルジェは，単純小選挙区制が二大政党を作り出す 2 つのメカニズムを区別した。機械的要因と心理的要因がそれである。機械的要因とは，**単純小選挙区制では各選挙区におけるトップ当選者以外の票が死票となるため，二大政党に全国大の得票率よりも過大な議席が割り振られる効果**を指す。例えば，二大政党が競り合っているときに，第 3 党が全国の選挙区で万遍なく 20% の得票を得たとしても，単純小選挙区制のもとではおそらく 1 議席も獲得できない。議席を獲得するには各選挙区で相対多数をとらなければならないからである。他方，この第 3 党が全国で 20% の得票を得る力があるならば，比例代表制であれば 20% に近い議席を獲得できるだろう。この違いが，選挙制度が政党数に与える影響力である。

実際の例で見てみよう，**表 5.2** は 2010 年のイギリス下院議員総選挙の結果を示したものである。全国大の得票率では保守党，労働党，自由民主党が競っているにもかかわらず，それが議席率に変換されると保守党と労働党という二大政党に集約されていることがわかる。単純小選挙区制は人為的に二大政党を作り出す選挙制度ともいえるだろう。

単純小選挙区制の二党制を作り出す心理的要因とは，**第 3 党以下の支持者は，自分の選好に正直に従って投票すると自分の票が死票となってしまうため，当**

選可能性の高い次善の候補者に投票するインセンティブをもつ効果を指している。表5.2が示すように二大政党志向が強いイギリスの政党システムのもとで，第3党の自由民主党支持者がどのように行動するか考えてみよう。

有権者Aは自民≻保守≻労働の順に支持しているとする。もし，有権者Aの住む選挙区で自民の候補者に勝ち目がないとわかっていれば，保守党の候補者に投票するであろう。労働党の候補者が勝つよりもマシだからである。他方，自民≻労働≻保守の順に支持する有権者Bは，同様の理由から労働党の候補者に自分の票を投ずるであろう。

このように，自分の本当に支持する政党に誠実投票を行うと死票となってしまうため，当選可能性のある次善の候補者に投票することを戦略投票と呼ぶ（第4章参照）。そして，単純小選挙区制は有権者に戦略投票を促すので，投票先が二大政党に集約されるのである。比例代表制はこのような効果をもたず，有権者の政党支持の分布と議席の配分が近づくため，多党制となる傾向がある。

社会的亀裂と選挙制度のかかわり

さて，社会的亀裂に代表される社会構造が政党システムを決めるとする議論と，デュベルジェの法則に代表される選挙制度の規定力を重視する議論を見てきた。では，これらの議論の間の関係はどう理解すればよいだろうか。

コックスらの研究によれば，政党システムは選挙制度と社会的亀裂の両方に規定されるということである（Cox 1997; Amorim Neto and Cox 1997）。社会構造に対立軸が多数存在し，かつ選挙制度の比例性が高いため有権者が誠実投票を行える制度環境の場合，多党制となる。逆に，民族・言語・宗教といった社会構造が均質で社会的亀裂が少ない場合，あるいは，選挙制度が単純小選挙区制で戦略投票を有権者に促す制度環境の場合，政党数が少なくなり，二党制に近づく。

ただし，単純小選挙区制を採用していても，少数派集団が地域的に集住している場合，そうした集団を代表する政党は，その地域では第1党か第2党となり，小選挙区で当選者を出すことができる。その場合，選挙区レベルではデュベルジェの法則に従って有力候補者が2人に収斂（しゅうれん）する傾向を見せるが，全国の小選挙区から選ばれた議員が集まる国政レベルでは多党制となる。カナダではフランス語圏ケベック州に支持基盤をもつケベック連合が連邦議会での議席を維持しているし，インドではさまざまな地域政党の存在が単純小選挙区制のもとでの多党制を実現している。

デュベルジェの法則は，単純小選挙区制が選挙区レベルで有力候補を2人に絞り込む効果をかなりの確度で示している。しかし，**選挙区レベルでの「二大候補者化」がどのように国政レベルの政党システムに反映されるのかは，社会的亀裂とのかかわりや他の政治制度からの影響も受けるため，**精緻（せいち）な研究の進展が求められる。

引用・参考文献　Reference

イングルハート，ロナルド／三宅一郎・金丸輝男・富沢克訳 1978『静かなる革命――政治意識と行動様式の変化』東洋経済新報社。

イングルハート，ロナルド／村山皓・富沢克・武重雅文訳 1993『カルチャーシフトと政治変動』東洋経済新報社。

金丸裕志 2009「政党の機能低下と政党政治の変容――有権者の政党離れと新型政党の登場」『和洋女子大学紀要 人文系編』49: 69-91。

サルトーリ，ジョヴァンニ／岡沢憲芙・川野秀之訳 1980『現代政党学――政党システム論の分析枠組み』早稲田大学出版部。

空井護 2010「政党システム概念の『サルトーリ的転回』について」2010年度日本比較政治学会研究大会報告ペーパー，東京外国語大学。

デュベルジェ，モーリス／岡野加穂留訳 1970『政党社会学――現代政党の組織と活動』潮出版社。

水島治郎 2016『ポピュリズムとは何か――民主主義の敵か，改革の希望か』中公新書。

ミュデ，カス＝クリストバル・ロビラ・カルトワッセル／永井大輔・髙山裕二訳 2018『ポピュリズム――デモクラシーの友と敵』白水社。

Aldrich, John H. 1995, *Why Parties?: The Origin and Transformation of Political Parties in America*, University of Chicago Press.

Amorim Neto, Octavio and Gary W. Cox 1997, "Electoral Institutions, Cleavage Structures, and the Number of Parties," *American Journal of Political Science*, 41(1): 149-174.

Cox, Gary W. 1997, *Making Votes Count: Strategic Coordination in the World's Electoral Systems*, Cambridge University Press.

Hino, Airo 2012, *New Challenger Parties in Western Europe: A Comparative Analysis*, Routledge.

Katz, Richard S. and Peter Mair 1995, "Changing Models of Party Organization and Party Democracy: The Emergence of the Cartel Party," *Party Politics*, 1(1): 5-28.

Kitschelt, Herbert 1994, *The Transformation of European Social Democracy*, Cambridge University Press.

Kitschelt, Herbert 1997, *The Radical Right in Western Europe: A Comparative Analysis*, University of Michigan Press.

Lipset, Seymour Martin and Stein Rokkan 1967, "Cleavage Structures, Party Systems, and Voter Alignments: An Introduction," S. M. Lipset and S. Rokkan eds., *Party Systems and Voter Alignments: Cross-National Perspectives*, Free Press.

Meguid, Bonnie M. 2008, *Party Competition between Unequals: Strategies and Electoral Fortunes in Western Europe*, Cambridge University Press.

Schattschneider, E. E. 1942, *Party Government*, Holt, Rinehart and Winston.

CHAPTER

第6章

政権とアカウンタビリティ

INTRODUCTION

高度に複雑化した現代国家では，首相や大統領などの選挙で選ばれたリーダーが国民に対して国家の目標を示し，国家としての意思決定を行っていくことが求められる。しかし自由民主主義体制では，選挙で選ばれたリーダーが自由に何をやってもよいというわけではない。失敗した場合には，その責任が問われ，選挙によって交代させられるというメカニズムが働くことが重要である。そのようなメカニズムが働くためには，どのような条件が必要になるのだろうか。また，リーダーの責任を問いやすい制度・問いにくい制度といったものがあるのだろうか。

1 執政とアカウンタビリティ

執政権力

自由民主主義体制の意思決定は，どのように行われるのだろうか。民主主義というのだから，国民は自分にかかわりのあるさまざまな問題について意見を表明し，決定に加わる権利をもっているはずだ。しかし，国民投票のようなかたちで，国民が国家の決定に直接関与する機会はそれほど多くはない。

自由民主主義体制では，首相や大統領など国民から選ばれたリーダーに，さまざまな集合行為問題を解決するための意思決定を幅広く委ねている。そのようなリーダーは，**さまざまな利害を抱えた国民を統合し，場合によっては一部の国民の自由を制限するような，国家としての決定を行う権力をもつ**。国家の目標を定義して，国民をその方向へ導くような意思決定を行うリーダーの機能を執政と呼び，選ばれたリーダーは憲法や法律のもとで内閣を組織して執政を行うのである。

権威主義体制のリーダーとは異なり，自由民主主義体制のリーダーは伝統やカリスマによって，その地位にあるのではない。自分たちの地位を維持するために執政権力を行使してはならず，あくまでも公正で競争的な選挙を通じて選ばれる。国民の多くが望まない決定をリーダーが行えば，選挙によってその座を追われることになる。**国民が執政の責任を問い，辞めさせることができるということが，自由民主主義体制の重要な要素である**と考えられるのである。

とはいえ，リーダーが国民の多数派のいいなりになるだけではいけない。優れたリーダーには，短期的には国民から不人気になるようでも，長期的には国民のためになる決定を行うことも求められる。このような決定の典型的な例としては，財政再建が挙げられるだろう。歳出の抑制や増税は，短期的には国民の不満を高めることがあるが，長期的には将来世代の国民の重い負担を軽減し，国家としての信用力を維持するという効果が考えられる。

優れたリーダーが，将来のことを考えて国家の意思決定を行うことは望ましいが，これは非常に難しい。なぜなら，将来には不確実性がつきまとい，リーダーが操作できない要素が多すぎるからである。ある時点では妥当だと思われた決定でも，国際環境の変化によって，期待とは異なる効果が生まれてしまうことはしばしばある。時間をかけて利害関係者を説得して増税を行ったとして，その直後に国際的な好況がくるか不況がくるかで評価はずいぶん変わるだろう。

また，リーダーとフォロワーである国民とが平等な存在であることを前提とする自由民主主義体制で，**リーダーが一般の国民と同様の感覚をもつと強調することも，優れた決定を困難にすることがある**。一部の国民に負担を求めることとなってでも，長期的に国民全体の福祉を向上させるような決定が行われにくくなるからである。負担を求めることが，一般の国民の感覚と異なるとして批判されるのだ。日本の国会議員がふだん活動している国会周辺を「永田町」というが，マスメディアが「永田町」の常識は一般に通用しないと，批判するのを耳にすることは少なくないだろう。これは，一般国民の感覚と離れた特殊なリーダーが国家としての意思決定を行うことへの批判でもあるのだ。

このような平等主義への傾斜は，優れたリーダーの決定を困難にするだけでなく，ポピュリズムを生み出すことがある。すなわち**複雑な社会問題を過度に単純化する新しいリーダーが，「善良な市民」である国民の多数による「意志」として，腐敗したそれまでのリーダーたちの否定というかたちで意思決定を行うことである**（第5章も参照）。このような決定で，さまざまな利害関係者に対して細かい配慮を行うことは非常に難しく，少数者の抑圧につながる懸念がある。このようなポピュリズムはしばしば批判の対象となるが，自由民主主義体制がリーダーと国民との平等を前提とする限り，その可能性を否定することは難しいのである。

国民によるリーダーの選択

リーダーが国家としての執政の責任をもつとしても，たった1人のスーパーマンが必要な情報をすべて集めて判断できるわけではない。自由民主主義体制におけるリーダーは，規定されたルールのもとで内閣を構成し，国家の運営を行うことが期待されている。そのときに中核的な役割を担うのが，第5章で説明した政党，特にその執行部である。政権党の政党執行部は，社会からさまざまな情報を集めてその取捨選択を行い，内閣を組織して執政の中核を担う。

議会制民主主義のもとでは，国民が選挙を通じて政権を担うのにふさわしい政党を選択する。国民は自分たちにとって望ましいイデオロギーや政策を掲げ，その実現をめざす政党に執政を委ねようとするとともに，支持する政党に愛着をもって投票することもあると考えられてきた（Carmines and Stimson 1980）。政党として掲げる国家の目標を実現することを最も重要であると考えれば，人々の関心は政党や内閣という組織に向けられるはずだ。リーダー個人については人間的な親しみやすさや専門的能力などよりも，政党として決めたことを忠実に実行する誠実さや信頼性が求められる傾向にあったとされる（Garzia 2011）。

しかし近年では，政党や内閣よりもリーダー個人にさまざまな資質が求められる傾向が強い。アメリカとソ連による冷戦の終結とともに，イデオロギーが人を惹き付ける機能が弱まり，また，福祉国家の膨張による財政的な危機は政党が社会の要請に機動的に対応する余地を狭めている。こうしたことから，以前と比べて政党に対する求心力は弱まる傾向にある。そこで，政党が掲げる国家目標やイデオロギー，あるいは政党の組織的な能力よりも，リーダー個人の特性や能力が投票行動に対して直接的な効果を与えるようになっている。重要なのは，ビジョンを示したりコミュニケーションを図ったりする能力や，政治的競争の中で地位を維持する能力，そして組織や同僚との関係や信頼に値するという評判を築く能力であるとして，それらを定量的に測り，リーダーを比較しようとする試みも行われている（Bennister et. al. 2017）。

グローバル化や情報化が進む中で重要だと考えられるのが，国民とのコミュニケーション能力である（ナイ 2008）。テレビやインターネットなどのメディアが発展するにつれて，リーダーの人柄や能力は，国民の前に直接さらされるようになり，国民は政党の掲げる政策よりもリーダー個人への評価を基準に投票を行う傾向が強まっている。また，直面する政治課題をわかりやすく国民に示すことも強く求められている。国民にとっても，複雑でよくわからない政策よりも，リーダーのコミュニケーションから受ける印象のほうが評価しやすい。

他方で，リーダーの側も，単に誠実というだけではなくて，親しみやすい人柄や果断な性格を演出することが不可欠となっている。最近の日本でいえば，テレビ番組のコメンテーターなどで人気を博した橋下徹は，大阪府知事・大阪市長を務めていたとき，ツイッターなど人々に直接語りかける手法で，タブーへ切り込む姿勢や論敵への厳しい批判を戦略的にアピールしていた（朝日新聞大阪社会部 2015）。選挙での支持を調達するためには，ありのままのリーダーの姿を国民にさらすのではなく，政治家や政策に対するイメージの消費者である国民を対象とした，政治的なマーケティングが行われているのである。

リーダー個人への注目が高まり，政党が選挙で国民の支持を調達できるかどうかがリーダーに依存する度合いが強まると，リーダーの政党に対する自律性が高まると考えられる。つまり，政党がリーダーの行動を統制することが難しくなり，リーダーの意思に従うようになるのである。これは，国民に選ばれるリーダーがその能力を発揮できるようになる，という点では望ましい。しかし，同時に，国家の決定がリーダー個人の恣意に委ねられてしまう可能性が大きくなることにも注意が必要だろう。

リーダーの責任

自由民主主義体制において執政を担うリーダーは，その責任をとることが求められる。伝統的には，政権の責任を選挙で問うことが重視されてきた。つまり，政権は国民に対して責任を負い，国民が選挙を通じて政権を統制するということである。**国民の側から見たときには，政権の責任を問うことができるかどうかがきわめて重要な問題**であり，その可能性をアカウンタビリティと呼ぶ。アカウンタビリティとは，日本語でしばしば「説明責任」と訳されるが，これは政権の国民に対する説明によって責任が果たされ，辞めなくてもよい状態を作り出すことに注目したものだと考えられるだろう。ただし，国民がこのように政権の責任を追及するのは，簡単なことではない。なぜなら政権の決定と，社会の変化の因果関係を理解したうえで，変化を生み出した原因であるリーダーの執政を評価しなくてはならないからである。**このような因果関係を理解するうえで重要なのが，政権政党の責任の明確性を決める政治制度である。**

例えば，政権内部で執政に関与する政党や個人が数多く存在するよりも，少数に限定されているほうが，責任の追及は容易となる。多数によって行われた意思決定であれば，誰が主導した意思決定なのか，誰が潜在的に反対していたのかがわからないからである。多数の関係者がかかわって行われた意思決定が，社会に対してよい変化をもたらしたとき，本当は反対していたリーダーが，その決定を自分が主導したと主張するようなことが起こるかもしれない。そのような主張は，国民が責任についての因果関係を理解することを妨げてしまう。

そして，最も重要なのが，**選挙を通じて国民がリーダーの責任を問うことができるか**，という点である。もし選挙を行ったとしても，リーダーを辞めさせることができないとすると，アカウンタビリティが有効とはいえない。この点で，多数代表制で行われる選挙は，責任を問いやすいといえる（第4章参照）。政権の決定に不満があれば，代わりの政党を選べばよいのである。

他方で，戦後日本の選挙で長らく採用されてきた中選挙区制（大選挙区単記非移譲式投票制）は，特に定数が大きい場合，固定した支持者による相対的に少ない得票で当選できるため，責任を追及することが難しい制度である。いまも中選挙区制が残る地方議会議員選挙などで，「誰を選んでも同じ」と考える有権者がいるとすれば，それはアカウンタビリティが確保されていないことが大きな原因である。

このように，アカウンタビリティを確保するためには，慎重な制度的前提が必要になる。とはいえ，制度的な前提を整えようとしても，第二次世界大戦後，政府の役割が複雑化していることで，政権の決定と社会の変化との関係がわかりにくくなり，国民が執政の責任を問うことが難しくなっている。そこで，リーダーの**レスポンシビリティ**が強調されることがある。

リーダーのレスポンシビリティとは，国民が執政の責任を問うアカウンタビリティとは異なり，**リーダー個人の国民に対する応答性を問題とする概念**である。リーダーである以上，国民からの評価にかかわらず，国民からの要求に積極的に応答すべきであることが強調される。そして，国民からのその要求に答えられなかったときは，自発的にその地位から降りることも含めて，責任を果たすことが求められる。このような責任は，制度的に求められるものではなく，あくまでも個人の倫理や責任感に依存することになる。リーダー個人が注目される度合いが高まっている現代では，このようなレスポンシビリティはより重要なものになっていると思われる。

しかし，個人の倫理や責任感にばかり依存することは非常に危険である。例えば，独裁者が国民に対する応答性の欠如を感じて，自らその地位を降りるようなことは考えにくい。複雑な現代社会において，アカウンタビリティを確保するのは決して簡単なことではないが，そのための政治制度を考えることが重要なのである。

2 政権の形成

政権のタイプ

自由民主主義体制でリーダーとなるには，国民の多数派から信任を受けなくてはならない。基本的にその信任は，国民からの直接選挙や，議会での多数というかたちで示される。安定した多数派に支持されたリーダーは，執政を行いやすくなるが，そうでなければ執政は困難に直面する。安定した多数派の支持がなければ，さまざまな利益を調整するために，リーダーが譲歩を強いられることになるからである。

このときに重要な役割を果たすのは，第５章で説明した政党である。**政党は，国民・議員を組織して，多数派を形成する基礎となり，政権を構成する**。政権のリーダーは，自分たちを支持する政党の議員たちに，自らの方針を確実に伝え，賛成を求める必要がある。政党規律を確保することで，政党の一体性を保ち，政権を安定させるのである。

また，政党内での構成員の分業も，政権の安定にとって重要である。複雑な現代社会において，政治家個人ができることは限られており，リーダーがすべての政策を熟知し，判断を下すことは不可能である。そこで，政党という組織を活用し，構成員が互いに協力して分業することで，効率的に意思決定を行うことができるのである。

このように政党を基礎とした政権として，最もわかりやすいのが単独政権である。文字通り，１つの政党のみで多数派の信任を受け，政権が構成されていることを意味する。そのために，政党内から多数を崩すような裏切りが出ない限り，政権が安定的に続くことになると考えられる。**単独政権であれば，１つの政党のみで意思決定ができるので，国民から見ると執政の責任の所在が明らかであるという特徴をもっている**。単純小選挙区制のような多数代表制の選挙

Column ❻ 2つの民主主義

レイプハルトは，民主主義諸国の比較分析から，多数代表制の選挙制度が採用されている政府では，政権を運営する政党執行部に権力が集中していることが多いという傾向を実証的に指摘し，このような国家について多数決型民主主義という類型化を行っている（レイプハルト 2014）。そのように類型化される国家では，議員たちが自分たちの代表として政権を担う政党執行部にその運命を委ねて，執政の権力と責任を集中させることが起こりやすくなるという。政党執行部の方針がそのままのかたちで実現に移されることで，国民は執政の責任を追及しやすくなるのである。他方，比例代表制が採用され，連立政権が常態となっている場合は，政権に参加するそれぞれの政党が自分たちの利益を主張し，政権の決定に従うことを拒む政党や議員が現れやすくなる。このように，政権に関与する政党や団体の利益を調整し，合意を前提として執政を行うような国家を，レイプハルトは合意型（コンセンサス型）民主主義として類型化した。

レイプハルトは，選挙制度を基礎に多数決型民主主義と合意型民主主義の特徴を分けただけではなく，そもそも執政がどのように行われるか，あるいは，執政の権力と責任がどのように分割されているか，という特徴にも注目して両者を議論した。その議論によれば多数決型民主主義では，内閣が幅広く執政の権力と責任を有しており，統治機構は内閣の決定に基づいて与えられた業務を行うことが期待される。それに対して，合意型民主主義では，まず内閣が決定できることに一定の限界があり，そのうえ，政権に対して独立し，相互に牽制（けんせい）し合う機関が存在することで，それらの調整に幾重にも合意が必要な制度が形成される傾向にある。

そのような機関としてレイプハルトが具体的に挙げるのは，次章以降で学ぶ権力分立を担う統治機構，すなわち日本でいえば参議院に当たるような第二院や，独立した司法機関（裁判所）や中央銀行，そして地方分権が進んだ地方政府などである。合意型民主主義では，これらの機関が内閣に対して高い独立性

制度は，第 4 章で学んだように，選択肢を絞り込んで国民に選択を迫るという性格をもつものである。このように民意の集約を促す制度では，国民の選択肢がそのときの政権の決定を是認するか否定するかという二者択一になりやすく，単独政権を生み出しやすいと考えられる。

を保持し，内閣とは異なる決定を行うこともある。さらに，ある時点の多数派にそのような諸機関の構成を簡単に変更されないように，簡単に変えることができない硬性憲法も重要な特徴の１つとされる。要するに，合意型民主主義においては，執政を複数の主体によって分割して行う傾向が強くなり，これによって社会に存在するさまざまな利益の調整が要請されるのである。

多数決型民主主義と合意型民主主義のどちらかが優れているとは一概にはいえない。伝統的には，１つの政党が政権を担当して意思決定を行い，選挙で国民からの審判を受けることになる多数決型民主主義のほうが，政党の責任を問いやすく，アカウンタビリティが高いという点で望ましいと考えられてきた。しかし，近年では，例えば国民のさまざまな層から幅広い参加をもたらすなどの理由で，質の高い民主主義が実現しているとレイプハルトが評価するように，合意型民主主義のほうが望ましいとする主張もなされるようになっている。

表　多数決型民主主義と合意型民主主義

	多数決型	合意型
選挙制度	多数代表制	比例代表制
政党システム	二党制	多党制
執政権	単独内閣への権力の集中	多党連立内閣による権力の共有
内閣・議会関係	内閣の高い自律性	均衡した内閣・議会関係
利益媒介の特徴	集団間の自由な競争	集団間の協調
議会制度と立法権	一院制議会への立法権の集中	異なる選挙基盤から選出される二院制議会への立法権の分割
憲法改正	相対多数による改正が可能な軟性憲法	特別多数による改正が必要な硬性憲法
立法と司法	立法活動に関して議会が最終決定	独立した裁判所が違憲審査を行う
中央銀行	政府に依存した中央銀行	政府から独立した中央銀行
中央・地方関係	単一で集権的な政府	連邦制・分権的な政府

次に，複数の政党によって形成された多数派が，協力して政権を構成する連立政権が考えられる。多様な民意を表出しやすい比例代表制では，多くの小規模な政党が議会に議席を有することになり，連立政権が生まれやすい。多数派を形成するために必要な政党が連立政権から離脱すると，政権が危機に陥るこ

とになるため，**連立政権を構成する政党は，お互いに意思決定のための調整が必要となる**。そのような調整は，国民から見れば，執政の責任の所在をわかりにくくすることがある。

もう1つの類型としては，少数政権が考えられる。少数政権とは，議会で多数派の支持を確保できていない政権であり，単独政権でも連立政権でもありうる。少数政権が執政を行うには，他の政党と特定の政策テーマで部分的に連合するか，そうでなければ他の政党に所属しているはずの議員から，政権に対する協力を引き出す必要がある。この点をふまえると，**少数政権が成立して，執政を行うためには，政権に対して協力的な小政党や，一体性の低い政党が存在している必要がある**と考えられる。

日本の場合，少数政権になると内閣不信任案が可決されて政権が交代するように思われるが，少数政権が実現しなかったわけではない。第二次世界大戦の直後から1955年に自民党が結党されるまでは，複数の政党がさまざまな連立政権を構成し，その中で第2次・第5次吉田茂（よしだしげる）内閣や鳩山一郎（はとやまいちろう）内閣のような少数政権も生まれている。自民党結党後は，自民党の単独政権が続くが，1976年の衆議院議員総選挙で自民党は一度単独過半数を失っている。このときは新自由クラブという，もともと自民党から離党した議員たちが設立した小政党の協力を得ながら，自民党が少数政権を運営した経験がある。

政党連合の形成

1つの政党が，単独で国家としての意思決定を行えるような単独政権では，その政党の一体性は重要な問題であるとしても，他の政党との相互作用を考える必要性は低い。それに対して，議会で意思決定を行うために，複数の政党の合意が必要になるような場合は，他の政党との連合を考える必要がある。

政党間の連合のあり方としては，まず選挙での連合，すなわち選挙における協力と調整が考えられる。具体的には，**連合している政党間で同士討ちにならないように候補者を調整したり，対立する政党に勝利するために同じ候補者を支持したりする**ことが考えられる。このような選挙協力は，政党が得票に応じて議席を獲得できる比例代表制よりも，勝者総取りの多数代表制でより重要になるだろう。例えば最近の日本の衆議院議員総選挙でも，自民党と公明党が小選挙区で重複がないように候補者を調整している。

次に，議会の中での連合がある。そのうちの１つの方法は，**議案・政策ごとに政党が連合を組み，議会の多数を占めることをめざす**ものである。ただし，この方法だと議案・政策ごとに連合が変わる可能性があるので，政権が不安定なものとなりやすい。そこで，単独の議案・政策ではなく，より安定的な政権を形成するために協力することがある。これが連立政権である。

それでは連立政権はどのように作られるのだろうか。代表的な説明の１つは，**議会の中で過半数を得るために必要最小限の政党が参加して作られる**というものである。このような連合は，ライカーによって最小勝利連合として概念化され，参加する議員の数を最小にする組み合わせである最低規模勝利連合や，参加する政党の数を最小にする組み合わせである最小政党数勝利連合などの類型が提案された（Riker 1962）。

最小勝利連合のような考え方は，**政党の主要な目的が，政権の獲得から引き出される利益を最大化することにある**という理解に基づいている。政党は，政権に参加すれば，自分たちの主張を執政に反映させることもできるし，公職の配分を受けることもできるだろう。しかし，あまりに多くの政党・議員が参加すると，その分け前が小さくなってしまう。そのため，なるべく小さい規模で連立政権を作り，政権に参加したことによる利益を大きくしようというのである。

最小勝利連合を考えるときに重要なのは，「要（かなめ）」政党である。**「要」政党とは，自らが連合に参加することで，敗北連合を勝利連合に変えることができる政党である。**「要」でない政党が連立政権に参加しても，分け前にありつくことは難しい。なぜなら，そのような政党の協力が得られなくても，多数派の形成に支障がないからである。不要な政党を排除して作られた最小勝利連合とは，いわば「要」政党だけで作られた連立政権であると理解できる。

もう１つの説明は，政党の規模や数だけではなく，政党の政策位置が重要であると考えるものである。自分たちの利益を追求する政党にとって，最小勝利連合が望ましいとはいえ，政策位置がまるで違う政党と連立政権を形成するのは難しい。そのために，なるべく政策の近い政党と連立政権を組むと考えられるのである。

CHART 図 6.1 政党の政策位置と議席

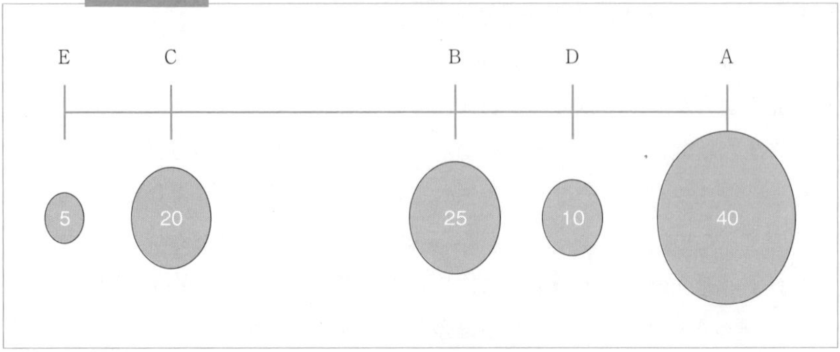

簡単な例を考えてみよう。定数 100 議席の議会に A 党 (40)，B 党 (25)，C 党 (20)，D 党 (10)，E 党 (5) という 5 つの政党があったとする。これらの政党の最小勝利連合を考えると，以下のようになる。

最小勝利連合（議席）：A＋D＋E，B＋C＋D（ともに 55 議席）

最小勝利連合（政党）：A＋B（65 議席），A＋C（60 議席）

ここで，それぞれの政党の政策位置が，第 4 章で学んだ経済的左右軸の一次元で表され，図 6.1 のように並んでいたとする。左右軸上でそれぞれの政党が最も望ましいと考える位置が理想点として示されており，例えば A と E の政策が非常に離れていて，B が中道的な立場にあることを示している。このような例であれば，A と E の連合は非常に難しく，A＋C や A＋D＋E のような最小勝利連合が組みにくいことになると考えられる。そして反対に，B や D のように中位に位置する政党が，連立政権に加わりやすくなる。

このように政策位置を考えると，常に最小勝利連合が成立するかどうかは明らかではない。多くの国で，政策的に隣り合った政党が連立政権に組み込まれ，過大規模連合が形成されるのは，それを反映していると考えられる。また，政策的に極端な位置にある政党が連立政権に参加できず，中道の政党が過半数に足りないままに少数政権を形成し，課題ごとに極端な立場にある政党の協力を得ようとすることも考えられる。また 2000 年代以降の日本でも，衆議院では単独過半数を得ている自民党が，参議院での円滑な議決のために公明党と連立政権を組んでいるが，これは衆議院での過大規模連合となっている。

各政党が自分たちの利益を追求しようとすれば，単独政権や最小勝利連合が

CHART 図 6.2 タイプごとの政権担当日数（1945〜2008 年）

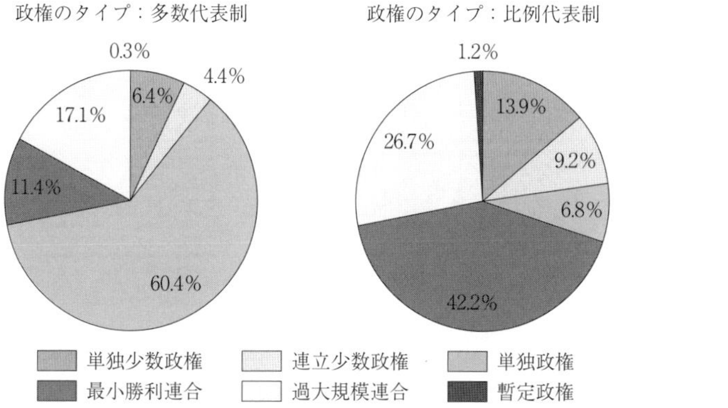

［注］ データ収集時の政権は日数に含まれない。また，含まれる国は以下のとおり。多数代表制はオーストラリア，カナダ，フランス（第 5 共和政），インド，イタリア（1994-2005 年），日本，ニュージーランド，イギリス。比例代表制はオーストリア，ベルギー，デンマーク，フィンランド，フランス（第 4 共和政），ドイツ，アイスランド，アイルランド，イスラエル，イタリア，ルクセンブルク，オランダ，ノルウェー，スウェーデン，スイス。両者の区別には世界銀行の Database of Political Institutions 2012 を用いた。

［出典］ Party Government Data Set（https://www.fsw.vu.nl/en/departments/political-science/staff/woldendorp/party-government-data-set/index.asp）を基に筆者作成。

生まれやすいと考えられるが，実際は少数政権や過大規模連合も頻繁に形成される。図 6.2 で示されているように，特に比例代表制の選挙制度をもつヨーロッパの議院内閣制の国々では，少数政権や過大規模連合がしばしば観察されている。

政権の中枢

次に取り上げるのは，議会多数派の支持を基礎とする政権とそのリーダーである首相への権力の集中という問題である。どのようなタイプの政権であっても，首相は同じように強い権力をもつことになるのだろうか。

単独政権が強い権力をもつかどうかは，議会での多数派の支持と，多数派を構成する政党の一体性の程度に依存する。高い一体性をもつ政党によって構成される政権は，自分たちの提案するような政策を，議会で決定することができるのである。一体性の低い政党では，政党執行部の提案について，まず同じ政党の中で賛否が割れて，調整が必要になる。

さらに重要なのが，政権のリーダーである首相の位置づけである。首相は政権のリーダーであると同時に，多数派を占める政党の党首でもある。そのような首相は，他の政治家たちと同等というよりも指導的な高い地位に立ち，執政を主導する。本章第1節で述べたとおり，特に近年では，執政において首相個人の資質や能力が強調される場面が多く，こうした首相が個人として執政の権力を行使することに注目して，大統領的首相と形容されることもある（ポグントケ＝ウェブ 2014）。

それに対して**連立政権や少数政権では，複数の政党が政権を形成したり，政権に入っていない政党からの協力を必要としたりするために，特定の個人がリーダーシップを発揮するのは難しい**。政党ごとに主張が異なり，執政のために調整が必要になるからである。連立政権や少数政権をしばしば経験しているような国では，首相は同輩の中での首位という位置づけを与えられているにすぎない。首相個人が執政を主導するのではなく，連立政権での調整が重要になる。

多くの政党が参加するような連立政権では，政権の発足までに非常に長い時間がかかる場合もあるし，結果として少数政権で始まる場合もある。その極端な例はベルギーだろう。ベルギーでは，2010年6月に総選挙が行われたものの，首相が選ばれたのは540日後の11年12月6日で，それまで暫定政権が続いた。ようやく形成された連立政権は，オランダ語圏独立を求める第1党を外し，第2党以下の6党によるものであった。その後も，2018年12月に連立政権が崩壊してから2020年に入るまで暫定政権が続くなど，安定した政権が作られにくい。連合の交渉に参加する政党が多く，政策の違いが大きいと，調整にきわめて長い時間がかかるし，そのように形成された政権で，首相が執政を主導するのは非常に難しい。

3 政権の意思決定

現状維持（status quo）と変化

たとえ首相が強いリーダーシップを発揮する単独政権でも，首相個人が自らの好むかたちですべての意思決定を行うという想定は現実的とはいえない。さまざまな関係者がそれぞれの利益を追求する複雑な政治過程の結果として意思決定が行われるのである。この政治過程を理解するときに重要な前提は，「政治に関与する人々は皆，個別利益の追求者である」（リンドブロム＝ウッドハウス 2004: 34）ということである。政治過程に参加するアクターは，私的な目的と自らが公的と考える目的を追求し，交渉や取引を行って最終的な合意をめざす。

合意を取り付けなくてはいけないために，政権の意思決定はしばしば現状維持（status quo）に近いところで議論されることになる。**大きな変化をもたらす決定は，合意を得ることが非常に困難であるために，多くの場合，変化は漸進的なものにならざるをえない。**リンドブロムは，このような発想をインクリメンタリズムと呼んだ。合意の結果，諸アクターはすぐに自分の理想を実現させるわけではなく，あくまでも現状と比べて満足を得るにとどまる。

現状維持を中心に政策過程を考えるとき，どのようなときに現状維持から変化が起こるかを検討する必要がある。変化が起きるのは，決定のための手続きを定める決定ルールを満たすかたちで関係者の合意が得られたときである。参加者が現状維持を変えることに合意ができなければ，変化は起こらずに現状が維持される。

これを図式的に考えてみよう。前節の政党連合は経済的左右軸の一次元であったが，次は軍事関係の支出と福祉関係の支出をどの程度にするか，という二次元の問題を取り上げる。この意思決定に参加する関係者には，それぞれ自分たちが望ましいと考える軍事関係の支出・福祉関係の支出の水準である理想点が存在するとする。そして，それぞれの理想点とは別に，軍事関係・福祉関係の支出についての現状維持点（SQ）が存在する。

まずA，Bの2人が意思決定にかかわる場合を考えよう。この場合，2人の一致があれば合意に至るとする。図6.3の①のように，Aの理想点（A），Bの理想点（B），SQを置くと，Aは福祉支出を現状からあまり変えずに軍事支出を増大させることを好み，Bは軍事支出を現状からあまり変えずに福祉支出を減らそうとしていることを意味する。ともに福祉より軍事を重視しているが，その実現の方法は異なるという状況である。

それぞれA-SQとB-SQを半径とした円を描くと，A，Bにとって円上の点はどこでも現状と同じ程度の望ましさであり，円の内側のどこかの点であれば，現状より望ましいことになる。図の青色部分のように，AとBの円の重なる部分は，AにとってもBにとっても現状維持より望ましい状態となり，両者はその場合に合意に至ることができる。図の例であれば，福祉支出を少し減らして軍事支出を少し増やすような状態である。このように，**現状維持を破り，関係するアクターが合意に至ることができるような提案の集合**をウィンセットと呼ぶ。新たな意思決定は，このウィンセットの枠内で行われることになるのである。

政権のタイプとウィンセット

現状維持から変化が起こるときは，ウィンセットのどこかに合意できる提案があり，どの点が選ばれるかは，アクター間の交渉力によって決まる。極端な例を考えると，首相が誰とも交渉せずに一人で意思決定を行うことができるとすれば，首相の理想点（M）を中心としたM-SQを半径とする円がすべてウィンセットとなり，おそらく首相は自分の理想点で意思決定を行うだろう。

それに対して，一般に，**参加者が増えたり，参加者の理想点同士の距離が遠かったり，決定ルールがより多くのアクターの賛成を求めたりすると，ウィンセットは小さくなっていく**。例えば，図6.3の①で考えてみると，Aという政党が単独政権を作っているときと比べて，AとBという2つの政党が連立政権を作る状況を考えると，後者のほうがウィンセットは小さくなる。さらに，図6.3の②のように，AとBという2つの政党の理想点が近ければ，①のように2つの政党の理想点が遠いときと比べてウィンセットが大きく，現状からの変化が起こりやすい。これは，政策が似通った政党によって構成される連立

CHART 図 6.3 現状維持とウィンセット

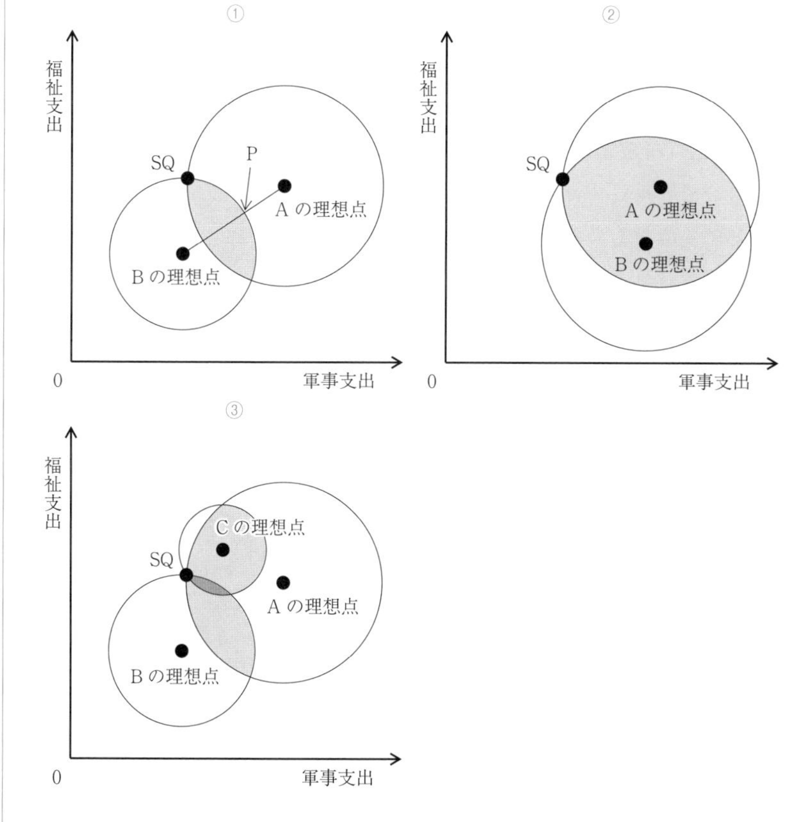

政権であれば，そうでない連立政権と比べて，より大きな政策変化を起こす可能性があることを示唆している。

図 6.3 の③のように第3のアクターとして，軍事支出も福祉支出も増やそうとするCが入ってくる場合を考えよう。決定ルールが多数決であれば，3つのうち2つの政党の合意によって意思決定が行われる。AとB，AとC，BとCという政党の組み合わせがそれぞれ作るウィンセットの大きさを比べると，AとBあるいはAとCが連立を組むときと比べて，BとCの連立の場合はウィンセットが非常に小さくなることがわかるだろう。このようにウィンセット

の小さいＢとＣの連立は，ＡとＢあるいはＡとＣという連立よりも生じにくい。なぜなら合意して意思決定ができる範囲が小さいために妥協が難しく，連立の交渉が困難だと考えられるからである。

さらに，もし決定ルールとして参加アクターすべての一致が求められれば，ＡとＢとＣの円がすべて重なる領域のみがウィンセットとなる。３つの政党のうち１つでも反対すれば，合意が成り立たない状況では，２つの政党で作るウィンセットよりも大きくなることはない。このように，参加者が増えたり，参加者間の意見に大きな隔たりがあったり，全員一致を求められたりすると合意が難しくなる，ということは直観的にもわかりやすいだろう。

連立政権において，最小勝利連合を形成するということは，合意を必要とする政党を減らすことでウィンセットを大きくしようという発想でもある。なるべく自らの理想点に近いところで意思決定を行うことで，政権の獲得から得られる利益を最大化するのである。ただし，最小勝利連合に参加する政党の数が少なくても，理想点が大きく離れていれば，ウィンセットが小さくなり，現状に近いところで妥協を図らざるをえない。

他方で，過大規模連合が構成されているとき，仮に連立に参加する政党すべての合意が必要になるとすれば，ウィンセットが小さくなり，現状に近いところで意思決定が行われると考えられる。過大規模連合の場合には，議会における議席率が大きくなると考えられるが，だからといって大きな政策変化を起こせるわけではなく，逆に漸進的な意思決定が行われることになるだろう。

拒否権プレーヤーとアジェンダ設定者

ここまで述べたように意思決定の過程を理解すると，まず現状からどの程度の変更を行うのかについて提案を行う権限が，きわめて重要な意味をもつことがわかる。もし，ウィンセットの内側に収まるかたちで現状を変更する提案が行われれば，その変更は決定されると考えられる。しかし，**ウィンセットの外側の提案を行ってしまうと，その提案は否決され，現状が維持される**ことになる。

ツェベリスは，その賛成が得られなければ意思決定が行われないというアクターを**拒否権プレーヤー**として概念化し，拒否権プレーヤーが意思決定の内容にきわめて強い影響を与えることを明らかにした（ツェベリス 2009）。拒否権プレーヤーがどの程度存在するか，また複数の拒否権プレーヤーの理想点がどの程度離れているか，といった条件によって，現状を変更する提案が可決されやすいかどうかが決まるのである。例えば，最小勝利連合で形成される連立政権では，参加する政党はそれぞれお互いに拒否権プレーヤーとなるし，その理想点が互いに離れていれば，ウィンセットが小さくなる。過大規模連合で意思決定を行うときに，連立政権に参加する政党すべての賛成が必要となれば，拒否権プレーヤーが増えることになるといえる。

連立政権の場合に，どの政党が拒否権プレーヤーになるかは状況依存的であることが多い。敗北連合を勝利連合に変える「要」政党は，その支持がないと多数を構成できないために拒否権プレーヤーになる。しかし，「要」ではなくその支持がなくても連立政権を形成できるような政党は，必ずしも常に拒否権プレーヤーになるわけではない。連立政権を作るときに，意思決定にあたってはすべての政党の一致を求めるようなルールに合意すれば，すべての政党が拒否権プレーヤーになるだろうし，容易に連立の組み換えが行われるような状況では拒否権プレーヤーとはなりえない政党も生まれる。

そのように，政治的な駆け引きによって決まる拒否権プレーヤーとは異なって，**憲法のような上位のルールで制度的にあらかじめ決められている拒否権プレーヤーも存在する**。具体的には，次章で見ていくように，議会の決定に対して拒否権をもつ大統領や，第一院に対して拒否権をもつ第二院，政権に対して違憲審査を行う裁判所などが考えられる（**Column ⑥** も参照）。このようにお互いに独立した機関の同意を得なくては意思決定ができないとすると，そのような拒否権プレーヤーがいないときと比べて現状維持からの変化は小さくなる。**制度的な拒否権プレーヤーを配置することは，拙速を避けて漸進的な変化をめざすことにつながる**のである。

ツェベリスはまた，意思決定のための提案を行う権限をもつ参加者を，アジェンダ設定者と呼ぶ。**アジェンダ設定者は，他の関係者と比べて非常に有利な立場にある**。なぜならば，アジェンダ設定者は，最終的に決定される提案の中でも，自分にとって最も望ましい提案，つまりウィンセットの中で，アジェンダ設定者の理想点に最も近い点で提案を行うことができるからである。このとき，意思決定への他の参加者が，その提案を修正する権限をもたなければ，最終的にその提案が成立することになる。例えば，図 6.3 の①のような場合で A がアジェンダ設定者であれば，A と B の理想点を結んだ直線が B の理想点を中心とする円と交わった点 P を提案するだろう。ウィンセットの中で最も A の理想点に近いからである。

政権がアジェンダ設定を行い，拒否権プレーヤーが少ないような場合，政権政党の責任は明確であり，国民はその責任を問いやすい。ただし，政権が変わるたびに意思決定が大きく変わることになれば，国民の生活の安定という意味では望ましくないかもしれない。反対に，専門家などのアジェンダ設定者に対して拒否権プレーヤーが数多く存在するような場合，変化は非常に漸進的なものとなり，国民が責任についての因果関係を理解するのは難しくなる。このようにアジェンダ設定者や拒否権プレーヤーという概念を用いることで，政権のアカウンタビリティについても，より深く理解することができるのである。

引用・参考文献 Reference ●

朝日新聞大阪社会部 2015『ルポ・橋下徹』朝日新書。

ツェベリス，ジョージ／眞柄秀子・井戸正伸監訳 2009『拒否権プレイヤー――政治制度はいかに作動するか』早稲田大学出版部。

ナイ，ジョセフ・S.／北沢格訳 2008『リーダー・パワー――21 世紀型組織の主導者のために』日本経済新聞出版社。

ポグントケ，トーマス＝ポール・ウェブ／岩崎正洋訳 2014『民主政治はなぜ「大統領制化」するのか――現代民主主義国家の比較研究』ミネルヴァ書房。

リンドブロム，チャールズ・E.＝エドワード・J. ウッドハウス／藪野祐三・案浦明子訳 2004『政策形成の過程――民主主義と公共性』東京大学出版会。

レイプハルト，アレンド／粕谷祐子・菊池啓一訳 2014『民主主義対民主主義――多数決型とコンセンサス型の 36 カ国比較研究〔原著第 2 版〕』勁草書房。

Bennister, Mark, Ben Worthy, and Paul't Hart, eds. 2017, *The Leadership Capital Index: A New Perspective on Political Leadership*, Oxford University Press.

Carmines, Edward G., and James A. Stimson 1980, "The Two Faces of Issue Voting," *American Political Science Review*, 74: 78–91.

Garzia, Diego 2011, "The Personalization of Politics in Western Democracies: Causes and Consequences on Leader-Follower Relationships," *The Leadership Quarterly*, 22: 697–709.

Riker, William H. 1962, *The Theory of Political Coalitions*, Yale University Press.

CHAPTER

第7章

執政・立法・司法

INTRODUCTION

本章のテーマは，権力の分割である。国民から民主的に選ばれたリーダーが執政を行い，その結果が選挙を通じて評価されるとしても，少数のリーダーに権力が集中することは，リーダーの暴走を招き，人々の自由を失わせてしまうかもしれない。リーダーを選んだ多数派の要求に効率的に応答できても，少数派の自由や権利を抑圧することがあってはならないのである。そこで，少数のリーダーに権力が集中することを防ぎ，慎重な執政を行わせるしくみが求められることになる。本章では，そのような権力分割のしくみとして，立法と執政を分ける大統領制，二院制をはじめとした議会制度，司法機関の独立について説明する。

1 大統領制

執政と立法の分離――議院内閣制と大統領制

権力を分割する制度として最初に扱うのは，大統領制と呼ばれる制度である。大統領制と聞くと，非常に強いリーダーを連想することが多いのではないだろうか。しかし，大統領制はもともと，議会に権力が集中しすぎないようにするための制度だったのである。

大統領制は，どのようにして議会への権力の集中を防ぐのだろうか。最も重要なポイントは，執政と立法の分離である。大統領は国家の目標を定義して，国民をその方向へと導くような意思決定を行うが，それは**あくまでも議会が定めた法律，そして憲法のもとで行われる**のである。執政の権力をもつリーダーが同時に法律の制定にかかわることは，目標に合わせて法律を制定できるという利点がある一方で，自分たちの事情に合わせて法律を恣意的に制定してしまうという懸念がある。執政と立法を分離することで，執政にかかわるリーダーは，あくまでも法律の定めに従って仕事をするしかない。反対にいえば，リーダーがその目標を達成するために自由に法律を変えようと思っても，それが許されない制度になっているということである。

大統領制の第1の特徴は，**執政を行う大統領を，立法を担当する議会とは異なる選挙によって選び出す**というところにある。大統領制では国民の直接選挙が重要だと思われることが多いが，それは実は大きな問題ではない。アメリカ大統領も，国民の直接選挙ではなく，各州で選挙人を選出し，その選挙人が大統領候補への投票を行う間接選挙である。議会とは異なる選挙で選ばれることで，大統領は議会が定めた法律に従うものの，独立した執政が保障されるのである。そのために大統領には，議会が制定した法律の執行を拒む拒否権が認められていることもある。

第2の特徴は，**議会が大統領を解任できない**というところである。大統領は議会の定めた法律に基づいて執政を行うが，その執政に議会が満足しなかったとしても，議会が大統領を任期中に解任することは基本的に認められない。議会の制定した法律に大統領がきちんと従っているかどうかという点が問題になっても，議会が大統領を一方的に解任することはない。その執政が憲法や法律に基づいて妥当なものかという論点については，司法の場で争われることになる。両者の対立が司法で判断されることは，権力の分割を考える際の重要な要素である。

これを議院内閣制のリーダー，すなわち首相と比較してみよう。首相は，議会多数派の支持に依存して内閣を形成し，法律を執行する。もし議会の多数派が首相の執政に満足しなかったとすれば，議会が内閣に対して不信任を議決することを通じて首相は解任され，新たな多数派が新たな首相を選ぶことになる。他方，強いリーダーシップを発揮し，議会多数派を動かすことができる首相であれば，執政を進めやすいように恣意的に法律を制定する余地もある。

両者の任期の違いも重要である。大統領制の場合，任期途中で大統領が交代し，新しい大統領による新たな任期が始まることは想定されていない。死亡や病気，スキャンダルなどによって途中で交代を余儀なくされる場合でも，副大統領の昇格や，任期の残り期間のみを担当する補欠選挙を行うなどで，固定した任期が維持される。それに対して議院内閣制では，議会の任期とは関係なく，議会の多数派の信任を失った首相は解任される可能性がある。しかし，多数派の支持を常に動員することができれば，議会の任期を超えて長期にわたって首相が替わらないこともある。大統領制と比べると，議院内閣制の首相の任期は可変的で，在職が長期間にわたる場合もある。

議院内閣制では，議会の多数派を掌握し，強いリーダーシップを発揮する首相が現れたとき，国民が求める法律を迅速に制定し，効率的な執政を行うことが可能になる。しかし，長期間にわたって法律の恣意的な制定が行われるおそれがないとはいえない。他方，**大統領制は，効率を犠牲にしても，多数派による恣意的な執政を防ぐ制度**であるとされるのである。

多様な執政制度

リーダーの選出・解任によって大統領制と議院内閣制を分けるとすると，**表7.1**に示されるように，その両者には分類できない執政制度も見えてくる。1つの例外は，リーダーを選挙で選ぶものの，議会による解任を可能にする制度

CHART 表 7.1 執政制度の類型

		リーダーの解任	
		議会多数派による	議会多数派によらない（固定任期）
リーダーの選出	議会多数派から	議院内閣制（Parliamentary）	自律内閣制（Assembly-independent）
	有権者から	首相公選制（Elected PM）	大統領制（Presidential）

［出典］ Shugart 2005: 3.

である。このような制度は，首相公選制として以前にイスラエルで採用されたことがある。ただし，この制度は**議会多数派という支持基盤をもたない首相が，多党に分立した議会から支持を取り付けることが困難となり，政治が混乱したことで，失敗と評価されて廃止されている**。日本でも，首相を国民の選挙で選ぶという意味でしばしば首相公選制が議論されるが，その検討にあたっては，議会との関係をどのように設定するかが重要になるのである。

もう1つの例外は，リーダーを議会が選ぶものの，その後の解任を行わないという制度で，自律内閣制とでも呼ぶべきものが考えられる。例えばスイスでは，議会によってそれぞれの地域と言語圏を代表する政党から内閣のメンバーが選ばれ，4年間の任期中に議会が彼らを解任することはできない。あくまでも内閣として全体で決定に責任を負うこととされているため，内閣のメンバーがその議長である首相を1年交代で務めている。このような制度では，硬直的な意思決定となるおそれがあるとしても，多言語国家のスイスにおいて，いたずらに紛争を起こさずに安定した政権運営を行うための工夫であるといえるだろう。

ここまでの説明では，大統領制は大統領が，議院内閣制では首相が執政に当たることとされている。しかし，世界には大統領と首相が同時に存在する国もある。その場合はどのように考えればよいのだろうか。

まず，大統領が形式的・象徴的な存在であり，実質的に首相がリーダーであるドイツやイタリアのような場合が考えられる。大統領は選挙で選ばれるが，実際に執政を行うのは議会多数派によって選出される首相であり，議院内閣制に分類することができる。ただし，このような国でも，大統領が政治の混乱を収拾する役割を期待されることもある（Tavits 2009）。

次に，首相は存在するものの，議会ではなく大統領の支持に依存する場合で，韓国やアルゼンチンのような例がある。大統領は首相を選出・解任する権限をもち，首相には大統領のスタッフをまとめる機能が期待される。このような国の場合は，実質的に大統領制に分類することができる。

最後に，大統領が首相と内閣を選出するものの，首相が議会多数派の支持に依存する，すなわち議会が首相を解任することができるフランスのような制度がある。このような制度は一括して半大統領制と呼ばれるが，その内容は国によってきわめて多様である（Shugart 2005）。**半大統領制という類型の特徴は，議会とは異なる選挙で選ばれる大統領が執政の権力をもつが，その権力を議会の信任に依存する首相と分け合っているところにある。**例えばフランスでは，大統領は外交や国防を担当し，首相は内政を担当する。このような制度は，大統領制と議院内閣制を組み合わせることによって権力の分割を実現する制度といえるだろう。

大統領制の運用

執政の権力を分割する大統領制には，議会の多数派に権力が集中する議院内閣制と比べて，どのような効果があるのだろうか。まず考えられるのが分割政府の弊害である。**分割政府とは，大統領と議会多数派の党派が異なることを意味する。**分割政府が発生すると，大統領と議会多数派の追求する利益が異なり，両者の調整が困難になる危険性がある。このような場合，国民から見れば，必要な決定がなされない原因が，大統領の側にあるのか議会の側にあるのかがわかりにくく，その責任を問うことが難しくなるために，政権のアカウンタビリティが低くなる。

有名な例として，全国民を対象とする公的医療保険制度が存在しないアメリカで，民主党が大統領を中心に制度を導入しようとするのに対して，議会で過半数をもつ共和党が抵抗するという例がある。制度の導入を求める有権者から見れば，制度を導入できない大統領を替えるべきか，反対する議会が悪いとして大統領への支持を継続すべきかを判断することは難しい。なお，アメリカの医療保険制度についてはオバマが大統領に就任した後，上下両院で優勢となった民主党が2010年に制度を導入したが，その後下院で過半数を制した共和党が修正を図っている。

次に，大統領制は，議院内閣制と比べて体制を不安定にすると指摘されることが多い。リンスは議院内閣制の国では自由民主主義体制が継続しやすいのに比べて，大統領制の国では自由民主主義体制が崩壊しやすい傾向にあると主張した（リンス 2003）。その背景には，分割政府が出現して必要な決定がなされなくなることや，それに対して有効に責任を問うことができないことがある。行き詰まった大統領を合法的に交代させることが難しい中で，軍部が台頭してクーデターを起こし，自由民主主義体制を崩壊させてしまうのである。

ただし，大統領制が体制を不安定にする直接の要因なのかについては議論が残る。第二次世界大戦後，特に1960年代に民主化を実現した国の多くが大統領制を採用したが，ラテンアメリカ諸国をはじめ，それらの国ではもともと軍部が強く，体制が不安定な傾向にあった。つまり，大統領制それ自体が体制を不安定にするのではなく，強力な軍部があって体制が変わりやすい国で大統領制が採用されていた，という主張も存在するのである（Cheibub 2006）。

近年の大統領制をめぐる課題は，社会の複雑化・専門分化によって専門知識の乏しい政治家が立法にかかわることが困難になり，**執政を担当する大統領が官僚を活用して立法に関与することをどう考えるか**という点にある。権力を分割する制度として大統領制をとらえると，大統領に対して議会の立法への拒否権が与えられているとしても，立法に関与することはなかなか認められない。大統領への過度な権力の集中が懸念されるからである。

他方で，大統領が立法に関与することで，錯綜（さくそう）した関係者の利害を調整し，大統領制に特有の硬直的な政権運営を打破できると期待されることもある。国によっては，大統領が予算案などを議会に提案することを認めたり，大統領の命令である大統領令に法的な効果を付与したりしている。さらに大統領としても，議会の協力を引き出して円滑な執政を行うために，議会の多数派を占める政党に所属する政治家を，自らの内閣のメンバーとして迎える傾向があることが指摘されている（Amorim Neto 2006）。

2 立法過程における権力の分割

二院制とその意義

前節で扱った大統領制は，執政と立法を分離することによって権力の集中を防ぐ制度であった。次に扱うのは，立法の過程で権力の集中を防ぐ制度である。まずその代表的なものとして二院制を扱う。**二院制とは，2つの議会を設定して両者の一致を求めることで，1つの議会だけで決定を行う一院制よりも慎重な決定を求めるものである。**1つの議会が間違った決定を行っても，もう1つの議会がそれに対して修正を行うことが期待されるのである。

「第二院は何の役に立つのか，もしそれが第一院に一致するならば，無用であり，もしそれに反対するならば，有害である」。これはフランス革命のリーダーの1人であるシェイエスの言葉であるとされている。仮に，国民を代表する第一院の議決が常に正しいとすれば，この言葉は全く妥当というほかない。しかし，第一院に権力を集中させ，その決定にすべてを委ねることには危険がある。そこに第二院の存在意義が生まれる。

第二院を設定するとき，第一院との関係で重要なのは，権限の対称性と選出基盤の一致度合いである。**権限の対称性とは，両院が対等か，また第一院の決定がどの程度優先されるか**にかかわる問題である。もしすべての議案について，第一院と同様に第二院の議決が必要で，両院の議決が異なるときに議会として決定ができないということであれば，両院の権限が対称ということになる。反対に，第二院の議決にかかわらず，第一院の議決だけで議会としての意思決定を行うことができれば，権限の非対称性が大きいということになる。

自由民主主義体制であれば，どの国でも第一院は全国民が平等に参加できるような選挙制度で代表を選出しようとするが，第二院の構成は国ごとに大きく異なる。**選出基盤の一致度合いとは，第二院がどのように構成されているか**を問うものである。アメリカやドイツのような連邦制の国では，全国民の代表というより地域の代表という性格が強くなる。例えばアメリカ連邦議会の第二院である上院では，50の州がそれぞれ2人の上院議員を選出するのに対して，

CHART 図7.1 二院制を理解するための2つの軸

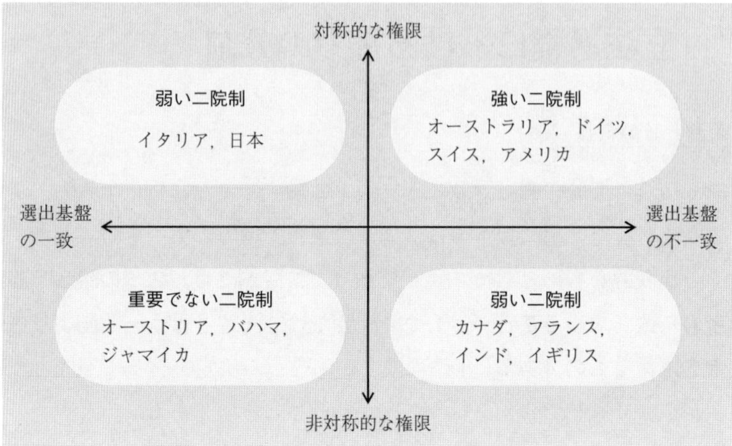

［出典］ Clark et al. 2017: 667 を基に筆者作成。

第一院である下院は人口に応じて435の議員が各州に割り振られる。最大のカリフォルニア州は53人の議員を選出するのに対して，1人しか議員がいない州が7つある。このような構成であれば，上院は下院よりも人口が少ない州の発言力が大きくなる。

また，日本では馴染みがないが，第二院の議員を選出する際に知識や経験に優れた人々を，選挙を経ずに議員とする任命制を取り入れている国もある。例えばカナダでは，州ごとに割り振られた数の上院議員が任命されている。上院議員には選挙や任期がないために，欠員が出れば補充されるかたちとなっている。あるいはイギリスのように，世襲の貴族やイギリス国教会の代表が議員に加わるような第二院もある。このように，第二院であえて地域の代表や任命制を強調し，第一院と選出基盤の異なる議員を置くことで，第一院に対する監視機能を確保しようとするのである。

権限の対称性と選出基盤の一致度合いという観点から各国の二院制を分類すると，図7.1に示すように，第一院と第二院の選出基盤の一致度合いが低く，かつ第一院と第二院が対称的な権限をもつのが，「強い二院制」となる。第一

Column ⑦ 衆議院と参議院

日本国憲法は，国会に衆議院と参議院を置く二院制を規定しており，両者の関係は対等に近い。憲法で，第一院である衆議院が第二院である参議院に優越していると認められているのは，まず首相の指名，予算や条例の議決で両院の決定が異なり，衆議院と参議院の代表者からなる両院協議会でも調整できないときに，衆議院の議決が国会の議決として扱われることである。また，衆議院を通過した法律案が参議院で否決されたとき，元の法律案が衆議院の出席議員の3分の2以上の特別多数で再び可決されれば，法律として認められる。さらに，内閣に対して不信任案を提出して，可決されれば内閣総辞職か衆議院の解散に追い込むことができるという権限も，衆議院だけに与えられていることを考えれば，衆議院の優越規定として理解できる。

このように整理すれば，国政の重要事項で衆議院の決定が参議院に優越しやすいようにも思われる。しかし，法律案の再可決が行われることは稀(まれ)であり，そのハードルは非常に高い。また，予算については衆議院のみで決定できるようにも思えるが，最近の財政運営では欠かすことができない赤字国債の発行が，通常の法律案と同様に扱われるために，事実上，衆議院の優越規定の効果が弱められている。それ以外にも，日本銀行など重要な統治機構の公職任用について，衆参両院の同意が必要であるために，参議院が事実上の拒否権をもっていることもある。

1955年から90年代まで続いた自民党の長期政権のもとでも，参議院は同様の権限をもっていたが，当時は自民党が両院を抑えていたので，拒否権の行使は目立ちにくかった。しかし，自民党として参議院をどう抑えるかは難題だったとされている（竹中 2010）。1990年代に入り，自民党長期政権が揺らぐ中で，自民党以外の政党が参議院の多数派形成に加わる可能性が増すと，参議院の存在感が大きくなった。

参議院の存在感が大きくなった理由の1つには，衆議院と参議院とで採用されている選挙制度が異なるという問題もある。1990年代の政治改革で，衆議院では小選挙区比例代表並立制が導入されたが，参議院は従来からのいわゆる中選挙区制が維持された。選挙制度の変更に伴って，衆議院では政党中心の選挙へと移行しているだけではなく，選挙区割りも修正されて都市部の意向を重視する必要が大きくなった。しかし参議院では依然として農村部の比重が大きく，また，議員への個人投票が中心で，政党執行部の規律に反することが少なくない。しかも，基本的には選挙を異なる時期に行うことになるので，衆議院と参議院の選出基盤の一致度合いが低くなってしまうのである。

院と異なる立場から議案を審議し，第一院の決定を阻止することもできるからである。このような二院制は，権力の分割を重視しているといえるし，逆に，図 7.1 の左下にあたる，第一院と同じような選出基盤で構成され，かつ権限の弱い第二院の場合は，第一院に権力が集中する。

「弱い二院制」とされる残りの類型のうち，図 7.1 では右下にある，選出基盤の一致度合いが低く，権限が弱い第二院を考えよう。選出基盤が違うため，第一院に異議を申し立てることは少なくないかもしれないが，権限が弱く効果は小さい。つまり，実質的に一院制に近い権力集中がある。問題は，図 7.1 の左上，第一院と選出基盤が似ていて，権限も対称的な第二院である。ここでの第二院は，第一院の決定に対する制度的な拒否権をもつことがある。しかし，多数派を構成するのが，基本的には第一院と同じような勢力になるため，それが実際に行使されることは少ない。その意味で，弱い二院制と分類されるが，ひとたび第一院と第二院の多数派が異なると，両者の調整が困難になる。日本で衆議院の多数派と参議院の多数派が異なるねじれ国会と呼ばれる状況は，その典型であると考えられる。

議会内過程

二院制の次に検討するのは，議会内過程である。議会内過程とは，法律が提案されてから議決されるまでの過程であり，ここでも権力の分割を考えることができる。議会内の少数派の主張を，多数派がどのように扱うか，という点が重要である。

まず，2つの重要な概念である議決の効率性と開放性について説明しよう。議会多数派は，多数を抑えているというまさにその理由で，立法のために必要な決定ができる。1つ1つになるべく時間をかけずに立法ができれば，多くの法律案を審査することが可能になり，その分国民からの要望に細かく応えることもできる。**多くの法律を制定することができる議会**は，効率性に優れているといえるだろう。

他方で，議会多数派が自分たちの支持者の主張だけを聞いて，少数派の意向を全く無視することになれば，「多数派の専制」として非難されることもある。時間がかかり効率性で劣っても，反対する少数派に意思を表明する機会を与え，議論を尽くしたうえで決定を行うことが，決定の正統性を確保するためには重要なのである。**多数派のみならず少数派も決定に取り込もうとする議会**は，開放性に優れているといえる。

議会では，多数派が法律制定の効率性を追求するだけではなく，少数派に配慮する開放性が制度として組み込まれていることがある。それは，効率がよすぎると議会内で議論するという過程が形骸化し，議会が「立法登録機」にすぎなくなるからである。他方で，開放性が大きいことは，議会の意思決定に民主的な正統性を与える効果があるが，開放性が大きすぎて効率的な決定ができなければ，議会が国民の期待に応えることができなくなる。

具体的には，まず誰が法案を提出することができるか，という**法案提出に関する権利や手続きが重要**である。議会内の多数派や内閣だけが法案を提出できるときと比べて，一定の条件を満たした少数派が法案を提出することができるのであれば，少数派の提案が議会で審議される可能性が広がり，開放性が高い制度であるといえる。次は，**審議の順番や議論の時間配分などを決める手続き**である。地味な話だが，多数派が早急に議決を求める重要な法律案について，少数派が議論を後回しにしたり，議論に多くの時間を割くことを求めたりすることができれば，それを梃子（てこ）に少数派の意見が取り入れられる可能性が高くなる。例えば日本では，審議の順番や議論の時間配分を決定する議院運営委員会に全会一致の慣行があり，多数派と少数派が調整したうえで決定が行われていた。そのため数で劣る少数派の野党も，この実質的な拒否権を利用して多数派から譲歩を引き出すことが可能であった（増山 2003)。しかしこの全会一致はあくまで慣行であり，交渉が決裂して多数派が決定を強行することもある。その場合，少数派は，多数派の横暴を，議会外の有権者に訴える戦術をとることになる。

もう1つ重要な議事手続きとして，**法律案の採決に関する手続き**がある。議論を尽くせば採決ということになるが，どうすれば議論を尽くしたといえるかは必ずしも明らかではない。少数派は審議の引き延ばしを図ることで，法律制定の効率性が低下することを恐れる多数派からの譲歩を引き出そうとする。有名な例は，アメリカの連邦上院で，連続して行われる演説の時間に制限がないことを利用したフィリバスターという制度である。この制度を用いて少数派の議員は立法の効率性を人質に多数派から譲歩を引き出そうとする。少数派が時間を引き延ばすことによって必要な議案を採決できないと，多数派は困るのである。

日本でも，ある程度はフィリバスターが可能であるが，基本的には各党に定められた演説の時間が割り当てられており，議長が演説を打ち切ることも認められている。そのため，フィリバスターによって引き延ばすことよりも，演説打ち切りの不当性をマスメディアなどに訴えることに主眼が置かれがちとなる。それ以外にも，多数派による議事進行を不当なものだとして少数派が審議を拒否したり，採決でノロノロ歩くことで多大な時間をかける「牛歩戦術」という方法がとられたりすることがある。これらについては，通常は効率性の高い日本の国会で，少数派が騒ぎを起こすことで，マスメディアを通じて政権に反対する世論を喚起しようとする性格が強いものである。

委員会制度

次に取り上げるのは，議会における委員会制度である。議会での審議時間に限りがある中で，すべての議案を本会議で審議しようとすると，十分な審議時間がとれず，議論が深まらないことがある。こうした問題に対して，**少数の議員からなる委員会を組織し，本会議がそこに討議を委ねるという制度**が委員会制度である。議会として取り組むべき課題を分担して集中的に討議することから，委員会制度を活用することによって法律の制定が効率的に行われることが期待されるのである。

本来，委員会制度は，議会の効率性を向上させるために作られるものだが，**場合によっては反対に効率性を低下させ，開放性を向上させることがある**。なぜなら，議会本会議での多数派が，すべての委員会で多数派を占めることができるとは限らないからである。この点は多少ややこしいが，日本の衆議院の委員会制度を例に説明しよう。

現在の衆議院の定数は465，過半数は233である。その下に17の常任委員会が作られており，各委員会の委員は政党獲得議席数に比例して配分される。実は，多数派が過半数を少し上回るだけでは，すべての委員会で委員の半数を確保し，かつ委員会の招集権限や採決の権限をもつ委員長を出すことはできない。そのために必要な議席数は244であり，これは安定多数と呼ばれる。また，すべての常任委員会で委員の過半数を確保し，委員長決裁なしでも委員会通過が可能な絶対安定多数と呼ばれる議席数は261となっている。つまり，衆議院の場合は，過半数をほんの少し上回っている程度では，すべての委員会で多数派が望むような議決はできないのである。

委員会制度のより重要な効果は，**同じ委員会に長く属する議員が党派を超えて専門知識を獲得し，政策に関する判断を行うようになる**というものである。議会内の多数派の意向を受けて議論を整理するというだけではなく，専門家として自律的に政策形成を行うのである。特に，議会で多数派を占める政党執行部への集権性が低い場合，委員会を牛耳る議員たちが本会議で議決されそうな提案を阻止し，自分たちに望ましい提案のみを本会議に戻すようなこともありうる（Cox and McCubbins 2005）。

委員会制度が，議会の決定をより効率的に行うことを目的として作られたものだとしても，議会での多数派が数において圧倒的ではなかったり，個々の議員を強く統制できなかったりするような状況では，委員会に所属する議員が，蓄積した専門知を活用して決定にかかわることがある。また反対に，関連する業界と癒着（ゆちゃく）して政策を歪（ゆが）める可能性もあるだろう（第8章参照）。いずれにせよ，議会内の多数派以外のアクターにそのような権力を付与する可能性があることから，委員会制度も権力を分割する制度の1つであると考えることができる。

3 司法機関の独立

議会の優位から違憲審査へ

権力の分割を考えるうえで，もう1つ欠かせないのが独立した司法機関である。すでに説明したように，立法と執政を分ける大統領制では，両者の紛争を解決するのに司法機関が重要な機能を果たす。また，議院内閣制が採用されている場合でも，司法機関は議会多数派を牽制（けんせい）する機能が期待される。その背後には，どのような考え方があるのだろうか。

司法機関を重視するねらいは，やはり**執政を行う政権への権力集中を防ぐこ**

とである。自由民主主義体制において，憲法を通じて国家の権力を制約し，個人の自由を確保しようとする立憲主義がとられていて，憲法で国家の権力の制約や個人の自由が謳われているからといって，それが常に十分に保障されるわけではない。もし個人の自由を抑圧しようとする政権が出現しても，憲法に従って個人を救済する機関があることで，国家として個人の自由を守ることができるのである。

司法機関には，国家による個人の自由への抑圧を防ぐだけではなく，**個人の自由を拡大する機能**もある。憲法によって保護されるべきであるのに，それまでに見過ごされてきた個人の自由を，裁判を通じて「発見」し，承認するのである。そして，司法機関が認めた個人の自由は，議会において法律として制定され，確立していく。このように，司法機関によって憲法から引き出される原則を政権が受け入れ，それによって国家が統治されるという立憲主義の原則が確立していく過程こそが重要なのである。

司法機関にこのような権力を認めるのは，それほど歴史のある話ではない。近代国家が成立する時期には，特に専制君主に対する議会の優位こそが重要であり，人々の代表によって作られた法は議会以外によって制約されるべきではないという考えが支配的であった。その考え方のもとでは，議会による決定が個人の自由に関する最終的な決定であり，法律は新しい法律によってのみ置き換えられ，修正される。憲法は，議会が法律を制定する際の実質的な制約とはならなかったのである。

最も伝統のある近代国家といえるイギリスは，このような考え方が色濃く残っている国であるといえるだろう。イギリスでは，国王の執政に対して，議会による決定を通じて私的所有権をはじめとした個人の自由を保障する立憲主義が確立していった（第3章参照）。他方で，その後も議会の決定が最終的なものとされ，憲法的な性格をもった法律はあっても，改正などの手続きは他の法律と同じで，特権性をもった憲法典は存在しない。また，2009年まで個人の自由に関する最終的な判断は，裁判所ではなく，議会の第二院である貴族院が行うこととなっていた。

議会の優位に対して，憲法に基づく司法機関の独立が尊重されるようになったことは，違憲審査という制度の創設と密接にかかわっている。違憲審査とは，議会が定めた法律が，憲法に照らして正当であるか，憲法に違反していないかを司法機関が審査するものである。これは，**議会が人権や少数派の保護に関して間違いを犯しうることを認めたうえで，憲法に基づいて独立した司法にその間違いを是正する権力を与えたものである。**

この制度が確立したのは19世紀初頭のアメリカだが，それがすぐに多くの国に広まったわけではない。第二次世界大戦を引き起こし，特に深刻な個人の自由の抑圧を行った全体主義体制の経験に対する反省から，多くの先進国で違憲審査が導入されるようになった。そして，第二次世界大戦後に多くの国で自由民主主義体制への移行が進む中で，個人の自由を保障する制度として違憲審査が導入されることになったのである。

違憲審査の方法

違憲審査とは，どのように行われるのだろうか。その方法の分類にはいくつか考えられるが，まず挙げられるのが違憲審査の形式による分類である。違憲審査の形式として，**特定の事件を基にして法律の違憲性を審査するか，違憲性の審査に何の事件をも必要としないか，という基準で分類する**ことが可能であり，前者を付随的違憲審査，後者を抽象的違憲審査と呼ぶ。

日本で行われているのは付随的違憲審査であり，あくまでも法律に関係する紛争を前提として違憲審査が行われる。最近では，2015年に，女性が離婚してから6カ月を経た後でなければ再婚できないとする民法の規定について，100日を超えて再婚禁止とする部分が違憲とされた。この判決は，民法の規定に基づいた再婚の禁止によって精神的苦痛を受けたとして国家賠償を求める原告の訴えがあって行われた裁判で出されたものである。それに対して，抽象的違憲審査では，議会が制定した法律が違憲であるかどうかの判断を，具体的な紛争なしに裁判所に求めることになる。

次の分類は，違憲審査のタイミングによるものである。日本のように付随的違憲審査を行う国では，違憲審査が行われるのは当然に法律の施行後であるが，抽象的違憲審査を採用していれば，法律の施行前であっても違憲審査が可能である。抽象的違憲審査を採用する国には，2008年憲法改正以前のフランスのように，事前の違憲審査を行って法律の施行後には違憲審査を認めない国もあれば，ドイツなどのように事前の違憲審査も法律施行後の付随的な違憲審査も認めるような国もある。近年では，司法機関に個人の自由を保障させるという観点から，事後的な違憲審査を認める国のほうが増える傾向にある。

さらに，**違憲審査のために特別の司法機関を設置するかどうか**も分類の基準となる。日本やアメリカのように事後的な付随的違憲審査を中心とする国では，通常の裁判所が違憲審査を行うことになる。通常の事件と関連づけられるため，下級審のレベルから分権的に違憲判断が行われることになり，下級審の違憲判断が上級審で覆（くつがえ）されることも決してめずらしくはない。

他方，法律の施行前に抽象的違憲審査が行われる場合，フランスやドイツのように，特別に設置された憲法裁判所が集権的に判断を行っており，一般の国民が法律の違憲性を訴えるわけではない。特にフランスの憲法院は独特の政治機関としての性格を持ち，近年まで国民が法律施行後にも違憲審査に参加することはできなかった。ドイツでは，法律の施行後に一般の国民が具体的な事案から付随的に違憲審査を訴えることが広く認められるが，そのときも憲法問題については具体的な事件から切り離されて，憲法裁判所が判断することになっている。

独立性の確保

司法機関には，違憲審査を核として権力の集中による弊害を是正することが期待されている。**それが実現できるかどうかは，司法機関が政権に対して独立した判断を行うことができるか，いいかえれば政権の過ちを指摘し，正すことができるかにかかっている**。もし，司法機関が過ちを指摘したことで，政権が司法機関に対して報復するようなことがあれば，司法機関は萎縮し，政権に従属してしまう。

司法機関は常に政権から独立して，憲法に基づいた判断を行うのだろうか。もちろん，個々の裁判官に対して自らの良心に従って独立して職務を行うことを期待するのは重要である。しかし裁判官も人間であり，政権や裁判所の上司たちに気を遣った判断をする可能性を頭から否定することはできない。そこで，どのようにすれば独立した司法機関が政権に従属せず，憲法と自らの良心を拠りどころとして判断できるのかということを慎重に考慮して，司法機関の制度を検討する必要がある。

司法機関の独立性を重視して裁判官を決める最もわかりやすい方法として挙げられるのが，選挙である。議会や大統領と同じように，裁判官についても選挙によって決めることで，政権からの独立性を保つとともに，国民に対する責任を意識させることができる。例えば19世紀のアメリカの多くの州で裁判官公選制が採用され，現在もそれを維持している州がある（原口 2012）。ただし，その弊害として，裁判官の判断に党派性が持ち込まれたり，再選をめざして国民の支持を受けやすい判断を行ったりすることなどが挙げられる。

選挙によらずに裁判官を決めるのであれば，政権と裁判所自身による選任という方法をとるのが一般的であり，日本を含めた多くの国がこの方法をとっている。日本では，最高裁判所裁判官の国民審査が行われているが，これはあくまでも政権が選んだ裁判官について審査するものであり，もし国民審査の結果として裁判官が罷免されても，政権が新たな裁判官を選任することになる。

政権による選任は，司法機関の独立性に対する脅威となりうる。なぜなら，独立した判断を行ったことを理由に政権によって排除される可能性があれば，裁判官の判断が歪められることになるからである。そこで，**司法機関の独立性を確保するためには，あえて政権の期待に反応しないような機関として構成することが重要となる**。政権から見れば，自分たちにとって望ましくない決定をするかもしれない司法機関を作り出すわけで，そこには将来政権から転落したときに保護を受ける可能性もふまえた賢明な自己抑制がなくてはならないのである。

とはいえ，政権に自己抑制を求めるだけというのもまた頼りない方法である。そこで，特に司法機関については，その自己抑制を制度化することが考えられる。例えば，裁判官に長い任期を与えて自由に罷免（ひめん）できなくしたり，給与の減額を禁止したりすることで，政権が裁判官の人事に介入することが抑制される。また，裁判を合議制にすることで，政権の考えに近い裁判官が送り込まれても，すぐにはその影響が表れにくくなる。これらの制度は，司法機関に政権の期待とかかわらない判断を行わせ，権力の分割の実質化を助けると考えられる。

このような政権の自己抑制を制度化することは大切だが，それだけでは十分ではないということも常に意識する必要があるだろう。例えば，日本の自民党一党優位の時代のように，長期にわたって同じ政権が続くことが期待される状況では，司法機関が実質的に政権に従属してしまうという指摘もある（Ramseyer 1994; Ramseyer and Rasmusen 2003）。司法機関の独立は，規範的に望ましいから常に達成される，というわけではない。いくつもの制度に支えられ，また政権のあり方に大きな影響を受けるのである。

引用・参考文献　Reference

竹中治堅 2010『参議院とは何か―― 1947～2010』中公叢書。

原口佳誠 2012「アメリカにおける裁判官公選制とデュー・プロセス」『比較法学』45（3）：29-71。

増山幹高 2003『議会制度と日本政治――議事運営の計量政治学』木鐸社。

リンス，フアン・J. 2003「大統領制民主主義か議院内閣制民主主義か」フアン・J. リンス＝アルツロ・バレンズエラ編／中道寿一訳『大統領制民主主義の失敗 理論編――その比較研究』南窓社。

Amorim Neto, Octavio 2006, "The Presidential Calculus: Executive Policy Making and Cabinet Formation in the Americas,"*Comparative Political Studies*, 39(4): 415-440.

Cheibub, José Antônio 2006, Presidentialism, Parliamentarism, and Democracy, Cambridge University Press.

Clark, William R., Matt Golder and Sona N. Golder 2017, *Principles of Comparative Politics*, 3rd edition, CQ press.

Cox, Gary W. and Mattew D. McCubbins 2005, *Setting the Agenda: Responsible Party Government in the U.S. House of Representatives*, Cambridge University Press.

Ramseyer, J. Mark 1994, "The Puzzling (In) Dependence of Courts: A Comparative Approach," *Journal of Legal Studies*, 23(2): 721-747.

Ramseyer, J. Mark and Eric B. Rasmusen 2003, *Measuring Judicial Independence: The Political Economy of Judging in Japan*, University of Chicago Press.

Shugart, Matthew S. 2005, "Semi-Presidential Systems: Dual Executive and Mixed Authority Patterns," *French Politics*, 3(3): 323-351.

Tavits, Margit 2009, *Presidents with Prime Ministers: Do Direct Elections Matter?*, Oxford University Press.

CHAPTER

第8章

政策過程と官僚制・利益団体

INTRODUCTION

民主的に選ばれたリーダーは，国家のさまざまな問題を解決するために，公共政策を策定する。公共政策の策定にあたっては，選挙で選ばれた政治家だけではなく，官僚や利益団体など，多くの関係者が関与する。そこで重要なのは，公共政策の策定における専門知識や，関係者がそれぞれに追求する自分たちの利益である。専門知識を活用するために，一定の自律性を与えられた官僚や，公共政策からの利益を狙う利益団体が，選挙で選ばれた政治家と交渉しながら政策を作り上げていくのである。本章では，このような点に注目して，公共政策の策定に至る過程をどのように理解することができるかを説明する。

1 政策過程と民主主義

なぜ政策過程が重要か

執政を担う政権は，公共政策を策定する。公共政策とは，法律で国民の行動に規制を加えるものであったり，貧困や疾病などで苦しむ国民に対して給付を行うものであったり，その給付のための財源を税として徴収するものであったりするなど，さまざまなかたちをとっている。一括した定義は難しいが，重要なのは，**公共政策が個人の自由と深くかかわっている点**である。規制の強化や増税は個人の自由を制限する効果をもつし，反対に規制の緩和や減税，さらには個人への給付などは個人の自由を拡張する効果をもちうる。

本章で扱う政策過程とは，**公共政策が提案され，決定され，実現されていく過程**を問題にするものである。ここまでの章では，国民の中から執政を担うリーダーを代表として選ぶ手続きや，そのリーダーが議論に基づいて政府として執政を行う手続きを説明してきた。しかしその手続きにもかかわらず，暴力や経済力を背景として特定の誰かが決定に強い影響力をもっていたり，うまく国民の意思を吸い上げることができていなかったりするとどうだろうか。決められた手続きは，公共政策についての政権の意思決定を，国民の意思決定であるとみなすために重要なものだが，手続きさえ決まっていれば何も問題がないというわけではない。

政策過程を検討することは，まさにこの手続きの妥当性を検討することにほかならない。例えば，数多くの公共政策が効率的に決定されたとしても，もし一部の国民を「えこひいき」するものであれば，多くの国民は不満をもつだろう。反対に，関係者の主張を平等に聞こうとするあまりに何の決定もできないとなると，これも望ましくない。そのような効率と平等のバランスについて考えることも，政策過程を分析する重要な意義である。

価値の対立と不確実性

政策過程の分析が重要なのは，社会全体として合理的な意思決定を行うことが困難であることにも起因する。**社会として何が望ましいかを定義したうえで，それを実現するために最適な公共政策を選び出す**ことができれば，そもそも政策決定の過程は問題にならないかもしれない。例えば，合理的な意思決定を支援するための科学的な手法である費用・便益分析によって，公共政策にかかる費用と得られる便益を計算し，数値によって望ましい公共政策が何かを示して，それを実現に移すという考え方がありうる。実際，アメリカでは，官僚制の各組織の目的を明確に定義したうえで，費用・便益分析に基づいて公共政策の予算配分を行う企画計画予算制度（PPBS）が導入されたことがある。

しかし，仮にそのような分析が可能であったとしても，その結果を公共政策にそのまま反映させることは困難である。第1に，**公共政策の決定に至る過程に価値の対立が存在する**からである。もし科学的な分析によって望ましい公共政策というものが示されたとしても，それがすべての関係者にとって望ましいということは考えにくい。新しい政策が実現することで，それまでに得ていた利益を失う関係者は猛反発するだろう。このように価値の対立が存在する中で，「科学的」という理由のみで分析に基づいた提案が受け入れられることは考えにくい。

第2に，**公共政策をめぐる不確実性が存在する**。実現した公共政策が将来においてどのような効果をもたらすか，また，将来どのような公共政策が重要視されるようになるかはわからない。科学的な分析によって合理的な意思決定を行うためには，不確実な将来について強い仮定を置かなくてはいけないのである。さらに，その分析のために，いかに膨大なデータを集めたとしても，それで十分であるかもわからない。初めは重要だと考えられていなかった情報が実は不可欠であることが，後で判明することもある。2011年の東日本大震災で連呼されたような「想定外」の事態は常に起こりうるのである。

価値の対立や不確実性が存在するので，PPBSのように科学的な分析を通じて合理的に公共政策を決定しようという試みは成功していない。PPBSそれ自体，アメリカ国防総省で1962年に導入され，68年には全省庁に拡大されたが，公共政策の効果の測定や利害関係者の対立，データとスタッフの不足などを理由に，70年をもって廃止された。

もちろん，公共政策の決定において，科学的な分析が不要というわけではない。PPBSが挫折した後も，分析を公共政策に反映させる努力は続いている。特に，分析手法の発達とともに公共政策の事後的な評価を次の公共政策に生かそうという発想が強い。しかし，科学的な分析による合理的な意思決定を用いてそのまま公共政策を実現しようという試みは，現在のところ，ほぼ非現実的なものとみなされるようになっている。これは，**価値の対立や不確実性といった要素が政策過程において重要である**という認識を反映している。

政策過程の段階論

このような政策過程を分析するための1つの考え方は，**政策過程をいくつかの段階に分ける**というものである。具体的には，①公共政策によって対応すべき課題が社会的に発見される段階，②課題に対応するための案が形成され，③公的に決定される段階，④決定された公共政策が実施に移される段階，⑤その効果について評価が行われる段階である。このように政策過程を各段階に分けることで，関係する政治家や利益団体（第5章参照），官僚などが，どのように行動しているかを理解することができるのである。

自由民主主義体制において，課題設定の過程では，マスメディアによる報道が重要である。マスメディアは政権が十分に対応していない問題について報道することを通じて，人々の間に社会的な問題であるという認識を高めて公共政策による対応を促すことができる。また，利益団体による情報提供も重要である。利益団体が，団体を構成するメンバーが抱える問題を吸い上げて，公共政策による対応を求めるのである。例えば，通信技術やデータ処理の高度化によって，それまでになかった車の自動運転のようなサービスが可能になったとき，マスメディアがその利点と問題点を報道し，自動車業界，タクシー業界，IT業界，そして自動運転を利用したい社会福祉団体などが，その利用をめぐって公共政策の策定を政党や政治家に働きかけるのである。このようにマスメディアや利益団体は，扱うべき課題が何かを選別する門番としての機能をもつ。

政党や政治家は，官僚や外部の専門家などの助けを得ながら，課題に応じて必要な公共政策の案を形成していく。そうして作成された公共政策の案が妥当なものかどうかを審議するのは議会の場である。議会では，**公共政策が生み出す価値や利益をどのように配分するか**ということが議論され，交渉によってその当初の案が修正されることもある。最終的に議会で過半数の支持を獲得し，拒否権プレーヤーの同意を得るという過程を経て，公共政策の内容は確定され，国民の行動を規制したり，個人への給付を行ったりすることが可能になる。

公共政策が確定されると，その実施は官僚に委任される。委任にあたっては，機能や対象で分けられた組織が作られ，政策の内容によって分担して業務が行われる。そのような組織のうち，最も大きい単位は省と呼ばれ，その下に局や部と呼ばれる組織が形成される。**政党や政治家が議会で決めた公共政策は，官僚の行動を規律するが，それのみで官僚の行動を何から何まで縛ることができるわけではない。**官僚は，具体的な状況に合わせて判断する一定の裁量を与えられており，より下位のレベルに業務を委任していく過程で政策の具体的な内容が明確化され，最終的な実施へとつながっていく。そして，実施された公共政策が，期待された効果を発揮したのかについて評価が行われ，その政策を継続すべきかどうかが議論されていくことになるのである。

政治と行政の分離

この過程の中で特に重要な区分は，先に述べた①〜③の課題の設定から公共政策の決定に至るまでの執政にかかわる段階を「政治」としてとらえ，④と⑤の公共政策の実施や評価を「行政」としてとらえる政治行政二分論である。**この考え方は，民主的に選ばれた代表が社会的な課題を抽出し，公的な決定を行う執政を担当する一方で，専門家集団である官僚制がその決定を効率的に実施に移すというもの**である。社会の一時的な注目や利益団体の影響を受けやすい選挙で選ばれる政治家よりも，専門家集団が客観的な立場から執政を行えば，国民にとってより合理的で望ましい公共政策が実現するかもしれない。しかし，選挙がなければアカウンタビリティが確保されず，国民を収奪するような執政が行われるかもしれない。だから，官僚は政治的な決定には関与せず，国民から選出された代表が執政を担うとされるのだ。

このように政治と行政の機能を分けるという考え方は，統治機構が効率的に機能しているかどうかを確認する手がかりにもなる。国民から選ばれた代表である政治家が，官僚人事を恣意的に操り，自分たちの仲間への利益配分として官僚の役職を利用する猟官のようなことが起こると，政策の効率的な実施が困難になる。そのとき，官僚の専門性が不十分で必要な組織を構築することができないとして批判されることになるのである。

高い専門性をもった官僚制を構築するために，多くの国では資格任用に基づいて官僚の採用・昇進が行われている。これは，身分や出身，あるいは政治家との関係などではなく，**個人の能力や業績によって官僚としての役職を決めようとする発想**である。20世紀に入り，社会の複雑化とともに官僚に求められる事務処理能力が大きくなり，専門分化が進んでいく中で，能力や業績を評価して役職が決められるようになっていった。政治家による猟官を防ぐとともに，官僚制の内部で自律的に任用が行われる傾向が強まることで，個人としての官僚は，組織の中で専門家としてキャリアを形成していく。こうして，執政を行う「政治」と実施を担う「行政」とが切り離されていくのである。

しかし，このような分離が本当に可能かは明らかではない。さらなる社会の複雑化とともに，求められる専門知識は増大し，そのような専門知識から離れて執政を行うことが困難になっている。そのため次節で見るように，特に先進国では，実質的に政治と行政が融合し，執政に官僚がかかわることが常態となっている。

2 政策過程における官僚制

政治と行政の融合

政治行政二分論では，公共政策の決定は政治家の役割であり，その実施が官僚の役割だと考えられる。しかし，社会問題が複雑化する中で，公共政策の実施を担う官僚がもつ専門知識が，政策の形成や決定にも欠かせないものとされるようになってきた。公共政策の現場で得られる知識を次の意思決定にフィードバックすることが求められるようになったのである。近代化で政府の機能が拡大するとともに，そこで働く官僚の役割も大きくなっていった。

官僚は，特に課題の設定や政策原案を形成する局面で重要な役割を果たすようになる。実施の局面で得られた情報を反映するだけでなく，関係する利益団体や国民からもたらされた情報を集約したり，統計情報の収集やニーズの調査などを通じて社会問題を探索したりして，どのような公共政策が望まれているかについての知識をもつようになる。そのような知識に基づいて，次の公共政策の内容について政策原案を生み出し，執政の立場にある政治家と協力して決定をめざすのである。その中には，実質的な決定を，実施に携わる官僚に委任するかたちのものもあるだろう。

このような官僚は，第6章で説明したアジェンダ設定者としての役割をもつこともある。選挙に直面する政治家は，複雑な問題について，自ら情報を収集して有効な提案をすることが難しい。そのため，官僚が政策を提案し，大臣や議会が拒否権をもつ存在として位置づけられる（曽我 2005）。このとき，官僚制は単に政治的に決定された公共政策を実施するための道具ではなく，自ら特定の選好をもった存在として位置づけられる。官僚制は，拒否権プレーヤーである議会や政党の理想点を考慮しながら，自分たちが好ましいと考える政策の実現をめざすと考えられるのである。

政治と行政が融合したものと考えると，**専門家である官僚がどのように執政にかかわるのか**が重要な問題となる。官僚は，専門的な見地からの分析に基づいて，国民にとって望ましい公共政策を実現するかもしれない。しかし，それが悪い方向に働けば，官僚の腐敗として大きな問題になる可能性もある。政治家であれば，選挙で再選するために国民の利益を視野に入れた行動をとらなければならない。国民の利益にかなわない行動をしていると考えられた政治家は，選挙による審判で辞めさせられるからである。それに対して官僚は，そのような審判を受けないために，多くの国民に関係がない自分たちにとっての利益，例えば自分たちが所属する省などの予算の最大化（Niskanen 1971）や既存の組織の維持（加藤 1997；上川 2005 など）といったことを最大の目的として行動するかもしれない。個人レベルでは，金銭的な報酬や昇進なども重要な目的となるだろう。悪くすれば，利益団体と結び付くなどして公共政策を特定の私的な目的のために形成したり，個人としての金銭的な利益を図るために行動したりするようなこともありうる。もちろん，そういった懸念とは反対に，官僚が国家的に選抜されたエリートとして，彼／彼女らが考える公的な利益のために働くこともあるだろう（戸矢 2003）。

いずれにしても，政治と行政が融合する中で，**官僚は国民による統制を受ける政治家と異なる目的をもち，公共政策の決定に大きな影響を与えうる**。また，もし官僚が政治家と目的を共有していても，それを実現する能力に欠けるかもしれない。政治家と官僚との間には，以下で説明する官僚の目的や能力についての情報の非対称性が存在するのである。情報の非対称性が存在する中で，政治家には，官僚のもつ専門能力を一部犠牲にする可能性があっても，**官僚を監視してその腐敗を防止する民主的な統制が求められるのである。**

官僚制の自律性

現実には，政治家はどのような公共政策でも同じように官僚を統制するのではなく，テーマによって官僚制の自律性を高めたり，反対に政治家への従属を強いたりもする。それでは，どのような場合に政治家は官僚制に対して高い自律性を付与するのだろうか。

政治家が官僚制に対して委任を行い，高い自律性を与えるときに問題となるのは，それによって政治家が望む政策が実現しない可能性が生まれることである。つまり，**政治家として実現したい政策内容と，専門能力をもつ官僚が実現すべきと考える政策内容とが異なる**ということである。情報の非対称性によるこのようなズレは，政治家にとっては官僚に仕事を任せるときに必ず発生する費用であると考えられるものであり，エージェンシーコストと呼ばれる。

政治家が官僚制に対して高い自律性を付与するのは，**官僚を政治家に従属させるときと比べて，このエージェンシーコストが重要ではないと判断されるとき**である。政策内容を詳細に決定することで，政治家がエージェンシーコストよりも高い政治的費用を強いられるとしたら，政治家は自らが決定に関与するよりも官僚に任せることを選ぶだろう。

例えば，議員たちが十分な能力をもっておらず政策を具体的に決定するための調査に膨大な金銭や時間がかかるときや，分割政府であったり政策に不満をもつ利害関係者の強い反対を受けることが予想されたりするときなど，政治家としては自らが取り組んだ場合の費用が高すぎると，官僚に任せることを選ぶ（Huber and Shipan 2002）。あるいは，例えば科学技術政策や金融政策など，高い専門能力を必要とする政策分野で，政治家が決定して優れた業績を上げたとしても，国民がそれを理解できず政治的なアピールにならないような場合も，政治家は官僚に自律性を与えて仕事を任せることになる（Epstein and O'Halloran 1999）。それに対して，税制など専門家のみでの決定が受け入れられない政策分野では，政治家が官僚に意思決定を委任する度合いを低めると考えられる。

政治家が官僚制に高い自律性を与えるのは，**官僚の政治家に対するアカウンタビリティを弱める**ということでもある。選挙で短期的に評価される政治家が扱いにくい，長期の視野が必要になる問題を専門家である官僚に委ねて安定的に政策を実現しようとすることも，重要な要因である（Horn 1995）。そのために必要なことは，政治家が官僚の責任を問うのが難しくなるような制度であり，具体的には独立した司法機関（第7章参照）と同様に，終身も含む長期の任期や罷免（ひめん）の禁止などが考えられる。例えば中央銀行総裁に対しては，多くの国で長期の任期を与えるとともに任期中の罷免を禁止し，場合によっては再任を認めていない。この理由は，長期にわたるインフレーションへの対策が求められる中央銀行総裁が，その地位を保持するために短期的な景気刺激を望むような政治家の意向を考慮することを排除しようとしているからである。また，個人の責任が明確にならないという意味で，アクターを特定の個人ではなく合議体とすることも，仕事を任された官僚の自律性を高める効果があると期待される。

官僚の自律性を高めることは，専門知識を活用して社会にとって望ましい公共政策を実現するための重要な手法である。しかし，統制されない官僚が腐敗する可能性は常に存在しており，政治家にはそれを阻止することが求められる。官僚に任せることは，あくまでも社会的に望ましい成果を導くための政治家の賢明な自己抑制であり，最終的な責任をもつ政治家は，専門能力の発揮と腐敗の防止というバランスを考えながら，官僚制に対してどの程度の自律性を付与するかを決めなくてはならないのである。

官僚の統制手段

政治家が官僚に一定の自律性を与えるかたちで委任を行ったとき，情報の非対称性が存在する中で，政治家による統制の1つの方法が，官僚に対する事前の統制である。例えば，政治家が官僚に委任する際に細かい法的な手続きを規

Column 8 中央銀行の独立性

現代の先進国では，政権の意向にかかわらず中央銀行の自律的な決定を可能にする，中央銀行の独立性は非常に重視されている。その理由は，まず中央銀行が担当する金融政策が，非常に高度な専門知識を必要とする分野であるとみなされていることが挙げられる。さらに重要な理由は，政治家が国民の人気をとるために金利の切り下げなどの金融緩和策を行うことで起こる，インフレーション（物価上昇）を防ぐということがある。

政治家にとって，好況期に金利を上げるなどの必要な緊縮策を行うと，一時的に失業が発生して国民の反発が生まれるので，緊縮よりも緩和のほうに流れがちとなる。しかし，インフレーションが進むと，特に実物資産をもたない社会的弱者の生活が破壊され，深刻な不平等がもたらされる可能性がある。中央銀行に独立性を付与して物価の抑制を行わせることで，このようなインフレーションの弊害を防ごうというのである。

中央銀行に独立性を付与すると，好況期に金利を引き上げたり，不況期であってもインフレーションを恐れてなかなか金融緩和を進めなかったりして失業者を生み出す可能性がある。これは，失業者増加の責任を問われる可能性がある政治家にとっては好ましくない。失業者増加の責任を問われることで生じる政治的なコストが，エージェンシーコストなのである。政治家がエージェンシーコストを払っても中央銀行に独立性を付与するのは，それよりも大きな政治的コスト，つまり激しいインフレーションを起こして国民生活を破壊してその責任を問われるよりも，短期的な失業の責任を問われることのほうが，まだましだと考えているからだと理解することができる。

2012 年の総選挙による民主党から自民党への政権交代を受けて，金融政策が重要な争点となり，安倍晋三（あべしんぞう）首相のもとで黒田東彦（くろだはるひこ）が日本銀行総裁に任命され，「アベノミクス」と呼ばれる大胆な金融緩和を行った。これは，日本銀行に金融政策を委ねたままでは十分な金融緩和が行われず，それによる経済的な停滞が深刻だという政治的判断に基づいて，緩和を求める政権の委任を受けた総裁が任命されたと理解できる。つまり，政権として，エージェンシーコストがもはや無視できないものであると考えたということである。しかし，今後この判断が社会にどのような影響を与えるかはわからない。激しいインフレーションが起こらなければ，この判断は高く評価されるだろうし，逆にインフレーションが激しくなれば，エージェンシーコストの節約のツケが高くついた，ということになるだろう。

定して，官僚の自由裁量の範囲を狭くしたうえで仕事を任せる方法がある（McNollgast 1999）。仕事のやり方が限定されていれば，官僚が勝手に行動して政治家にとって望ましくない結果が生じることを防ぐことができるが，政治家が仕事のやり方を適切に限定できるとは限らないという問題はある。あるいは，政治家が自分たちと同じ目的をもった官僚を慎重に選抜し（スクリーニング），その官僚に多くの仕事を任せる方法がある。2014 年に設立された内閣人事局は日本で政治任用を有効にするための機関であるともいえる。ただし，このような方法で官僚を統制しようとすると，官僚の情報を集めるために政治家にとってもコストがかかるし，選抜に不満をもつ官僚のモチベーションを削ぐ可能性もある。また，政治家が人事にあまりに介入することは官僚制の自律性を失わせ，専門能力の発揮を阻害することになるかもしれない。

政治家が官僚を統制するもう 1 つの方法は，官僚に対する事後の統制である。政治家が官僚に仕事を任せたうえで，その結果を評価し，その後の人事や資源配分に反映させるとすれば，官僚は政治家が掲げる目的を意識しながら仕事をすることになるだろう。しかし，政治家は官僚の仕事ぶりを十分に評価できるのだろうか。政治家がまるで警察官が行う巡回パトロールのように官僚の仕事をいちいち点検し，よい仕事と悪い仕事を評価していくコストは非常に大きいし，それが可能かもわからない。そこで**政治家は，実施した公共政策の影響を受ける国民の反応を利用して官僚を評価しようとする**。例えば，政治家の支持団体からの陳情や請願のような国民からの働きかけや頻発する裁判などは，火事が起きたときの火災報知器のように，公共政策に何か問題が起きていることを政治家に知らせる機能をもつのである（McCubbins and Schwartz 1984）。

また，官僚の行動を統制するのは，必ずしも政治家の監視だけではない。**官僚制を構成する組織が，自らの専門分野において，公的な利益の保護者という評判を確立することで自律性を獲得してきた**という主張（Carpenter 2010）は，官僚制がもつ専門性に対する評判メカニズムがその行動を規律することを示唆している。専門家として十分な能力をもっていないとみなされれば，その組織は批判を受け，場合によっては組織が変更されることになる。外部の顧客と接点をもち，開かれたかたちで評判が形成されるとすれば，組織の安定的な維持を望む官僚は，戦略的に組織の専門能力を高めて，より良好な評判を獲得しようとするだろう。いうまでもなく，そのためには外部から妥当であると判断される行動をとらなくてはならないのである。

3 政策過程における競争と協調

レントとロビイング

公共政策は，個人の自由と深くかかわっているだけではなく，特定の利益団体に利益をもたらすことがある。典型的には個人や企業に対する規制に関する政策であり，**本来は個人の自由や政策実施の効率性を確保するための規制が，特定の集団の利益を保護することになってしまう**のである。

例えば，以前の日本にも存在した酒類（アルコール飲料）を販売する酒販免許制度を考えてみよう。酒類は，嗜好(しこう)品として古くから課税の対象であり，酒税という間接税がかけられてきた。現在でこそ，消費税という間接税が一般的であるが，消費税の導入以前には，酒やタバコなどの嗜好品を除いて，個別の物品に間接税はかけられていなかった。一般の小売店で酒についてだけ間接税を徴収するのは難しいということもあり，酒を販売して消費者から間接税を受け取り，それを納税する業者は，税務署長から免許を交付されてきた。

間接税が一般的ではない時代は，効率性の観点からこのような免許を維持する理由があった。しかし，消費税が導入されて，一般の小売店が間接税を納めるようになると，酒販免許制度を維持する理由が薄れていく。そして，酒販免許は，免許をもたない周辺のスーパーやコンビニが酒の販売に参入することを阻み，従来からの酒販業者の独占を守る障壁にすぎないものとして，スーパーでの安売りや深夜営業のコンビニで酒を買いたい消費者の利益をないがしろにするものとして批判されていくのである。

酒販免許の交付を受けて酒の販売をしていた業者にとっては，免許制度のおかげで独占的な利益を上げることができたので，その維持が死活的に重要な問題となる。そのため酒販業者は，一方で酒販免許によって未成年の飲酒を防ぐことができるというキャンペーンを行い，他方で酒販業を営む小売店を全国的に組織化して政治家や官僚に働きかけることで政策過程に参加していった。

ここで説明した酒販業者にとっての酒販免許が生み出す利益のように，**公共政策によって生じる特定の集団にとっての利益**をレントと呼ぶ。選挙で選ばれた政治家や，専門知識をもつ官僚にとっては社会全体のためである公共政策も，特定の利益団体にとっては自分たちの利益と直結した決定なのである。そのため，自分たちにとって有利な公共政策が実現するように，政治家や官僚に非公式に働きかけるロビイング活動は，レントを狙う利益団体にとってきわめて合理的な行動であると理解できる。

利益団体が政治家や官僚に働きかける手段には，審議会や公聴会，パブリック・コメントなどを利用して自らの主張を訴えることが考えられる。そのほか，政党や個々の政治家に対しては選挙における組織化された投票や金銭的な支援が，官僚に対しては規制に関する情報提供が有力な手段になる。そのような接触を通じてレントを狙う利益団体の行動を，レント・シーキングと呼ぶ。

レント・シーキング競争としての政策過程

政策過程とは，**政治家や官僚，利益団体が入り混じった，公共政策が生み出すレントを獲得するための競争**であると理解することができる。自分たちが望む公共政策の実現のために一定のコストを負担して，それを上回るレントを手にしようとするのである。大きなレントを得ることが期待できるのであれば，特に経済的資源を豊富にもつ利益団体は，資金を使いながらマスメディアを媒介として，コストのかかる世論喚起を行うこともある。

経済団体や労働団体，農業などの産業団体に見られるように，組織化された利益団体では，構成員がレントの獲得という明確な目的を共有しており，目的に向かって構成員が金銭的・時間的な協力を積極的に行うことがある。しかし消費者のように組織化するのが難しい集団では，公共政策のレントから多くの個人に薄く広い利益を生み出すことができても，そのために必要なロビイングの費用を負担しようとする個人はなかなか出てこない。結果として，ロウィが利益団体自由主義と批判したように，**自由なレント・シーキング競争によって，組織化された利益団体の影響力がきわめて強くなる**ことがある（ロウィ 1981）。

他方で，政策過程における自由を制限し，さまざまな利益団体の調整が図られることもある。コーポラティズムと呼ばれる利益団体間の調整を重視する考え方によれば，経営者団体や労働者団体などの組織化された利益団体が，それぞれに大規模で集権的な頂上団体を形成し，政府と利益団体の代表の交渉によって公共政策が決定される。そして，それぞれの利益団体が，決定された公共政策の円滑な実施に責任をもつのである。このようなコーポラティズムは，職能集団の代表によって国家の統合をめざしたイタリアのファシスト党に源流があるとされるが，第二次世界大戦後では，北ヨーロッパの小国に特徴的な政治過程としてネオ・コーポラティズムと呼ばれることがある。

利益団体の自由な競争を通じて決定された公共政策は，競争に勝利した利益団体に対して独占的にレントを与えるものになりやすい。競争に敗れた利益団体が存在する中で，そのような公共政策を実現するためには，執政への権力の集中が必要であり，決定の責任は次の選挙で問われることになる。

それに対して，**利益団体の調整が行われる場合は，特定の利益団体がレントを独占するのではなく，多くの関係者に幅広く利益が行き渡る**ことになる。政策過程に幅広い関係者が参加し，その合意が必要となるのである。また，多くの利益団体が決定に関与することは，競争に勝利した利益団体を中心とした恣意的な決定を防ぐという点で，権力の集中を防ぐ制度であるともいえる。

政策ネットワークと「虜」

利益団体が政策過程に働きかけるにあたって，政治家はわかりやすい対象である。利益団体が提供する組織票や金銭的な支援は，政治家が再選するために必要な資源である。したがって，利益団体がそのような支援を行えば，政治家が利益団体にとって望ましい公共政策の実現に向けた行動をとることを期待できる。しかし，官僚は必ずしもそのように明確なインセンティブをもたない。組織として利益団体から金銭的な見返りを期待することはできないし，個人として贈収賄(ぞうしゅうわい)を行えば，犯罪となる。では，明確なインセンティブをもたない官僚が，なぜ利益団体に協力することがあるのだろうか。

1つの理由は，専門家同士の政策ネットワークの存在である。**利益団体や官僚，政治家など政策過程にかかわるアクターがさまざまに構成するネットワークを通じて，関係者にとっての共通の利益が形成され，その実現をめざすことがある**と考えられる。その最も有名な定義は，ローズとマーシュによるものである。彼らはそうした政策ネットワークを，参加するアクターが少なく閉鎖的で共通の利益をもつような「政策共同体」と，参加するアクターが多く開放的で争点をめぐる「場」として機能する「イシューネットワーク」という両極の間のどこかに存在するものとして描いた（Rhodes and Marsh 1992）。

利益団体と官僚制という垣根を越えて，専門家として共通の利益を志向するような政策ネットワークが構成されれば，利益団体はそのネットワークを通じて政策過程に働きかけることができるかもしれない。専門家の観点から最も望ましいとされることは，必ずしも個々の利益団体にとっても望ましいとは限らない。しかし，利益団体が個々の利害を超えて共通の利益を示し，高い自律性をもつ専門家のネットワークを通じて官僚に働きかけるとしたら，専門知識に基づいて望ましいと判断する官僚がそれに従って行動することもあるだろう。

専門家としての主張が，利益団体の提供する経済的・社会的報酬によって歪められることもある。官僚が利益団体に協力する，もう1つの説明は，スティグラーが主張したように利益団体が官僚のインセンティブに直接働きかけて，官僚を虜にするというものである（Stigler 1971）。規制政策においては，規制主体である官僚が，規制の客体である企業や団体などに比べて，規制の対象について十分な情報をもたないことが多い。技術開発を行う企業が常に最新の情報を保有しているのに対して，実際にその情報をビジネスに使うわけではない官僚が，最新の情報をもつとは限らないからである。そのような官僚に対して，規制を受ける側の企業や団体が専門知識を提供し，適切な規制のやり方を教えれば，官僚の側は情報の取得にコストを払うことなく規制ができる。しかし，**そのような規制が企業や団体が望むレントを作り出す可能性がある。**

さらに露骨に官僚のインセンティブに働きかけるとすれば，例えば官僚の退職後の雇用を保証する，いわゆる天下りなどを通じて，規制を受ける企業にとって望ましい内容の規制を実現しようとすることもありうる。将来の重要な天下り先であるとすれば，官僚の側としても天下り先を失うような強い規制を躊躇することは少なくないだろう。

このように利益団体が官僚を虜にする関係が典型的に生じていたのは，東日本大震災で東京電力福島第一原子力発電所での重大事故をもたらした，原子力発電への規制であったという批判は強い。規制を行う経済産業省・資源エネルギー庁と，規制を受ける電気事業者は，規制への知見を提供する学会を含めて専門家同士の強固なネットワークを構築し，強い自律性をもった「原子力ムラ」を作り出していたとされるのである（開沼 2011 など）。経済産業省は実質的に電気事業者の助けを借りながら規制を行い，さらに，電気事業者は官僚の最も重要な天下り先の1つであった。電気事業者が構成する利益団体は，そのような政策ネットワークを通じてレントを獲得し，他方で本来必要な原子力発電への規制が十分に行われていなかったと考えられる。

引用・参考文献　Reference ●

開沼博 2011『「フクシマ」論——原子力ムラはなぜ生まれたのか』青土社。

加藤淳子 1997『税制改革と官僚制』東京大学出版会。

上川龍之進 2005『経済政策の政治学—— 90 年代経済危機をもたらした「制度配置」の解明』東洋経済新報社。

曽我謙悟 2005『ゲームとしての官僚制』東京大学出版会。

戸矢哲朗／青木昌彦監訳／戸矢理衣奈訳 2003『金融ビッグバンの政治経済学——金融と公共政策策定における制度変化』東洋経済新報社。

ロウィ，セオドア／村松岐夫監訳 1981『自由主義の終焉——現代政府の問題性』木鐸社。

Carpenter, Daniel 2010, *Reputation and Power: Organizational Image and Pharmaceutical Regulation at the FDA*, Princeton University Press.

Epstein, David and Sharyn O'Halloran 1999, *Delegating Powers: A Transaction Cost Politics Approach to Policy Making and Separate Powers*, Cambridge University Press.

Horn, Murray J. 1995, *The Political Economy of Public Administration: Institutional Choice in the Public Sector*, Cambridge University Press.

Huber, John D. and Charles R. Shipan 2002, *Deliberate Discretion?: The Institutional Foundations of Bureaucratic Autonomy*, Cambridge University Press.

McCubbins, Mathew D. and Thomas Schwartz, 1984, "Congressional Oversight Overlooked: Police Patrols versus Fire Alarms," *American Journal of Political Science*, 28(1): 165-179.

McNollgast 1999, "The Political Origins of Administrative Procedure Act," *Journal of Law, Economics, and Organization*, 15(1): 180-217.

Niskanen, William A., Jr. 1971, *Bureaucracy and Representative Government*, Aldine-Atherton.

Rhodes, R.A.W. and David Marsh 1992, "New Directions in the Study of Policy Networks," *European Journal of Political Research*, 21(1・2): 181-205.

Stigler, George J. 1971, "The Theory of Economic Regulation," *The Bell Journal of Economics and Management Science*, 2(1): 3-21.

CHAPTER

第9章

連邦制と地方制度

INTRODUCTION

ここまでの各章では，国家に1つの政府が存在するという前提で説明を進めてきた。その前提のもとで，選挙を行ってリーダーを選び，執政のための権力をどの程度集中させるかを考えてきたのである。しかし実際は，国家をいくつかの部分に分けた，より狭い領域を統治する州や自治体などと呼ばれる地方政府が存在する。国家と地方という複数のレベルで政府が存在することは，どのような意味をもつのだろうか。また，国家という単位を統治する政府と，より狭い領域を統治する地方政府が同時に存在するとき，両者の役割分担や紛争が生じたときの解決の手続きをどのように考えればよいのだろうか。

1 国家と連邦制

単一国家と連邦国家の違い

第2章以降，本書では，国家はそれぞれに1つずつの政府によって運営されることが前提であるように説明を進めてきた。選挙で選ばれたリーダーのもと，政権が異質な国民を統合し，憲法や法律の制約のもとで執政を行うということである。しかし，世界に存在する国家の中には，少なくとも2つ以上の独立した政府をもつ連邦国家と呼ばれる国家が存在する。

連邦国家を構成する政府のうち，1つは連邦政府と呼ばれる国家全体を統治する機関がある。そして，それ以外の政府は，連邦国家をいくつかの部分に分けたより狭い領域である連邦構成単位を統治する，州や自治区と呼ばれる地方政府である。**連邦国家では，連邦政府だけではなく，地方政府もそれぞれ独自の憲法と法体系を構築し，それに基づいた裁判が行われる**。単一の憲法のもとで設立される裁判所が地方に支部を置くのとは異なり，それぞれの地方政府の領域のみで適用される法体系が存在していることが前提になっているのである。

それぞれの憲法に基づいて自律的に運営される政府が複数存在すれば，国家の中で政府間の利害が対立する場合がある。そのような場合に備えて，連邦国家では，連邦政府と地方政府が従うべき連邦憲法の中に，連邦政府と地方政府で立法権限や財政資源をどのように分配するかについての規定や，紛争の調停に関する手続きがあらかじめ用意されている。また，そのような連邦憲法は，連邦政府だけで改正することができない。地方政府に影響を及ぼすような重要な改正には，地方政府による承認が必要となる。

多くの連邦国家において，連邦としての立法にあたっては，地方政府からの代表によって構成される上院が関与することも重要である。アメリカの連邦上院やドイツの連邦参議院などがその典型だが，それぞれの地方政府から地域代表として上院議員が選出されるために，人口の少ない地方政府が過剰に代表されることになる（第7章参照）。しかし，そのような上院を立法に関与させることで，人口の少ない地方政府に対しても，連邦政府が恣意的な決定を押し付けることがないよう配慮されている。

このような連邦制という制度は，1つの国家の中に複数の政府を作り出すことで，**国家が少数派を抑圧することを防いでいる**。国家全体から見ると少数派の立場にあるとしても，地方政府において多数派であれば，国家全体の多数派から抑圧を受けにくくなることもある。歴史的に形成されてきた地方政府での自治を尊重することで，それぞれの地方政府の領域に住む人々にとって，国家という単位での意思決定による影響を緩和することができる。国家に強大な権力が集中することを防ぐための制度となっているのである。

連邦制という選択

連邦制は権力の分割を実現する重要な制度だが，実際に採用している国家はそれほど多いわけではない。2000年代において国際連合に加盟している約190の国家のうち，連邦制を採用しているのは20から30程度の国家である。数としては少ないが，比較的人口規模が大きい国家で連邦制が採用されているので，世界人口の約4割が連邦国家に属している（アンダーソン 2010）。なお，正確な数字として示されないのは，連邦制の定義が必ずしも確定していないからである。連邦制を採用していると主張する国でも，定義によっては連邦国家ではなく単一国家に分類されることがある。

連邦国家とされる国家の中でも，その多様性は非常に大きい。いくつかの分類が可能だが，**重要な分類は，地方政府の社会文化的な特徴によるもの**である。地方政府ごとの社会文化的特徴の差が大きくない連邦国家もあれば，それぞれの地方政府が全く異なる民族や言語集団によって構成される連邦国家もある。前者の例としては，アメリカやドイツ，アルゼンチン，ブラジルなどであり，民族や言語の境界と地方政府の境界が一致するわけではない。

それに対して後者のような場合は，連邦制という制度によって民族・宗教・言語などの社会的亀裂に対応している。例えばカナダのケベック州は国内で唯一フランス語のみが公用語になっている州として有名だし，1990年代に連邦制を採用したベルギーは，オランダ語系の北部とフランス語系の南部の社会的亀裂を反映する連邦国家となっている。それ以外にもエチオピアやナイジェリアなど，民族の境界に沿って地方政府を設立する連邦国家が存在する。このよ

Column⑨ カナダ連邦の形成

連邦国家としてよく知られる国の1つにカナダ連邦がある。北米でアメリカよりも広大な国土をもち，北極に近い国土の北側は人口密度がきわめて低い地域となっている。

カナダ連邦の形成を見ると，連邦国家についてのイメージをもちやすいだろう。図の「州旗」が示すように，もともとイギリスの植民地であった部分が多いカナダだが，同じ植民地といっても微妙にルーツが異なるところがある。例えば，ブリティッシュ・コロンビア州，マニトバ州，オンタリオ州などでは州旗の一部にイギリス（連合王国）の国旗が使われているが，アルバータ州では白地に赤い十字のイングランド国旗（セント・ジョージ・クロス）のみが描かれている。ノヴァ・スコシア州は，その名前からもわかるようにスコットランドの影響を受けていて，スコットランド国旗と青白を反転させた斜め十字のセント・アンドリューズ・クロスが使用されている。また，もともとフランスの植民地であったケベック州は，フランス王家の紋章であるユリがあしらわれている。

このように異なる歴史的背景をもった各州がカナダ連邦に参加しており，右ページの州旗とともに書かれている日付は，その連邦加盟日を示している。もともとのカナダ連邦を構成していたのは，オンタリオ，ケベック，ニュー・ブランズウィック，ノヴァ・スコシアの4州であり，続いてマニトバ，ブリティッシュ・コロンビアが加わった。地図を見ればわかるように，マニトバ州からずいぶん離れているブリティッシュ・コロンビア州や，非常に小さな島であるプリンス・エドワード・アイランド州が，それぞれ1つの州として連邦を構成していたのである。その後，ブリティッシュ・コロンビア州とマニトバ州の間にあるアルバータ州，サスカチュワン州の地域に人々が増えて連邦に加わることになる。

現在のカナダ連邦と同じ10州構成になったのは，第二次世界大戦後である。ニューファンドランド・ラブラドールは当初カナダ連邦に加わることを拒否し，事実上の独立国として第一次世界大戦にも参戦していたが，戦争によって地域が疲弊（ひへい）し，1930年代にはイギリスの植民地に戻っていた。それが第二次世界大戦後に，カナダ連邦に加わることになったのである。

ブリティッシュ・
コロンビア
1871年7月20日

アルバータ
1905年9月1日

サスカチュワン
1905年9月1日

マニトバ
1870年7月15日

オンタリオ
1867年7月1日

ケベック
1867年7月1日

ニューファンドランド・
ラブラドール
1949年3月31日

ニュー・
ブランズウィック
1867年7月1日

ノヴァ・スコシア
1867年7月1日

プリンス・
エドワード・アイランド
1873年7月1日

この10州に加えて3つの「準州」によって構成。日付は連邦加盟日。

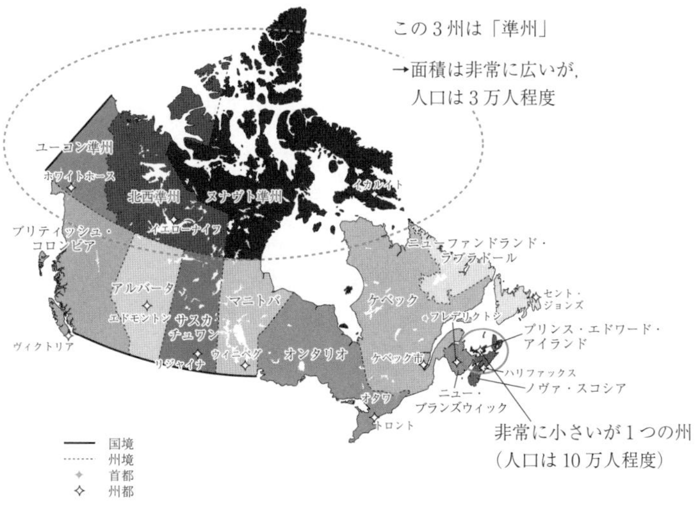

うな国家では，特殊な社会文化的な特徴をもつ地方政府に対して，一般の地方政府よりも大きな自治権が付与されていることもある。

連邦国家が連邦制を採用する理由はそれぞれに多様であり，一般化は難しい。しかし，**独立した性格の強い地域が結集して連邦国家を構成する場合と，もともと単一国家だった国家が地方分権を進めた結果として連邦制を採用する場合とでは採用の経緯が大きく異なる**。これまでの多くの連邦国家は前者のように構成されており，アメリカ，カナダ，オーストラリアなどの建国やラテンアメリカ，アジア，アフリカ諸国の脱植民地化の過程を分析したライカーは，独立した性格の強い地域が，領土の拡大や軍事的保護を求めて自ら選択することで，連邦制が形成されると主張した（Riker 1975）。その後も，ロシア・東ヨーロッパのような共産党一党優位からの移行といった民主化の局面で，地域ごとに設立される地方政府の強い権限を留保する連邦制という選択がとられている。

他方，近年では，単一国家であった国家が新たに連邦制を採用する事例がある。最も明確な例は1993年に連邦憲法を採択したベルギーであり，先に述べたように当時の政府がオランダ語・フランス語の言語共同体で構成する地方政府に強い権限を移譲して，連邦制へと移行した。定義によっては連邦国家に分類されるスペインや南アフリカをはじめ，そのほかにも積極的に地方政府に権限移譲を進めることで，事実上連邦制に近づいている国家は少なくない。

また，内戦などを経て，国際的な援助を受けつつ新しい国家を建設する過程で連邦制を採用している国家もある。その理由としては，内戦の当事者となった民族や言語集団に高度な自治を認めるということだけでなく，世界銀行などの援助機関が，民主化を促進する観点から連邦制の採用を求めていることが大きい。

連邦制における権力の分割と共有

連邦制では，**連邦憲法によって連邦政府・地方政府が担うべき政府の機能を分けて，それぞれの機能を排他的にどちらかのレベルの政府に割り当てる**。例えば，外交や国防に関する政府の機能は連邦政府に割り当てて，教育や介護といった対人社会サービスに関する機能は地方政府に割り当てることを，連邦憲法で規定するのである。他のレベルの政府の干渉を受けずに，それぞれの政府が割り当てられた機能を果たすことが求められるために，政策の成功や失敗についての責任が明確になるというメリットがある。

連邦憲法によって権力の分割を行うのは，連邦国家の重要な特徴である。しかし近年では，フランスやイタリアのように，単一国家でも憲法で中央政府と地方政府の機能を明確に割り当てている国家がある。ただし，連邦国家と単一国家で大きく異なる点は，上位の政府（連邦政府・中央政府）と下位の政府（地方政府）で割り当てられた機能を果たすための執政が競合した場合の処理の仕方である。連邦国家では，連邦憲法を中心に，そういった紛争処理のルールがあらかじめ決められており，最終的には連邦裁判所や地域代表からなる上院が調停することが多い。それに対して**単一国家では，競合について最終的に判断する権力は中央政府に留保されており**，このような権力は残余的権力と呼ばれる。単一国家では，権限移譲が進んでからでも，中央政府の判断で再度中央集権を進めることも制度的には可能とされているのである。

伝統的に連邦国家では，連邦政府と地方政府の権力の分割を前提としてきたが，社会が複雑化していくに伴って両者の競合が問題となってくる。連邦政府あるいは地方政府のみで解決できる問題が減少し，両者が権力を共有することによって期待される機能を果たす必要が生まれているのである。

このような権力の共有は，単一国家で一般的に見られるのみならず，連邦国家でもドイツやオーストリア，南アフリカなどで広範に観察される。具体的には，連邦政府が全国的な枠組みで立法を行い，財源を調達して補助金を支出するのに対して，地方政府が政策を実施するというかたちで分担されることが多い。このような場合の連邦国家の特徴は，地方政府の代表からなる上院を関与させるなどして，共同で意思決定を行うところである。

権力の分割と共有にかかわる制度は，単一国家と連邦国家を分類する際の重要な基準となるが，権力の分割が行われていれば連邦国家であり，そうでなければ単一国家であるという単純な分類ができるわけではない。より重要な基準は，残余的権力を上位の政府がもつかどうかという点にあるが，それが常に明確というわけでもない。連邦国家と単一国家を区別するためには，実際の制度の運用を観察することが不可欠であり，だからこそ観察者によって異なる連邦国家の定義がなされるのである。

2 地方自治の機能

小さな単位での自治

次に，連邦国家・単一国家を通じて，国家の中で限定された領域を担当する地方政府が統治する，地方自治の機能について見ていこう。

地方自治の機能として何より重要なものは，国家というより広い領域では考慮されにくい特殊な選好を，地方政府の限定された領域の中で実現できるという点である。国家という単位では必要とされなくても，特定の地域にとっては必要な公共サービスは存在する。例えば南北に長い日本列島を領域にもつ日本では，北部地域には豪雪地帯が存在し，そういった地域では雪への対応が大きな関心を集める。しかし，南部地域ではほとんど雪が降らず，対応は必要とされていない。国家単位で道路を整備するとき，全国をすべて除雪可能な道路にすることには意味がないし，逆に豪雪地域で雪のことを考えない道路を作るわけにはいかない。地方政府という単位で，それぞれの地域の特性に合った道路を整備することが求められるということである。

地方政府は，それぞれの担当する領域の住民のニーズに合った公共サービスを提供することが期待される。しかし，それは気象条件と道路整備の例のように単純な話ばかりではない。限定された領域の中でも意見の対立は存在する。特に，全国的に見れば少数派と呼べる集団が，特定の地域では多数派を形成しているとき，全国的には行われないような意思決定がなされることがある。その場合，それぞれの地域のニーズに合った多様な決定ができる一方で，その地域では少数派だが全国的には多数派というグループとの軋轢（あつれき）が強まる可能性もある。例えばカナダでは，フランス語話者は少数派だが，ケベック州に限ると多数派になる（Column ⑨参照）。そこでフランス語話者を極端に優遇したりすれば，連邦政府が問題視するだろう。

全国という広い領域を担当する政府よりも，**住民に身近な地方政府という限定された領域の中で意見の対立が存在することは，住民にとって相互の意見対立を乗り越える「政治」を経験するよい機会ともなる**。一般的に自分との関係を直接感じることが難しいテーマで，国政の場での意思決定に参加するのはハードルが高い。もっと身近な問題を取り扱う地方政府への政治参加は，しばしば民主主義の学校と呼ばれ，政治への参加の基礎と考えられてきた。それぞれの地域で，身近な道路や公共施設をどこに作るかといったような，一部の住民が影響を受ける決定を経験していくことで，国政での外交や社会保障という全国民が影響を受ける決定を行う訓練になるという発想である。

民主主義の学校という考え方では，住民が自分たちのことを自分たちに望ましいように決定する住民自治を想定している。このような想定が成立するためには，意思決定にあたって国家から介入がなく，地方政府が１つの組織として高い自律性をもつ団体自治という前提が必要である。連邦国家で独自の憲法をもつような地方政府では，団体自治は基本的に保障されているといえるが，単一国家では，団体自治を確保することが，まず大きな問題になる。

受益と負担

地方政府は，住民のニーズに基づいて公共サービスを行うが，問題になるのはそのための負担である。資源が自然に湧き出してくるわけではないので，地方政府はサービスの受益者である住民に対して負担を求めなくてはならない。基本的な負担の形態としては，その時点で地方政府の管轄する地域に住む住民から徴収する地方税と，将来時点でそこに住むことになる住民が納める地方税で返済することを約束する借金，つまり地方債によるものとが考えられる。

地方税は，それを負担するその時点での住民に対するサービスに用いられる。教育や社会保障，消防や治安維持などが考えられるが，その多くは人件費として用いられる。それに対して借金による公共サービスとしては，道路建設や施設建設などの建設事業費や，大きな災害から復旧するための災害復旧事業費などが挙げられる。**その時点での住民だけでなく，将来世代の住民も恩恵を受ける事業であるために，借金をすることが正当化される**のである。

税や借金による負担よりも公共サービスによって自分たちが受ける利益が小さいと感じる住民は，地方政府に対して不満をもつことになるだろう。その不満を解消するための重要な手段が，地方政府の執政を行うリーダーを選ぶための選挙をはじめとした政治参加である。選挙によって，候補者が提示する政策を住民が選択し，受益と負担の望ましいバランスの実現を図るのである。また，選挙以外でも，住民が政治に参加することで，リーダーが住民の意向を知ることができれば，適切な受益と負担の水準が選択されるきっかけになる。

しかし，人々は必ずしもそのような政治参加を行わない。なぜなら，政治にかかわるには一定のコストが必要だからである（第4章参照）。政策について知識を得るためのコストはもちろん，地方政府を批判するデモに参加することにもコストがかかる。しかも，せっかくコストを払って政治参加をしても，政治的な勝利を収めることができず，主張が取り入れられないことも少なくない。

地方政府に不満をもつ住民にとって重要な選択肢になるのは，その地方政府からの「退出」，つまり**すでに望ましい受益と負担のバランスを実現している他の地方政府への移動**である（第2章参照）。このような移動のことを，「手による投票」である選挙をはじめとした政治参加と異なるかたちでの住民の選好表明とみなして「足による投票」と呼ぶことがある（Tiebout 1956）。もちろん，地方政府の側も，住民の「足による投票」を考慮に入れて執政を行うことになるので，選好の近い同質的な住民を集めやすくなり，住民が同質的になれば公共サービスの効率化も図りやすくなると考えられる（オーツ 1999）。

「足による投票」といっても，当然ながら居住地を変えることにもコストがかかる。それにもかかわらず，そのような選択が行われるのは，「手による投票」をはじめとした政治参加，いいかえると地方政府への「発言」では，問題の解決を期待できないことに加えて，国内の地方政府間の移動が規制されておらず，容易であることが条件となる。なお，国境を越えるような移動は，規制が多くコストも大きいために通常は同列に考えられないが，**そのようなコストを小さなものとみなすことができる富裕層は，国境を越えた「足による投票」を行うとも考えられる**（第11章参照）。

国家による介入

地方政府には，社会文化的に多様な特徴をもつ可能性があるだけではなく，**特定の地方政府に人口や資源が偏在する**ことがある。どの地方政府も同じ公共サービスを提供するとしても，人口や資源が十分である地方政府の住民の負担と比べて，人口や資源に欠ける地方政府では，同じ利益を受けるためには住民

CHART 図 9.1 自治体規模と 1 人当たり歳出額（市区町村）

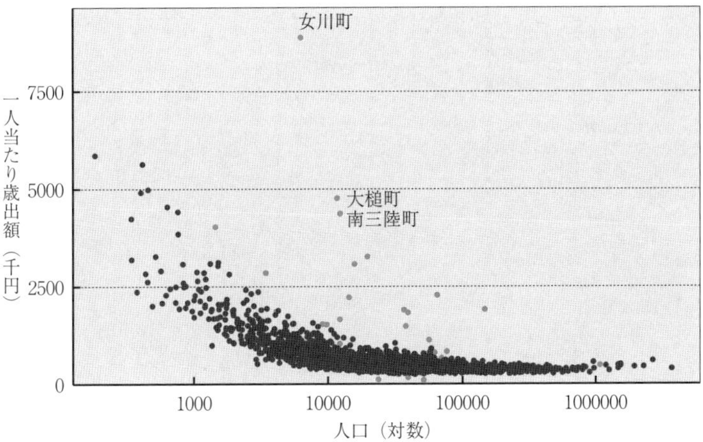

［注］ 東日本大震災の影響で人口のきわめて小さい市町村を抱えることになった福島県を除く。青い点は岩手県・宮城県の市町村を示しており，被害の大きかった地域で 1 人当たり歳出額が大きくなっていることがわかる。
［出典］ 国勢調査（2015 年），地方財政統計年報（2015 年）を基に筆者作成。

がより大きな負担を求められる。特に人口に注目すると公共サービスの供給にいわゆる規模の経済が働くために，日本の町村のような人口の少ない地方政府では人口 1 人当たりのコストが大きくなることが知られている（図 9.1）。ただし，人口が集中する大都市でも，公共交通の分野などを中心に特有のニーズが生まれるために，1 人当たりのコストが増えることもある。

地方政府の人口や資源の偏在によって発生する住民負担の違いは，「足による投票」の原因となる。人々が地方政府を自由に選択することで，人口や資源に乏しい地方政府から人口や資源が集中する地方政府へと，さらに多くの人々が移動すれば，人口の少ない地方政府では必要な公共サービスの実施が困難になり，住民の不満が大きくなる。このような事態について，どの地域に住むかはあくまで個人の選択の問題であり，負担が重ければ公共サービスを削るという選択をすればよいとするのは，1 つの考え方だろう。

他方で，同じ国民である以上，負担とは関係なしに受けることができるナショナルミニマムとしての公共サービスが存在するという考え方もある。問題に

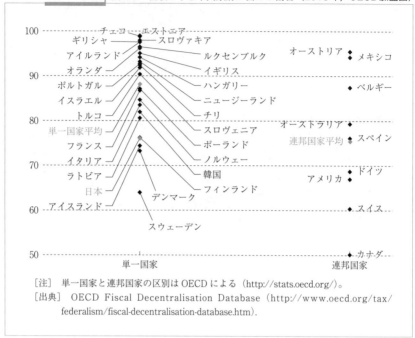

CHART 図9.2 税収のうち中央政府が占める割合（2015年，OECD加盟国）

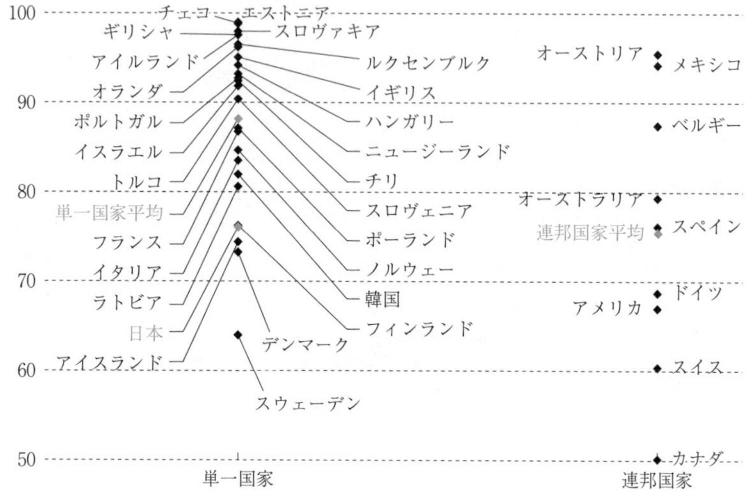

［注］ 単一国家と連邦国家の区別はOECDによる（http://stats.oecd.org/）。
［出典］ OECD Fiscal Decentralisation Database（http://www.oecd.org/tax/federalism/fiscal-decentralisation-database.htm）.

なるのは，困窮時の公的扶助や基本的な教育，そして医療・福祉といったサービスなどである。ナショナルミニマムという考え方のもとでは，このような公共サービスが費用負担と関係づけられるのではなく，**国民としての権利と関係づけられて，全国どの地域にいても国民が一定のサービスを受けられることがめざされた**。第二次世界大戦後の先進国では，福祉国家の発展とともに権利として認められる範囲が拡大し，負担とは関係なく享受（きょうじゅ）できる公共サービスが充実していった。

福祉国家を掲げる国家は，しばしば地方政府が提供する基礎的な公共サービスの内容を法律で定め，そのための費用を補助金として地方政府に付与する。補助金といっても，もともとは国民の税金であり，その大部分は人口や資源が集中する地域で納められたものである。つまり，**福祉国家による全国的に均一な公共サービスの拡充は，実質的には人口や資源が集中する地域からそうでない地域への再分配の拡大を意味する**。特に単一国家では，国家としての統合を図るために，全国均一の公共サービスを提供することが重視される。税の多くを国税として徴収し，そこから地方政府に補助金を支出して公共サービスの提供を委ねる傾向が強い（図 9.2）。

福祉国家の発展によって，全国的な公共サービスが拡充されたことは，国民の権利の拡大を意味する一方で，地方政府ごとの多様性を奪うものでもあった。画一的なサービスが各地方政府の実情に合わず，非効率であるという批判も絶えない。さらに，1970 年代の石油危機以降，世界的に経済成長が鈍化したことで，公共サービスを拡充するための原資が減り，日本を含めた各国で財政難が表面化するようになった。このような文脈で，現在では，ほとんどの先進国で地方分権の必要性が主張されている。**地方分権によって，地方政府ごとの多様性を確保するとともに，国家としての財政的負担を減らし，住民に対して公共サービスに見合った費用を求める**のである。

3 地方分権とその帰結

政治的分権，行政的分権，財政的分権

一口に地方分権といっても，実はその意味するところは多様であり，とらえにくい。そこで，地方分権を政治的分権，行政的分権，財政的分権という 3 つの種類の分権に分類することで，その内実を考えていきたい（Falleti 2010）。

まず政治的分権とは，**執政の権力の一部を地方政府に移譲すること**を意味する。最も重要なのは，住民が自分たちの意思を反映するリーダーを選挙で選ぶことである。国家が任命する地方政府のリーダーではなく，住民によって選ばれるリーダーが地方政府の執政を担うことで，地方政府は住民に対して責任のある決定を行うことができる。これは地方自治の前提であるようにも思われるが，単一国家では自明の前提とはいえない。国家の出先機関として任命されたリーダーを中心に地方政府を構成する国は少なくない。

さらに，**地方政府がその意思決定に際してもつ裁量も，政治的分権に関する論点**である。仮に選挙でリーダーが選ばれていたとしても，国家で定められた法律に従ってあらかじめ決められた業務を行うのみであれば，そこに住民の意

思を反映することは難しい。そのため，国家と地方政府との権力の分割が進んでいる程度や，権力の共有において地方政府がもつ決定権や拒否権のあり方によって，政治的分権の度合いを理解することになる。

次に行政的分権とは，**国家が実施すべきとされた機能を地方政府に移譲し，地方政府の活動量を増やすこと**を意味する。このような行政的分権は，しばしば機能の分散とも呼ばれる。例えば，国家が担当していた大きな河川の管理業務や，病院などの医療機関が問題なく医療を提供しているかを検査する業務を地方に任せることなどがある。ただ単純に機能を移譲しても，そのための財源がなければ地方政府は何もできない。したがって，地方政府に対して補助金を出すか，後述の財政的分権を同時に行う必要がある。また，政治的分権が伴わずに行政的分権が進められ，地方政府としての機能が増えたとしても，それによって住民の意思が反映されやすくなるわけではない。

最後の財政的分権とは，**国家の財源である税を地方政府に移譲すること**を意味する。さらに，その税を返済の原資として自由に借金をすることを認めることもある。単に補助金を増やすことを財政的分権と呼ばないのは，補助金の量を決めるのはあくまでも国家だからである。税という形式で移譲されることで，地方政府は必要に応じて地域住民からの徴税を強化したり，反対に減税で負担を軽減したりすることもできる。

税源となる人口や資源が偏在するために，財政的分権によってすべての地方政府が等しく歳入を増やすわけではない。人口や資源が集中する地方政府では歳入が増えるとしても，そうでない地方政府では財政的分権による恩恵はほとんどない。むしろ，人口や資源が集中する地方政府で国税として納められていた税が地方税とされることで，国税歳入が減少して国家から地方政府への補助金が削られる危険性が高い。そのため，**財政的分権をめぐっては，人口や資源が集中する地方政府とそうでない地方政府との間で，深刻な対立が生じることになる。**

地方分権のメリットとデメリット

地方分権で期待されるメリットとしては，まず，これまで述べてきたように，**国家によって提供される画一的な公共サービスとは異なり，地方政府ごとに多**

様性が確保されることが挙げられる。国家の定める事業のうち不必要なものを排除して，地方政府ごとに必要だと判断される事業に集中できれば，資源を効率的に利用することも可能になるだろう。そのためには地方分権の中でも政治的分権が重要であり，単なる行政的分権では多様性の確保が実現できるとはいえない。また，財政的分権を進めれば，人口や資源が集中する地方政府を中心に，地方政府が拡大した財源を用いて多様な政策を実現できる可能性は高まる。

地方分権のメリットとして強調すべきは，政治的分権や財政的分権によるアカウンタビリティの向上である。地方政府が執政に失敗したとしても，地方政府が国家の介入を強く受けていれば，その責任を地方政府だけに求めるのは難しい。実際に事業を行った地方政府に問題があるのか，介入する国家に問題があるのかについて判断することが，容易ではないからである。しかし，国家と地方政府の役割を明確に分けて，特定の業務については地方政府として執政を行うことになれば，住民が地方政府の責任を問いやすくなる。これによって，国家に割り当てられる執政の責任の明確性が向上することにつながる。ただし，それぞれの政府が与えられた責任を果たそうとすることで，サービスの内容が重複する二重行政が生じやすくなることには注意が必要である。

アカウンタビリティの観点からは，**行政的分権は，地方政府が行うサービスの種類を増やすことで，その責任を問いにくくする。**例えば教育など，単一の公共サービスだけを割り当てられていた地方政府が，行政的分権によって割り当てられる機能を増やすと，住民は複数の公共サービスについて地方政府を同時に評価しなくてはいけなくなる。特に，それまで地方政府が行ってこなかったような公共サービスを新しく増やすと，地方政府の果たすべき責任についての判断は著しく難しくなる。

地方分権によるデメリットは，財政的分権とかかわるところが多い。すでに述べたように，財政的分権によって人口や資源が集中する地方政府では恩恵を受けるが，そうでない地方政府ではむしろサービス水準が切り下げられるだけにとどまる可能性がある。人口や資源に乏しい地方政府では，増税によって公共サービスを運営しようとしても限界があるので，**同じ国家の中で地方政府間の格差が大きくなってしまうという問題が発生する。**

人口や資源が集中する地方政府では，何の問題もないというわけではない。

地方分権が進んで自律的な地方政府同士の競争が激しくなると，集合行為問題が発生することがある。特に懸念されるのは，**地方政府間で囚人のジレンマに陥って，お互いに税を生み出す人口や資源を奪い合うという問題**である。例えば，法人税を納める企業を増やすために，企業への規制を緩めたり，法人税率を引き下げたりすることで，企業誘致を図る地方政府が出てくると，他の地方政府もそれに対抗して規制を緩めたり法人税率を引き下げたりする租税競争が生じることがある（松本 2014）。国家が地方政府の行動を統制する権力を失い，際限のない引き下げが続く底辺への競争が生じると，地方政府として行うべき規制ができなくなったり，必要な財源を集めることができなくなったりする。このようなことは，人口や資源が集中する地方政府にとっても，深刻なデメリットとなりうる。

分権化の帰結

先進国で高度経済成長が終焉(しゅうえん)し，福祉国家が批判される中で，日本を含めた多くの国で地方分権が実践されてきた。そのような実践を通して，地方分権の帰結を，どのように評価することができるだろうか。

地方分権改革を実施した国を対象とする近年の研究では，部分的な権限移譲がもたらす危険性について指摘するものが多い（Weingast 2014）。特に，財政的分権を行わない一方で，補助金などを通じて財源を配分して行政的分権を実現する場合に問題が発生することがしばしば指摘されている。地方政府が自ら住民に対して課税を強化して得た財源とは異なって，国家から降ってきた財源の場合，住民はその使途に関心をもちにくく，地方政府では汚職も含めた望ましくない支出が行われやすくなる（Brollo et al. 2013）。しかし，現実に地方政府による課税は不人気で実現が難しく，国家による補助金は，地方分権を進めるときの重要な手段であり続けている（Rodden 2019）。

さらに，仮に財政的分権を行っても，地方政府が放漫な財政運営を行う可能性は残されている。この点をふまえて国家と地方政府の関係を考えるときに最も重要な概念の1つは，ソフトな予算制約である。もともと政府と国営企業の関係を分析する際に用いられた概念で，国営企業が赤字を膨らませて民間企業なら倒産するようなときに，政府がもともと決められていた予算を拡張（ソフト化）して事業を継続させるような状況を指す。国家と地方政府との関係を分析する際は，**放漫な運営によって財政が極度に悪化し，立ち行かなくなってしまったような地方政府を国家が救済するか，という問題**として理解される。

もし国家が地方政府を救済することが期待されると，地方政府はどのような運営をしても最終的には国家に救済されることを期待して行動するようになる。その結果，住民から批判されるような歳出の切り下げや増税などの厳しい財政運営が行われることはなく，非効率な事業も継続される。失敗した1つの地方政府だけが救済されるということであれば，国家としてもそのダメージは大きくないかもしれない。しかし，1つの地方政府が救済されるならば，それ以外の地方政府も救済されるという期待をもってしまうので，すべての地方政府の予算制約が緩くなり，非効率を招く可能性が高くなるのである。

財政的分権のメリットが実現するかどうかは，国家がソフトな予算制約問題を起こさずに，地方政府に適切な財政運営を行わせることができるかどうかにかかっていると考えられる。これまでの実証研究によれば，その手法として考えられるのは，例えば1990年代後半以降の中国で見られたように，地方政府による借り入れを厳しく制限したうえで，財政的分権を行って地方政府間の競争を促したことで効率性を向上させる市場保全型連邦制という考え方がある。また，ドイツがそうであるように，政党が国家と地方政府にまたがって活動していれば，地方政府で失敗した政党は国政でも批判の対象になることから，国家による救済を求めなくなるという主張や，国政で強い基盤をもつ政党が地方における財政運営の質を上げるとする研究もある（Rodden 2006; Enikolopov and Zhuravskaya 2007）。

反対に，ソフトな予算制約を制御するしくみを作ることができなければ，地方分権によって国家と地方政府の財政がともに悪化するという帰結も生じうる。財政的分権の度合いが高い連邦国家では，地方政府が国家の救済を期待して非効率な運営を行うことが問題になり，特に政党が発達していない新しい連邦国家でその傾向が強い。ブラジルを事例として主張されるが，国家の中で非常に重要性が高く規模も大きい地方政府（ブラジルの場合はサンパウロ）が，その重要性・大きさがゆえに破綻（はたん）の危機にあれば国家が救済せざるをえないだろうと見越して非効率な運営を行うという指摘もある（Rodden 2006）。地方政府の側が大きすぎて潰せないという現実を逆手に国家に圧力をかけるということである。

福祉国家が行き詰まる中で，国家への権力集中を批判するかたちで地方分権を称揚し，その行き着くかたちとして「道州制」のように連邦制に近い制度の採用を提唱する政治家は日本でも少なくない。しかし，本章で見たように，地方分権といっても，その内容をひとまとめにして議論できるわけではない。**具体的な分権化の内容を精査したうえで，予想される効果を検討しながら今後の地方制度をデザインしていくことが必要なのである。**

引用・参考文献　Reference●

アンダーソン，ジョージ／新川敏光監訳／城戸英樹・辻由希・岡田健太郎訳 2010『連邦制入門』関西学院大学出版会。

オーツ，ウォーレス・E.／米原淳七郎・岸昌三・長峯純一訳 1999『地方分権の財政理論』第一法規出版。

松本睦 2014『租税競争の経済学――資本税競争と公共要素の理論』有斐閣。

Brollo, Fernanda, Tommaso Nannicini, Roberto Perotti and Guido Tabellini 2013, "The Political Resource Curse," *American Economic Reivew*, 103(5): 1759-1796.

Enikolopov, Ruben and Ekaterina Zhuravskaya 2007, "Decentralization and Political Institutions," *Journal of Public Economics*, 91(11): 2261-2290.

Falleti, Tulia G. 2010, *Decentralization and Subnational Politics in Latin America*, Cambridge University Press.

Molander, Per, ed. 2004, *Fiscal Federalism in Unitary States*, Kluwer Academic Publishers.

Riker, William H. 1975, "Federalism," in Frred I. Greenstein and Nelson W. Polsby eds. *Handbook of Political Science, vol. 5 Governmantal Institution and Process*, Addison-Wesley: 93-172.

Rodden, Jonathan A. 2006, *Hamilton's Paradox: The Promise and Peril of Fiscal Federalism*, Cambridge University Press.

Rodden, Jonathan A. 2019, "Decentralized Rule and Revenue," in Jonathan A. Rodden and Erik Wibbels, *Decentralized Governance and Accountability: Academic Research and the Future of Donor Programming*, Cambridge University Press.

Tiebout, Charles M. 1956, "A Pure Theory of Local Expenditures," *Journal of Political Economy*, 64(5): 416-424.

Weingast, Barry R. 2014, "Second Generation Fiscal Federalism: Political Aspects of Decentralization and Economic Development," *World Development*, 53: 14-25.

CHAPTER

第10章

安全保障と平和

INTRODUCTION

各国は他国との利害関係を調整するために，国際法を軸とする制度的設定の中で，時に交渉をし，時に協力する。または，場合によっては，戦いという手段に訴えることもある。

ここからの各章は「国際関係における政治」を，最初は国家とそれを率いるリーダーに着目したうえで，そして後続の章では国家だけではなく，多国籍企業や非政府組織（NGO），人間・個人までをも含む複雑な姿として描いていく。まず初めに第 10 章では戦争と平和を取り上げる。というのも，国際政治学という学問の起源がそこに置かれるからである。国家間戦争をどのように制御できるのかは，国際政治学の課題として最初に設定された問いであった。

1 戦争と平和をめぐるミクロな説明

戦争と平和の定義

何が戦争で，何が平和なのかについては，必ずしも一致した見解があるわけではない。例えば，正規軍の兵隊が互いに国家の利益のために継続的，組織的に戦闘行為にある状態を戦争ととらえ，逆にそういった戦争がない状態を平和と理解する考え方があるだろう（表 10.1）。あるいは，例えば，第二次世界大戦後，数十年にわたって継続した米ソの「冷戦」のように，直接の軍事衝突がなくとも，国家同士が互いにライバルとして戦闘以外のすべての政策手段を動員して相手の利益を減じるべく行動している場合を，戦争の1つとしてとらえることもある。したがって，ライバルではない友好的な国家間関係のみを平和としてとらえることもある。また，最近では，平和を国家間の関係から切り離し，人間個人が最低限の必要を満たし，人として幸福に生存できる状態として積極的に定義しようとする人間の安全保障という見解も生まれている。

このほか，秩序の有無との関連で戦争と平和を論じることもできる。国内の秩序と同じように，国家と国家からなる国際関係にも，「国家が他国の行動について期待をもち，他国がその期待通りに行動する」という予見性を提供する秩序が存在しうる。国内政治に関する考え方を国際関係にも応用するという国内類推と呼ばれる思考方法によれば，政府の存在こそが秩序の存在を担保するように思われるが，政府が介在しない国際関係でも秩序はありうる。特に，国際関係が無政府であることを国際政治学ではアナーキーと呼ぶが，政府の介在しない世界にも国際法というルールがあり，それに基づいて国家が相互作用している。予見性があって秩序立った相互作用がある限り，平和な世界があることになる。いいかえれば，戦争とは，秩序が一時的に失われ，新しい秩序を創り出す国家間の相互作用と表現することもできる。

どういった戦争，平和をイメージするにしても，両者を徐々に一方の状態から他方へと移行するように連続的にとらえるのか，突然一方から他方へ状態が移行するように断絶した非連続的なものととらえるのかには議論がある。国際

CHART 表 10.1 国家間の武力衝突を伴った紛争，戦争と平和のリスト

国名	紛争なく平和に国際社会に存在している期間（年）	国名	国際社会に存在してきた期間（年）	「紛争関与が少なくとも1度でもあった10年間」の割合(%)	国名	国際社会に存在してきた期間（年）	「戦争関与が少なくとも1度でもあった10年間」の割合(%)
スウェーデン	177	ヨルダン	47	100	イスラエル	45	80
スイス	177	シリア	47	100	オーストラリア	72	63
ベネズウェラ	152	パキスタン	46	100	シリア	47	60
ハイチ	116	インド	46	100	ヨルダン	47	60
ウルグアイ	111	イスラエル	45	100	韓国	44	60
チュニジア	100	アメリカ	177	83	トルコ	177	44
ドミニカ共和国	92	北ベトナム	39	80	イラク	61	43
アルバニア	75	韓国	45	80	中国	133	43
リベリア	73	北朝鮮	46	79	エチオピア	91	40
アフガニスタン	73	中国	133	78	インド	46	40

［注］ この表は，戦争の相関研究（Correlates of War: COW）プロジェクトによる，戦争に関与することがなく平和に存在している期間が長い国，10年を単位として国家間の武力衝突を伴った紛争（militarized disputes）や戦争関与の頻度が高い国を，上位から選んでリスト化したものである。

戦争の相関研究プロジェクトでは，正規軍が従事して国家間で武力衝突が起きた紛争のうち，1000名以上の戦死者があったものを国家間戦争（interstate war）としている。武力衝突を伴った紛争は1000名以上の戦死者を伴わないケースを指す。国家間の紛争だけを収録している結果，スウェーデンやスイスといったように真に平和な国に加え，内戦の結果として国家間紛争に関与してこなかったハイチやリベリア，アフガニスタンが左側に現れる。

［出典］ Maoz 2004.

関係に平時と戦時という2つの異なる世界があると理解し，それぞれに異なる法が適用されるという国際法の考え方は，後者の理解である。逆に，**戦争と平和は連続しており，戦争を平和的な国際関係の調整のあり方である外交の失敗としてとらえるのは前者の理解であり，政治学的といえる。**

外交の失敗としての戦争

ここで，仮に戦争を外交の延長線上にあるものとして理解したとき，戦争の原因をどのように考えられるだろうか。個人に起因するという見方や，国内の政治経済制度に起因するという見方がある。例えば，第二次世界大戦はヒトラーがいたために起こったとか，朝鮮戦争は独裁国家の北朝鮮が引き起こしたという記述は，こういった考えを反映しているといえるだろう。他方，世界政府のような主権国家の上位に置かれる統治機構がなく，各国が自国の利益を最大

化するために戦争が起こる，すなわち国際レベルでの権力政治に起因するという考え方もある。アメリカとソ連が対峙し合う単純な二極構造の場合よりも，複数の大国が乱立する多極構造の場合には戦争が増えるといった議論がこれに当てはまる。

しかし，以上の「説明」は必ずしも戦争が起こるタイミングや，終わるタイミングを1つの理論で説明できなかったり，同じ政治体制でも戦争をするときとしないときがあることをうまく説明できなかったりするなど，場当たり的かもしれない。そこで，現在の戦争原因論では経済学，特にそのゲーム理論の影響を受け，交渉理論という立場で説明することが増えている。

交渉理論による説明は，外交の失敗を戦争と定義する。つまり，**何らかの主体間のもめごとである紛争について，話し合いによる交渉で紛争が解決できない場合に限って，戦争が起こるととらえる**。ただし，直観的に理解できるように，戦争は交渉に比べて相当に大きな費用がかかる紛争解決手段といえる。つまり，戦争の費用を c として，c は常に正であると仮定できる。というのも，物理的な破壊や人命の損失を不可避的にもたらす戦争は当然費用がかかる行為と想定してよいだろう。ここで，各国が自らの得られる利益を最大化するために，より費用のかからない手段をもって紛争の解決に臨むものとすると，自分と相手の利益や能力が正確に理解できている限り，そして，戦争が交渉に比して費用がかかると仮定する限り，絶対にどこかに妥協点が存在して戦争は起こらない。これを図示すると図 10.1 のようになる。なお，これは第4章や第6章で用いた空間理論の一種と考えてよい。

図 10.1 を基に話を進めよう。領土配分をめぐって A 国と B 国が争っている。ここで，A 国も B 国も戦争で得られる利益を想定し，争っている利益全体を1として考える。戦争に勝てば総取りで利益を独占でき，すなわち1を得る。そして，戦争に勝つ確率は戦争で得られる期待利得になると考える。つまり，仮に A 国が戦争に勝つ確率を p とすると，B 国が戦争に勝つ確率は 1−p であり，勝てる確率×勝ったときに得られる総取りの利益は1であることから，両者の期待利得はそれぞれ p，1−p になる。ここで，A 国が B 国に比べて 80％（4/5）の国力しかもっていないという例で考えると，(1÷9)×4＝0.44 で，p は 0.44，1−p は 0.56 になる。

CHART 図10.1 戦争と外交（1）

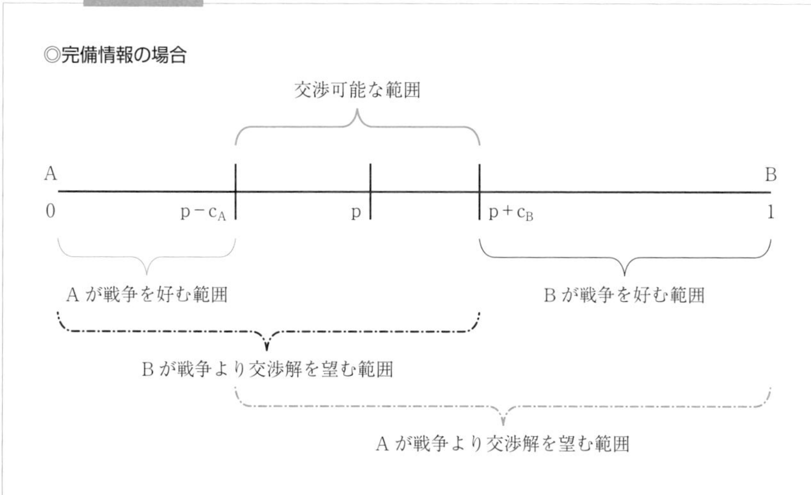

このとき，仮定から，戦争には無視できない大きさの費用（c）がかかると考える。すなわち c は 0 ではない数字をとる。ここで，A 国や B 国が合理的に判断を行って交渉して戦争をせずに領土を分けるのか，もしくは領土の総取りを目論んで戦争するのかは p と c の大きさに連動して決定される。当然,「交渉によって戦争を回避すると得られる期待利得＞戦争をすると得られる期待利得」であるならば戦争をせずに交渉して領土を分け合い平和が保たれる。逆に,「交渉によって戦争回避をすると得られる期待利得＜戦争をすると得られる期待利得」であるならば，戦争が選ばれる。

ここで，戦争したときの A 国にとっての期待利得は $p \times 1 = p$ であり，p から戦争の費用 c_A を減じた期待利得が戦争の費用を勘案した A の戦争時の利得の期待値になる。仮に，B 国が外交交渉の場において，$p - c_A$ よりも 0 に近い小さい値の提案をしてくると，A 国はどうするだろうか。提示された条件を受け入れて平和的に問題を解決するだろうか。もしくは戦争で応じるだろうか。

A 国からすれば，$p - c_A$ よりも 0 に近いところの提案は到底受け入れられず，戦争という賭けに出て 1 を得ようとする。逆に，$p - c_A$ よりも 1 に近いどこかの点で B 国から提案があれば，A 国は提案を受け入れるはずである。B 国にも同様のことがいえ，B 国は $p + c_B$ よりも 1 に近いところの提案は到底受け入れられない。逆に，$p+c_B$ よりも 0 に近いどこかの点で A 国から提案があれば，B 国はその条件を飲んで交渉に応じる。B 国にとっては〈$1-p-c_B$〉が戦争によって得られる期待値であり，起点が 1 なので，$1-$〈$1-p-c_B$〉によって B 国の交渉可能範囲を示す点が得られる。

すなわち，両国は互いに合理的であって相手の状況が把握できている場合，$p-c_A$ から $p+c_B$ の範囲内のどこかで妥協点を見出すことができ，交渉によって紛争を解決することができる。**世の中の一般的な紛争で，戦争を愚かな選択として避け，話し合いで解決を見出すことがほとんどである理由は，合理的戦争原因論からすれば p が共有知で，かつ c が十分に大きいことで説明できる。**例えば，国力の変化が見込まれず，今後も条件に変化もなく推移しそうな日本とロシアの間にある北方領土問題の場合，どちらも費用のかかる戦争は好まないという意味で平和が維持されることを意味している。

しかし，たとえ合理的な意思決定ができる行為者でも，以下の 3 つの条件のもとでは費用がかかる戦争を選択することになる。

交渉が失敗する 3 つのパターン

第 1 に，**相手の能力や意図を誤認する場合である。そのとき戦争の蓋然性は高まる**（図 10.2）。自己の能力を過信し，勝って利益 1 を得られると考える，もしくは実際よりも相手の能力が低いと考え，自分が相手に勝つ可能性がきわめて高い（もしくは，自分が負けることはない）と思い込む。このように自己の能力を高めに評価し，相手の能力と意図について甘い見通しをもつことは，交渉可能性の範囲を狭め，戦争の可能性を大きくする。

特に，自分のことは相手のことよりも知っているという情報の非対称性をふまえると，厄介な問題が生まれる。というのも，相手にブラフと呼ばれる偽情報を流して自分にとって有利なかたちで交渉を妥結しようとするインセンティブが出てくるからである。相手を偽情報で騙して自分に有利に交渉をしたい，というのは合理的な計算といえるが，それを両当事者がとれば，一気に戦争が起こる可能性が高くなる。

相手から譲歩をより多く引き出すために，自分は実際よりも大きな能力をもっていて，かつ実際よりも争っている領土のような対象物を欲している度合い

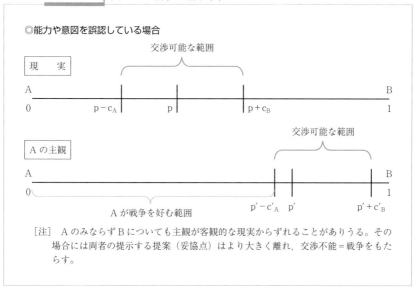

CHART 図 10.2 戦争と外交（2）

◎能力や意図を誤認している場合

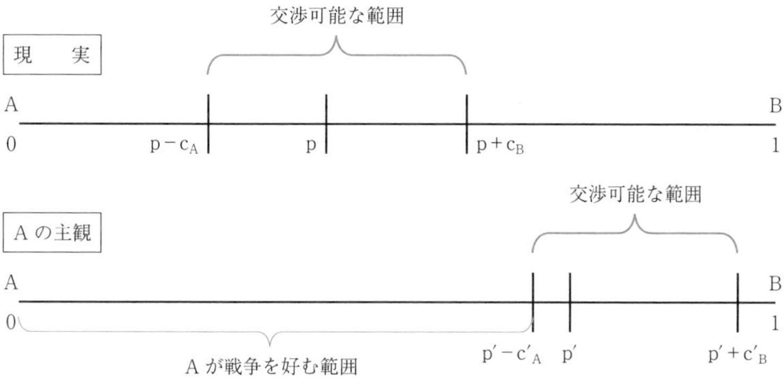

［注］ A のみならず B についても主観が客観的な現実からずれることがありうる。その場合には両者の提示する提案（妥協点）はより大きく離れ，交渉不能＝戦争をもたらす。

を誇張し，相手に対して譲歩できる余地はないという情報を発する。そうすることで相手が手を引くはずだ，と考えるのである。両者ともに同様のインセンティブが働く結果，**双方ともに本来は存在するはずの交渉による妥協点で折り合うことができずに戦争による解決しかないと誤認して戦火を交えることになる。**

第 2 に，**相手の交渉における約束を信用できない場合**である（図 10. 3）。

仮に，時点 t において，A 国と B 国が領土をめぐる交渉を行い，ある結論に達して外交的な解決を見たとしよう。もしも，双方が相手を信用でき，交渉で妥結された約束が守られると安心していられるならば戦争は起こらない。しかし，相手が将来約束を守るかどうかが不確実な場合，コミットメント問題が生じる。例えば，一方の当事者（B 国）が急速に国力を高め，数年後，すなわち時点 t+1 において圧倒的な力をもつことを予測できるとしたら，時点 t で交渉による解決が生まれるだろうか。おそらく A 国は，将来的に B 国が圧倒的な国力を背景に交渉結果を反故にする可能性があるとして，まだ B 国が圧倒的な国力をもつ前，すなわち時点 t で戦争を仕掛け，自国に相対的に有利に

CHART 図 10.3 戦争と外交（3）

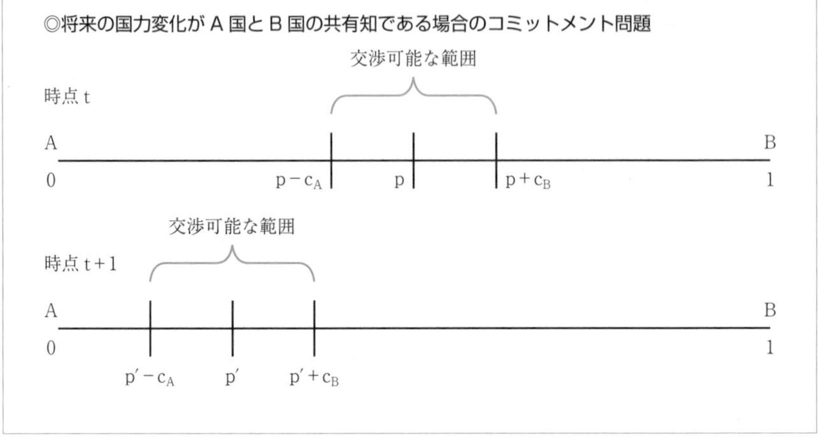

なりうるように行動するだろう。いわゆる予防戦争といわれるものの背景にある考え方である。

第3に，領土を半分ずつ保有するなど，妥協してしまうと争っているものの価値が無になるなどの理由で**対象物が分けられない**価値不可分**である場合**には，戦争が不可避である。もちろん，相手から譲歩を引き出すために別の論点で妥協するサイド・ペイメントを支払うことで問題が解決することもある。しかし，例えば宗教的聖地などは不可分なものであり，いかなる代償にも代えがたいと当事者は信じている可能性が高い。そうすると，交渉による解決は難しく，戦争は自らに多くの費用負担を強いるものとわかっていても選択せざるをえない。

交渉理論と民主的平和論

このような交渉理論に基づく戦争原因論をふまえたうえで，「戦争がない」という意味での消極的平和をもたらす要因はどのように考えられるだろうか。1980 年代以降のアメリカでは，民主主義国同士は戦争しないという民主的平和論が有力視されてきた。例えば，ドイルの研究では 200 年以上もの間，民主主義国同士の戦争はなかったという（Doyle 1983）。また，他の研究では，民主主義国同士の戦争はあったものの，その割合はきわめて限られるという（表 10.2）。

CHART 表10.2 民主的平和論のデータ的証拠（1816～2001年）

	非民主主義国のペア	民主主義国のペア
戦争に至らなかった紛争（件）	2409	132
戦争に至った紛争（件）	125	2

［注］ 民主主義国のペア（これをダイアッドと呼ぶ）の中では，わずか1.6%しか戦争になっていない。例外的な2件は，1974年のトルコ対キプロス，1993年のインド対パキスタンの戦争である。

分析の単位は，紛争に関与した国のペアで，例えば，キューバ・ミサイル危機であれば，敵対している当事国のペアを換算し，(1)アメリカ・ソ連，(2)アメリカ・キューバという2つのデータ観測値が記録される。

［出典］ Bueno de Mesquita 2013: 447-448.

ここで，**民主主義国は，情報の非対称性について，他の政治体制に比べて特徴があり，その特質ゆえに戦争をしにくい**という理解ができる。具体的には，国内の情報を隠すことが難しいので，**民主主義は相手を騙す行為を難しくする政治制度である**という点が鍵になる。というのも，民主主義国では報道の自由が担保されているからである。自由な報道が認められている国で，政府が堂々と嘘をついて自国の国力や意図を誇張的に相手に伝えるのは難しい。逆に政府が報道機関を一手に牛耳っている場合には，容易に国力や意図に関する偽情報を出すことができ，その真偽の判断は相手国からは困難である。すると，民主主義国が相手の場合は正確な情報で交渉の妥結点を見出すことができたとしても，非民主主義国が相手の場合には情報がブラフかもしれず，合理的な行為者も不確実な情報を基に意思決定をせざるをえない。その結果，相手の能力や本気度を見誤って戦争を選択する可能性が高くなる。

政権と戦争，陽動理論

交渉理論の3つの戦争原因論は国家を一枚岩としてとらえ，国家にとって戦争は損失が大きいと仮定して議論を始めていたが，国家を合理的行為者として単一に考える仮定を外すとどうなるだろうか。個人レベルで考えれば，戦争で大きな費用負担を求められず，cは限りなく0に近く，むしろ一方的に得をする存在さえいるかもしれない。つまり，先ほどの図10.1で，cを相殺するような個人的便益 pb が足され，交渉可能範囲が狭くなるかもしれない。特に，こういった小さな c や pb のような要素が戦争開始の権限をもつ政権リーダーに対して強い影響を与えると考えると，それは戦争の発生する確率を高めると予想できる。

例えば，**政権が自ら大きな費用を負担することなく，むしろ何らかの個人的利益を得ることを目論んで戦争が起こる**という説明はたびたび行われてきた。その1つは，陽動理論**として知られる。**ここで，陽動とは，自国の国民の政権に対する批判的な眼差しを戦争や国際危機に引き寄せ，彼らの関心をそらすということを指す。すなわち，経済政策の失敗やスキャンダルに起因する政権への不満や批判を顕在化させないために，国際危機を醸成し，場合によっては戦争を起こすことで国民の意識を「国家存亡の危機」に向けさせるということである。敵対国に対して一致団結する必要が生まれ，愛国心を高揚させれば，政権への不満や批判は生じにくい。また，国家の緊急時において政権リーダーを英雄視する旗下結集効果が生じやすく，うまくいって戦争に勝利すれば自分の政治生命も延ばせるかもしれない。

具体的には，1998 年 12 月 16 日，アメリカは，イギリスとともにイラクに対して，同国が大量破壊兵器に関する査察受け入れを求めた国際連合の安全保障理事会決議を履行していないことを根拠に，4 日間の空爆作戦を実施した。「砂漠の狐」作戦と呼ばれるこの軍事行動は，ちょうど同時期にアメリカ連邦議会下院で始まっていたクリントン大統領の女性スキャンダルをめぐる弾劾訴追公聴会と時を同じくしていた。ニュース報道には番組時間や紙面の制約があるため，当然，スキャンダルの記事は軍事行動が始まればその分だけ小さくなり，テレビでの扱いも短縮される。したがって，空爆作戦が自らのスキャンダルから国民の注目をそらすための軍事行動であったという解釈が根強く存在する。同じく 1998 年 8 月 20 日に実施されたスーダンとアフガニスタンに対するミサイル攻撃についても，同スキャンダルに関する大陪審審議と時期が重なる。

このほか，旗下結集効果は，アメリカだけに限らず，他の地域でも紛争の原因として着目される。例えば，カンボジアとタイの国境にある山岳寺院遺跡「プレアビヒア」をめぐり，両国は係争状態にあった。1962 年に国際司法裁判所がカンボジア領と認定する判決を出したが，タイは不満を表明していた。こ

Column⑩ 観衆費用

陽動理論に関連して，いわゆる観衆費用の議論を紹介しておきたい。陽動で鍵になるのは民意であり，政権リーダーが国民からいかに支持を得るのか，という問題であった。対外的な武力行使は，「彼ら」と「私たち」の区別を必然的に生み出す。そして，外敵から自分たちを守ってくれる強いリーダー像を生み出し，リーダーはそれを政治的に利用することができる。

特にこういった民意に対する反応は民主主義国で重要になる。というのも，民主主義国の国民は，リーダーに対して選挙を通じて制裁を行うことができ，外交上の失敗をした，もっといえば戦争に負けてしまったリーダーはその座を追われることになるからである。つまり，**民主主義国ではリーダーの外交と安全保障政策上の失敗を把握し，失敗には不支持や次回選挙での他候補への投票という制裁で反応する。国際政治学では，これを外交政策の観衆である国民によってもたらされるリーダーにとっての費用ととらえ，観衆費用と呼ぶ。**独裁国家でも観衆費用は存在しうるが，民主主義国の観衆費用は（選挙が不正なく実施されることもあって）より大きいだろう。したがって，民主主義国では軽々に脅しや他国への挑戦といった冒険的政策をとることができず，これが民主主義国間の平和をもたらすという。

このように，観衆費用が政権リーダーたちによって意識されるかたちで存在していて，機能していることも，一般的に陽動メカニズムが観察できない原因の1つかもしれない。

の地域は，戦略拠点として，また，観光資源として価値が高く，2008年10月にカンボジアが単独でユネスコ（国連教育科学文化機関）世界遺産に申請・登録を行ったのにあわせて武力紛争が勃発（ぼっぱつ）した。当時（2008年9月），タイではいわゆるタクシン派のサマック首相の辞任を求め，首相府を占拠していた反政府派の民主市民連合とサマック政権を支持する反独裁民主戦線が衝突し，反政府派側の男性1人が死亡し，約40人が負傷して，バンコクに非常事態宣言が発令される混乱状態に陥っていた。しかも，サマック首相は事態収拾に失敗し，ソムチャーイ首相に交代するが，さらに混乱は続き，長い間，バンコクの国際空港が反政府派に占拠される事態にあった。そんな中，タイ国内の政治的混乱から国民の目をそらすために，タイが先制するかたちで国境紛争が軍事的な衝突に至ったと陽動理論では説明できる。

しかし，武力行使にかかわるさまざまなデータセットを用いた計量分析において，陽動理論の一般的な証拠は見つかっていない。すなわち，景気が悪化しているときや，スキャンダルなどで政権の人気が落ちているときに戦争や国際危機が増えるという一貫した研究結果は存在していない。

この背景には，**①すべての政権が戦争や武力行使という政策手段で陽動を行うとは限らないことがある**だろう。例えば，日本の場合は憲法9条もあって政策手段として武力行使が首相の選択肢に入るとは考えにくい。また，**②戦略的に行動する国家を想定すると，相手国で陽動の動機が高まっているときに国際危機を仕掛けることは，過度の緊張状態を引き起こすので得策とはいえず，より慎重に行動する可能性がある**。このような理由から，一貫したデータ的証拠が得られないのである。

2 安全保障の選択肢

自前の軍拡と同盟への依存

安全保障政策においては，想定される敵国に対して，**相手が一方的に軍事力を行使して自国の領土や資産を侵害することがないように万が一の事態において相手国の軍隊を駆逐できる能力を備え，そういった準備がある事実を相手国に伝達することで，相手国の攻撃を思いとどまらせることが肝要とされる**。いわゆる抑止である。

抑止を行う手段としては，自前で軍備を整える軍拡のほか，共通の敵を想定する国を得てその軍事力に頼る同盟による集団的自衛が考えられる。つまり，軍事力の自前増強と同盟政策は強く連関している。前者の政策をとれば，軍事予算は肥大化し，自国の他の分野で使用する資源が少なくなるが，自国の軍隊の備えによって，自律的に安全保障を達成できる。後者の政策をとれば，軍事予算は抑制でき，その分を例えば経済発展のための投資に使用できる。しかし，同盟国頼りの安全保障政策ゆえに，同盟国の戦争や武力行使に巻き込まれる心配と，同盟国がいざというときに助けに来てくれないのではないかという見捨てられる心配が常につきまとう。

第二次世界大戦後の日本は，典型的な低軍事予算・同盟頼りの国家である。対国内総生産（GDP）比1％程度の予算で相対的に小さな軍隊を維持し，その分の資金を経済発展に回してきたといえる。加えて，同盟を安定的に維持するために，沖縄や三沢，横田，横須賀，岩国，佐世保などの基地をアメリカに提供してきた。日本側に基地提供に対する不満があるとすれば，それは単に基地の存在が危険であるといった側面があるだけではなく，おそらくアメリカとの同盟がいざとなったときに本当に頼りになるのかという疑念や，アメリカの基地を置いておくとそこが敵国から狙われてしまい，自国の安全保障が逆に脅かされるのではないかというおそれの存在が影響しているだろう。同盟による抑止の失敗と比べて成功は目に見えにくい。そして，同盟維持のためにかけている費用は目に見えやすい。その意味で，同盟の維持・運営には知恵と苦労が不可欠だといえる。

安全保障のジレンマと安心共同体

軍拡にせよ同盟強化にせよ，悩ましいのは敵対する問題がある対象国との間に安全保障のジレンマ**が生じてしまうことがある。**すなわち，相手国に対する抑止を達成するために自国が軍拡し，または新しく同盟国を得て軍事的な能力を増すと，相手国は自国の政策決定を受けて新たに強い脅威を感じ，何らかの軍事的な備えをしなければならないと考える。すると，相手国は自国の軍備拡張または同盟政策の結果として，さらにもう一段の軍拡ないし新しい同盟国の獲得，または既存の同盟の強化に走ることになる。このメカニズムは，双方に相手国に対する抑止を重視する限り，延々と続く。終わりなき軍拡競争や同盟による軍事力の増強が続いていくことになる。なお，軍拡競争や同盟による軍事力の増強が社会的に安定してしまう状況はゲーム理論のうち，いわゆる**囚人のジレンマ**モデルで，よく説明ができる（第1章参照）。同時手番の1回きりの場合，もしくは繰り返すとしても「将来の影」がないような場合が，その条件として重要である。

したがって，**そもそも敵対する国を作らないという安全保障政策も考えられる**だろう。外交政策によって相手国との利害が一致していき，また信頼の醸成が進むことで，お互いに戦争を仕掛けることなど思いもしないという関係性が生まれる。しかも，平和的変更を保障するのに十分に強固で広範な意識が共有されるレベルにまで統合が深化すると，安心共同体と呼ばれる状態が生まれる。利害一致と信頼の存在，そして統合の結果として国境警備さえ不要とされる。国境沿いの監視が行われていない国同士，例えばアメリカとカナダ，ヨーロッパ諸国などの関係は安心共同体の具体例といえる。

なお，**国家間の緊張関係を緩和していくような安全保障・外交政策**の１つを，信頼醸成措置と呼ぶ。これは，相手との関係性が長期に続くことを相互に理解し合うことによって裏切りが抑制されるという，いわば繰り返し囚人のジレンマの「将来の影」の議論（第１章参照）を用いて安心共同体をとらえることもできるだろう。

民主化による平和

民主的平和論をふまえ，「他国の民主化」を推進する政策が国家間に平和をもたらすという可能性がある。国際社会に民主主義国が増えれば増えるほど平和になるのだから，民主化は平和のための方策となる。事実，冷戦後のアメリカはそのように民主化介入を推進・正当化してきた。

しかし，このような見解には近年，批判も少なくない。例えば，民主的平和論の妥当性を認めつつも，民主化による平和論は成り立たないという議論の先駆けとなった研究によると，民主化による平和が成立しない背景にあるのは，民主化過程におけるさまざまな不安定さにあるという（Mansfield and Snyder 1995）。特に問題になるのは，民主的な政治を担保する制度が成立して定着する前に，大衆が政治に参加してしまう点にある。いままで抑圧されてきた一般市民が政治に参加できるのは一見よいことのように思えるが，それまで権威主義体制を支えてきた官僚，軍人，資本家といったエリートと大衆との間で激しい政治権力争いが繰り広げられることを意味する。

その際，エリート側は何とか自分たちが継続的に民主化過程においても実権を握ることができるようにあらゆる手を尽くすと思われる。その中には，大衆からの人気を容易に集めやすい民族主義的な主張を唱え，対外的な危機の存在を訴えて外国に対して強硬な政策を訴えることが含まれる。**エリートにとって，**

大衆を煽動するインセンティブが高い状態であり，その結果として民主化した国が他国に仕掛けるかたちでの国際危機は増え，戦争のリスクも高まる。

また，**民主化過程のエリートにとって，自らの政治生命が長くはないと考えることで戦争に対してリスク志向的になる**という要因も重要である。つまり，民主化の結果として選挙に臨まざるをえなくなった旧権威主義体制側エリートは，何もせずに選挙で負けるか，もしくは賭けの戦争に打って出て，そこでの勝利を背景に大衆からの圧倒的な支持を得て選挙で勝利するのか，という極端な選択肢を比較し，何もしなければ後がないと考えてリスクが必ずしも低くない戦争を始めてしまう可能性がある。

このような主張には，現在，部分的な修正が加えられている。例えば，民主化だけが問題なのではなく，民主化に加え，すでに安定していた自由民主主義体制が権威主義体制や軍政に移行する場合も含めて，政治体制の移行過程全般が国際危機や戦争と高い相関関係にあるのだという議論もある。

民主化介入による平和

ところで，軍事的手段を含めた介入をもって自由民主主義体制を強制的に定着させる**体制転換**という政策が一部の国家によってとられてきた。その代表例はアメリカによるものである。2000 年代以降だけを取り上げても，アフガニスタン，イラク，リビアという大規模な軍事作戦を伴う事例が存在する。なお，日本や旧西ドイツも，戦争終結後に戦勝国が一方的に軍事力を伴った介入を行い，民主主義を定着させるために諸策を講じた事例だとされる。民主化介入は果たして平和をもたらすのだろうか。

エンターラインとグレイグによる研究によれば，**介入国が高いレベルで自由民主主義体制を植え付けて撤退した場合，そのような完全民主化国の周辺では顕著な平和効果が見られる**という（Enterline and Greig 2005）。逆に，介入国がそこまでしっかりと制度化された民主主義を植え付けずに撤退した場合，そのような弱体民主化国の周辺では逆に戦争の可能性が高まるという。

他方，ある地域に完全な民主化国が生まれたとしても，その国に追従するかたちでその周辺地域において民主化の連鎖が起こることはない，という分析結果が提示されている。また，完全な民主化国があると，周辺諸国とともに地域の経済発展が顕著に進むこともわかっている。こうしたことから，**介入を行うのであれば，長期的に地域の発展や平和に寄与するような，完全な民主化を進めなければ無責任**であることがわかる。

3 戦争と平和をめぐるマクロな説明

国力，経済的相互依存，国際機構

国際関係における戦争と平和を考える際に，ここまでで主に扱ったようなミクロな視点に立った考え方に加え，**国際社会を1つのシステムもしくは単位としてとらえ，国際構造，国際秩序といった鍵概念を用いてマクロな視点で理解する考え方もある。**大別するならば，①国際システムの力の分布に着目する議論，②国際システムの経済的相互依存の状態に着目する議論，そして③国際システムに存在する国際機構に着目する議論という3つがある。これらは，世界全体で戦争の数が増える／減る，もしくは世界で大戦争がある／なしを問題にし，その変化を説明しようとする。

覇権安定論と二極安定

国際関係の安定には，①飛び抜けた国力をもつ国が必要で，②その国が圧倒的な政治力や経済力を用いて自らに有利な国際秩序を構築・維持する覇権国**として存在し，③秩序を乱す挑戦国家を排除できることが重要である**という議論がある。この議論は，覇権安定論として知られている。ここで，秩序の安定にかかわることができる大国の力の均衡に焦点を当てれば，軍事力を行使して大戦争を起こす主体が限られることになる。**アメリカやソ連のように2カ国が覇権的なリーダーとなり，陣営を率いる中心的な存在として極を形成する状態は**二極安定**として知られ，より多くの極がある場合に比べて世界戦争は起こりにくいとされる。**なお，誤解がないようにしておきたいが，覇権安定論の典型例は，単独の覇権国が1カ国存在する覇権秩序であり，二極安定のいわゆる冷戦期は例外的な状態だと考えるべきだろう。

つまり，アメリカとソ連の間で高い緊張状態の継続（冷たい戦争）があったものの，実際の戦争（熱い戦争）は両大国間では起こらなかったという時代は例外的だということになる。また，その安定に核兵器という特殊な兵力の存在が介在していたことも特徴的だろう。つまり，両国は核兵器を大量に保有し，そして一度の攻撃では破壊できない備蓄・攻撃輸送手段を備えることで，相手を攻撃すれば反撃をされて自分も大きな損害を被るという相互確証破壊という状態を生み出して，互いに直接的な交戦をしない関係ができていた。それは大戦争がないという点で，とても消極的な平和であった。

加えて，アメリカから世界を眺めると，社会主義を掲げるソ連に対して「民主主義的生活様式を守る戦い」（佐々木 2011）を行ってきたのが，冷戦期といえる。そして，自国を中心とする西側陣営の平和と安定と国際連合を軸とした第二次世界大戦後の秩序は，終戦時点に圧倒的な国力を保持していたアメリカの負担で達成できたという自負に支えられてきたといえる。安全保障については，国際連合本部をニューヨークに誘致し，最大の分担金拠出国であり続け，責任ある大国として国際秩序を脅かす行為に目を光らせてきた。アメリカが以下のようなことを行うのは，国際秩序を安定させるための覇権国としての費用負担なのだと説明される。まず，①核不拡散条約（NPT）を推進し，建前上自らの核兵器も削減するとしつつ他国に核を保有させない，そしてその約束を破った国には場合によって軍事攻撃も厭わないという政策をとってきたことである。次に，②海外基地ネットワークと全世界に展開可能な空母部隊を多数擁して軍事的な優位を維持し続け，そして，それによって自由で安全な交易環境を全世界に提供することである。最後に，③場合によっては地域の平和のために紛争に武力で介入することである。事実，日本のようにアメリカの陣営で長く平和と繁栄を享受してきた国にとって，「アメリカの平和」という現実があると論じられることがある。

ここで，二極構造の平和や覇権国の平和とでもいうべき，このような議論によれば，国際秩序をめぐる大きな戦争と局地的な戦争とは，区別される必要がある。第一次世界大戦や第二次世界大戦といった大戦争においては，勝者が戦勝後の秩序設計を行い，そこで秩序維持のための主たる役割を果たしてきた。これによって世界大戦のリスクは低くなった。しかし，それは局地戦争の生起確率には影響を与えなかった。二極構造の平和であれ覇権安定であれ，大国間の大戦争がないことをもって平和とし，大国がその鍵を握るという考え方をしており，中小国の「出る幕」は限られる。

商業的平和

覇権的な国家の存在を前提とする平和論と並んで古くから存在している議論として，商業的平和がある（例えば，Gartzke 2007; Gartzke and Hewitt 2010)。この平和論はミクロの議論として分類できるかもしれないが，いわゆる**グローバル化による経済的相互依存が世界全体を平和にする**といったマクロな視点に立つ議論において特に強調されている。

民主主義国同士は戦争をしないという民主的平和論よりも，**経済的に密な国家間関係こそが平和への鍵であるとする商業的平和のほうが戦争の生起確率を引き下げる程度が大きいという立場がある**。それには，①富の蓄積，②市場開放度，③相互依存関係の深度を通じた国益一致度の３つの観点がある。

①富の蓄積については，戦争を行わずとも資源を効率的に売り買いすることができる平和的な国家間関係は，一定の富を蓄積していなければ成立しない，という前提による。つまり，貧しく，富の蓄積が乏しい場合には，戦争によって資源を獲得する行為が，戦争に負けて築き上げたものを失うリスクに比して魅力的な選択肢になる。富める場合には，戦争という破壊的で，敗戦による喪失という高いリスクを伴う賭けではなく，正当な対価を払って資源を得るほうがよい。つまり，貿易を通じて相互に利益を得る経済関係の安定・維持を重視するようになる。

②市場開放度については，**単なる貿易の相互依存ではなく，直接投資における相互依存が大事である**という指摘である。フローとして移動していくモノではなく，ストックとして相手国に蓄積され，それが新たな価値を生み出すような直接投資に関して相互依存的であると仮定できる。そのとき国家間関係の悪化によって，ストックされた富を損なうことを恐れ，自国のもつ海外資産を守るよう相手国に対してより融和的に行動するという論理である。

最後に，③の相互依存関係の深度を通じた国益の一致度については，特に**経済分野における交流量の増大が２つの国の選好を収斂（しゅうれん）させていく効果があるという**。国益が一致していけば，紛争の原因が減り，対立ではなく協調を軸とした国家間関係が定着していくことになる。

通常，経済的相互依存はダイアッドと呼ばれる２国のペアで認識され，両国が依存関係にあることで紛争が抑制される。マクロな視点から考えれば，世界にそういった依存関係のダイアッドが増えれば増えるほど，紛争は激化することなく，国家間に戦争がないという意味での平和が担保される。

国際機構による平和

国際機構が主体的に役割を果たし，世界全体に平和をもたらすという議論もある。例えば，国際連合が集団安全保障の考え方に基づき，安全保障理事会の決定に基づいて国連軍を編成し，国家間紛争や内戦に介入することが平和につながるという理解である（第12章も参照）。

集団安全保障とは，集団的自衛とは異なり，制度に参加するメンバー国同士が，戦争または武力行使一般の禁止を条約で誓約し，国連憲章の言葉を借りれば「平和愛好国である」と宣言することからスタートする（国連憲章第４条）。ゆえに，互いに武力行使はしないことになっている。しかし，現実には誓約に反して侵略行為を行う国が出てくるかもしれない。そういった侵略行為を行う国の存在は，国際の平和と安全に対する脅威であり，安全保障理事会は国際連合加盟国全体に代わって脅威の認定と国際社会全体として侵略国に対する制裁行為を決定する（国連憲章第７章）。なお，憲章上で予定されていたのとは違う形態ではあったが，朝鮮戦争，第一次湾岸戦争といった事例において，国際連合が国際の平和と安全を回復するための実力行使を行ったとされている。

そもそも，集団安全保障のしくみがあれば，安全保障理事会が適切に警察として制裁を決定し，侵略国を罰するので，侵略行為たる武力行使が国際機構の存在によって抑止されることになる。しかし問題は，国際連合の集団安全保障は長らく機能不全に陥ってきたことである。というのも，安全保障理事会では，意思決定を妨げることができる拒否権を有する５つの大国がたびたび反目し，制裁行動の実施が限られてきた。冷戦後はその機能不全も緩和されてきたが，いまも安全保障理事会の不決定をもって集団安全保障の限界や，国際機構による平和の効果の限界が指摘されることは少なくない。

引用・参考文献　Reference ●

石黒馨 2010『インセンティブな国際政治学——戦争は合理的に選択される』日本評論社。

佐々木卓也 2011『冷戦——アメリカの民主主義的生活様式を守る戦い』有斐閣 Insight。

鈴木基史 2000『国際関係』（社会科学の理論とモデル 2）東京大学出版会。

鈴木基史・岡田章編 2013『国際紛争と協調のゲーム』有斐閣。

ラセット，ブルース／鴨武彦訳 1996『パクス・デモクラティア——冷戦後世界への原理』東京大学出版会。

山本吉宣・河野勝編 2005『アクセス安全保障論』日本経済評論社。

Bueno de Mesquita, Bruce 2013, *Principles of International Politics,* 5th edition, CQ Press.

Doyle, Michael W. 1983 "Kant, Liberal Legacies, and Foreign Affairs," *Philosophy and Public Affairs,* 12(3) : 205-235.

Enterline, Andrew J. and J. Michael Greig 2005, "Beacons of Hope? The Impact of Imposed Democracy on Regional Peace, Democracy, and Prosperity," *Journal of Politics,* 67(4) : 1075-1098.

Gartzke, Erik 2007, "The Capitalist Peace," *American Journal of Political Science,* 51 (1) : 166-191.

Gartzke, Erik and J. Joseph Hewitt 2010, "International Crises and the Capitalist Peace," *International Interactions,* 36(2) : 115-145.

Mansfield, Edward D. and Jack Snyder 1995, "Democratization and the Danger of War" *International Security,* 20(1) : 5-38.

Maoz, Zeev 2004, "Pacifism and Fightaholism in International Politics: A Structural History of National and Dyadic Conflict, 1816-1992," *International Studies Review,* 6(4) : 107-133.

CHAPTER

第11章

国際政治経済

INTRODUCTION

国際関係において戦争と平和だけが常に問題になるのではない。読者の多くは世界史の授業で，各主要国が保護貿易政策をとったいわゆるブロック経済が第二次世界大戦を引き起こした，という説明を耳にしたことがあるのではないだろうか。日本やドイツのような「もたざる国」は自由貿易による経済的な方法による資源入手が困難になり，石油や鉄鉱石といった資源を確保するために勢力圏拡大の侵略戦争を行ったという解説である。裏を返せば，もしも，資源の乏しい日本やドイツに自由貿易を通じた資源交易を保障する制度が存在してさえいれば，戦争という非効率的な手段をとることはなかっただろうということにもなる。いわば，自由貿易は，資源や市場の獲得を目的とする国家間戦争を防ぐための基本的な装置ともいえる。

1 自由貿易をめぐる政治

なぜ自由貿易は望ましいのか

19世紀のイギリスと20世紀のアメリカをそれぞれリーダーとする覇権秩序は，自由貿易を担保し，各国がその利益を享受（きょうじゅ）するというものであった。自由貿易は是とされ，経済制裁は戦争行為と同列に扱われうる敵対政策と考えられるようになった。しかし，ここで1つ疑問に感じていただきたい。そもそもなぜ自由貿易が望ましいのだろうか。仮に望ましいとして，誰にとってどのように望ましいのであろうか。

自由貿易が世界全体の厚生を高めるという議論は，経済学者のリカードによってなされた比較優位論に遡（さかのぼ）ることができる。A国とB国という2つの国を想定し，お互いのもっている生産上の制約のもと，両国からなる世界全体での2つの財（モノ）の生産量の多さが世界の厚生を決めると設定しよう。モノを多く作ることができれば，それを消費できる人の数も増えたり，モノの価格が下がったりすることを重視した考え方といえばわかりやすいだろう。

ここで，A国を先進国とし，B国を途上国としよう。A国は技術力も高く，モノの生産にかけてはすべからくB国よりも絶対的な優位があり，生産にかかる労働者1人当たりの効率が高いとしよう。つまり，車でも米でもA国のほうが，生産者1人が作るモノの量はB国の生産者1人が作る量に比べて大きい。わかりやすい数字を出せば，以下のようになる（表11.1）。A国では，車は高い技術による自動化の影響もあって2人で1台，B国では自動化ができていないために10人で1台を作れるとする。米の場合は，農業における機械化の限界もあって両国の効率の違いはさほど大きくはなく，A国では4人で1トン，B国では5人で1トンの生産ができるとする。

このとき，A国はB国に対して，車でも米でも生産の効率性においてより少ない人で同じ量のモノを生産できる絶対優位にある。しかし，ここで紹介したい比較優位論では，相手国との関係で，機会費用が少ない産品を比較優位財と考えて，そのような性質の産品に関心を寄せる。機会費用とは，**ある選択を**

CHART 表 11.1 リカードモデルの考え方

	生産者人口	車1台あたりの必要労働量	米1トンあたりの必要労働量	貿易前の生産量	比較優位財に特化した場合の生産量	比較優位財への特化による富の増分
A国	2,000人	2人	4人	車500台 米250トン	車1,000台	車が<u>全体で</u>200台増える
B国	5,000人	10人	5人	車300台 米400トン	米1,000トン	米が<u>全体で</u>350トン増える

することで失う経済活動の機会に伴う費用のことである。自国の労働力を車の生産に新しく費やすとき，米の生産量がいくら減るのか，または逆に自国の労働力を米の生産に新しく費やすときに車の生産量がいかに減るのかが機会費用の考え方である。

もしも，A国とB国が自由貿易をしていなければ，A国もB国も自国にいる生産者を国内の需要に応じて適宜割り振り，車も米も生産するはずである。仮に，A国に2000人，B国に5000人の生産者人口がいれば，A国であれば，例えば2000人のうち1000人を車の生産に割り振り500台の車を，残りの1000人を米の生産に割り振り250トンの米を，B国であれば，例えば5000人のうち3000人を車の生産に割り振り300台の車を，残りの2000人を米の生産に割り振り400トンの米を生産するといった状態である。

逆に，両国間に完全な自由貿易が行われているとしよう。要するに，両国間に関税がなく，かつ合理性の根拠が薄い国内産品に有利な環境規制といった関税以外の理由で貿易を阻害する非関税障壁がない状態と仮定する。またA国とB国は近接しているために輸送費用は無視できるとするならば，A国とB国からなる世界全体で考えて，車と米が最も多く生産される状況は，いかにして達成できるだろうか。

リカードによれば，**双方が比較優位財に特化して生産をするというのが解答**であるという。つまり，A国であれば，米よりも効率的に生産できる車に，B国であれば，車よりも効率的に生産できる米に特化してそれだけを生産し，国内消費を除く余剰分を輸出するという状態である。事実，先ほどの例でいえば，A国が車の生産に特化して1000台を作り，B国が米の生産に特化して1000トンを作る組み合わせが世界全体での生産量を最大化する。自由貿易は生産量という点で世界を最も豊かにするのであり，それが望ましいという議論は，このような論理で行われている。

自由貿易で損する人々，得する人々

しかしながら，**自由貿易はすべての人々を喜ばせるわけではない**。先ほどの例では，「特化」という過程について十分な説明をしなかったが，これには，労働者が比較優位論に基づいて仕事を変え，生産現場を移動するという意味が含まれている。自由貿易の世界になった途端，A 国の農業従事者は自動車生産へ，B 国の自動車工は農業へ転職しなくてはならず，大きな調整費用がかかってしまうのである。日本が貿易自由化政策をとる際，農業関係団体から強い反対がなされてきたが，それは自由貿易と特化政策が彼らに他分野への転職を要求することになったからだともいえる。

他方，ヘクシャーとオリーンの貿易理論からすると，**その国に生産に使用できる資源である生産要素がどれだけ豊富に存在しているのかが鍵**だともいう。つまり，資本（カネ）がより豊富に存在している先進国であれば，資本をより使う生産物に特化してそれを輸出することが望ましく，逆に労働力（ヒト）が豊富に存在している途上国であれば，労働力をより使う生産物に特化してそれを輸出することが望ましいという。

極端なことをいえば，先進国は資本をもっている人が資本を使った生産物や資本そのものを海外へ輸出して多くの利益を得ることになる。逆に，そういった資本集約財や資本そのものが流入してくる途上国では，資本をもっている人は自分のもっている資本の価値が相対的に下がるので損をする。対照的に途上国では，労働を集約的に必要とする生産物や労働そのものを海外に輸出することで，労働者が利益を得る。そして，そういった労働集約財や労働そのものが流入してくる先進国では労働者が損をする。先進国で，労働組合が自由貿易に反対する理由は，外国からの労働力の流入に対する懸念であることが多い。それには，このような論理が背景にある。

このように，貿易理論の違いで異なる受益者・負担者が存在することになるが，**重要なのは，各国国内で自由貿易に賛成する消費者などよりも，日本にお**

ける農家など反対する人々のほうが往々にして政治力を得やすいという点である。というのも，自由貿易による最大の受益者は生産量の増大によって価格上の恩恵を得る消費者全体である。しかし，その個人個人が得る利益の大きさを考えると，その値は相当に小さい。関税引き下げによる価格下落による利益も消費者である国民全体で分配すれば，わずかだろう。他方，負担者は受益者全体が得る経済的利益と同じだけ損をすると考えると，日本の農家や途上国の自動車生産者などといったように限られた一部の人間に負担が集中する。したがって，同集団の中で負担を分け合っても個人個人が具体的で大きな痛みを伴うことになる。政府に保護貿易政策をとらせるには組織による運動が欠かせないが，具体的な損益を理解できる個人はお互いに連帯できる。

逆に，自由貿易推進運動では，消費者は自分が得られる小さな利益を動機に運動に参加することはない。各人は誰かほかの人が運動をしてくれるだろうとフリーライダーになることで，誰も自由貿易推進を声高に叫ばない状態が生まれる。すなわち，世界において，全体として，自由貿易政策が一般論として望ましいとされながらも，多くの場合，各国国内の反対勢力によって押しとどめられるのには，こういった事情もある。自由貿易体制の維持は，国内の一部反対派の動きを乗り越えなくてはならない宿命を常に伴っている。

政治体制と自由貿易

ややミクロな議論に終始してきたが，政治体制は自由貿易と理論的に関係するものだろうか。例えば，自由民主主義体制であるほうが自由貿易を推進するといった関連性はあるのだろうか。

民主主義国の政治リーダーが自由貿易か保護貿易かという2つの選択ができると仮定した場合，自由貿易をめぐる選択はＡ国とＢ国との間に**一度限りの相互作用**において，いわゆる**囚人のジレンマ**の状況をもたらしうる。**相手が自由貿易をして市場を開放し，自らは市場を開放せずに保護貿易政策をとり，他国を出し抜くことが産業界からの圧力下にある政治リーダーにとって魅力的な選択肢になる。**互いに同様のメカニズムが働く場合，相互に相手を出し抜こうとする結果，保護貿易と保護貿易の組み合わせがＡ国とＢ国との間の均衡になってしまう。これは，アメリカのトランプ政権が近視眼的に保護貿易政策を掲げて，その支持層に訴えようとした姿にも重なる。もちろん，リカードモデルが示すように，それは相互の国家の消費者にとっては望ましくないが，政治リーダーにとってはその圧力団体に産業保護の政策としてアピールができ，再選確率を高めるといったメリットがあるだろう。

A 国と B 国はともに，自国内に不満をもつ人々が一部にはいるものの，両国からなる世界全体にとっては自由貿易が望ましい。というのも，両国が互いに保護貿易を行っている状況よりも，両国が市場開放を行う組み合わせのほうが世界全体で生み出す生産量が最大化され，商品の値段も安くなるからである。このジレンマを乗り越えるには，両国が両者の関係を永続的と考えているかどうかに加え，相手を信用できるかどうかという点も問題になる。**両者の関係が長期間にわたるという期待がある中で，相手を信用できれば，A 国は B 国に市場開放をし，B 国も A 国に市場開放をするはずである。**しかし，相手が裏切ると思えば，協力関係はすぐに終わり，ただちに保護貿易政策の応酬となる。

政治体制に関しては，**自由民主主義体制は拒否権プレーヤーが権威主義体制に比べて多い**（第 10 章参照）。議院内閣制であれ大統領制であれ，議会が承認しなくては政策は執行できず，これは貿易政策にも該当する。そうであるならば，**ひとたび自由民主主義体制が自由貿易協定を結ぶなど，保護政策からの離脱を決めたならば，その決定が議会を通過している限り，その約束に信憑性が生まれる。**つまり，**囚人のジレンマ状況を打破して，永続的な自由貿易関係が達成できる可能性が大きくなる**と思われる。いわば，繰り返し囚人のジレンマの「将来の影」の議論が当てはまる（第 1 章第 4 節参照）。実際，そのような議論と整合的なデータ分析の結果があり，自由民主主義体制同士であると自由貿易政策を安定的に維持しやすいという（Mansfield et al. 2000）。

2 レベル・ゲームという分析枠組み

ここまでの解説で，国際経済において国内が切り離せない連続した政治空間であることがわかる。国家は自律的に国際経済政策を決めるにしても，その背後には自国の国内の企業や労働者といったアクターの調整と協力が欠かせない。そして，さまざまな国内事情を加味したうえで 2 カ国間の国際経済交渉を構造的に理解することができるモデルとして，2 レベル・ゲームと呼ばれる考え方が存在する。

パットナムの提唱するこのモデルでは，**国際交渉は，国民一般や議会といった国内の「本人（プリンシパル）」と，交渉者として他国と協定をまとめる「代理人（エージェント）」とに分解でき，それぞれの国に本人―代理人の２つのレベルが埋め込まれているという。**本人は，代理人が交渉してきた結果である協定案を受諾するか，拒否するかを選択できる。あくまで，交渉は各国の代理人の間で行われ，本人が他国に直接影響を与えることはないか，またはごく限定される。

このとき，分析においては，ウィンセットという鍵概念が必要となる（第6章参照）。これは，国家間交渉において可能な合意の集合で，かつ国内政治において本人からも支持を得られるものと定義できる。**ウィンセットが重ならないＡ国とＢ国であれば，いかなる協定も成立しない。他方，ウィンセットが重なれば，その重なった部分の集合のどこかで交渉が妥結し，両国間に協定が成立する。**伝統的に貿易交渉では重要な貿易産品の関税の引き下げが論点になってきたが，Ａ国はＢ国に輸出する産品αへの関税をなるべく引き下げるよう，またＢ国はＡ国に輸出する産品βへの関税を下げるために，説得を行うことになる。

このような設定で，有利に国際交渉を進めたい代理人は，どのように行動するだろうか。おそらく，１つ考えられるのは，**相手国の代理人に対して自国のウィンセットがとても小さいのだと情報を出すこと**だろう。もちろん，自由な報道が担保されている国の場合には，完全にブラフは出せないかもしれない。しかし，交渉のテーブルで，妥協ができない理由が国内事情にあるというのは，相手から譲歩を引き出すうえで有効だとされる。もちろん，両者がお互いのウィンセットの小ささを強調し合うだけでは，できる国際協調も生まれなくなる。

そこで，サイド・ペイメントとして知られる取引の手法も国際貿易交渉では多用される。サイド・ペイメントとは，**ウィンセットの広い産品γで相手国に譲歩する代わりに，相手国から自国の求める産品αの関税の引き下げを引き出す，という形式の国際交渉の妥結方法である。**これに関連して，いままで別々の交渉案件だったものをまとめあげ，１つの約束事としてくくるたすきがけという戦略がある（鈴木 2013）。ウィンセットの広い産品γで相手国に譲歩する代わりに，相手国からは，例えば，それまで全く別交渉で扱われてきた知的財産権をめぐる国際ルール化問題での譲歩をとりつけ，それらを「パッケージ」として協定化し，双方が互いに譲り合いながら交渉結果をまとめるものである。

1970 年代以降度々政治問題と化していた日米貿易摩擦では，1990 年代に日本とアメリカの間で両国の経済問題について話し合う場として設定されていた「日米構造協議」の際に，たすきがけ戦略がとられたという。事実，日本は，貯蓄・投資，流通分野でアメリカの要求を受け入れた譲歩が多かったのに対して，排他的取引慣行と企業系列分野での譲歩は限定的であった。つまり，アメリカはこれらの部分で日本に譲っていた。これらが別々に交渉されていた場合，おそらくその帰結は異なるものであったに違いない。例えば，貯蓄や投資分野での譲歩は不要だったかもしれないし，そうなると排他的取引慣行や企業系列分野ではより譲歩を迫られて要求を多く飲まざるをえなかったかもしれない。

2 モノ・ヒト・カネの移動の類似性と相違点

モノの移動と集合行為問題

国境を越えるモノの移動は国際貿易としてとらえられ，現在の国際政治学では自由貿易が戦争を抑制するように機能していると考えられている（第 10 章参照）。そして，自由貿易は囚人のジレンマのために自動的に生まれるものではないことを見てきた。

貿易量は長らく国際交流の程度を示す指標として頻繁に使われてきたが，昨今，グローバル化が進んでいるという証拠としても多用される。しかし，ある研究グループのデータによれば，世界の貿易量の増加率は増減を繰り返している可能性があるという（Chase-Dunn et al. 2000）。少なくとも，一定の傾向をもって継続的に貿易量が増大して国際交流量は増え続けているというのには語弊がある。

同上の研究グループによれば，**貿易に見る交易量の増大は，いわゆる覇権国の存在が大きい**という。イギリスないしアメリカが自由貿易を推進して国際社会にそれをある種のルールとして提示したことに，国家間の貿易の拡大が反応しているという。これは，先ほど指摘した囚人のジレンマの示唆（しさ）から，よく理解できる。というのも，相手を出し抜くインセンティブがある中で，何もしなければ保護貿易・保護貿易の組み合わせがナッシュ均衡になる（第1章参照）。ここで，そういった非協力による潰し合いを回避するには，国際的なルールもしくは覇権的な国の強いリーダーシップと違反者に対する制裁が不可欠になる。A国もB国も，ともに自由貿易・自由貿易という政策組み合わせをもたらすのは，1つは強いリーダーシップで自由な交易を保障する世界を牽引する覇権国の存在だといえる。事実，19世紀から20世紀にかけてのイギリスとアメリカが覇権国であった時代の世界貿易は高い伸びを示している。

ヒトの移動と国際関係への波及効果

今日の国際経済活動は，貿易によるモノの移動にとどまらない。**カネやヒトも国境を越えて大きく移動する。そして，その大移動は国際政治にも影響をもたらす。**カネをめぐる国際政治，ヒトをめぐる国際政治についても，利害構造を理解し，不要な国際対立をもたらさない知恵を学ぶ必要がある。

まず，経済移民として国境を越える労働者が文化摩擦を引き起こした事例として，ドイツにおけるトルコ移民が挙げられる。西ドイツでは，1955年から同政府とトルコ政府の間で結ばれた募集協定に基づき，ガストアルバイター（ガスト＝客人，アルバイター＝労働者）として多くのトルコ人が流入した。西ドイツ側は高度経済成長期における労働者不足の解消をめざし，逆にトルコ側は高い技術力を習熟した自国民が将来帰国して自国の産業の発展に寄与することを目論んだ。

しかし，現実にはトルコ人に与えられた仕事の多くは単純労働で，移民の大半が未熟練労働者となってしまった。すなわち，トルコ側が期待した技術をもった人材の帰国は達成されなかったのである。しかも，西ドイツ側ではトルコ人の流入で仕事を失ったドイツ人労働者の不満が蓄積し，外国人排斥の運動が目立ち始めた。両国政府は，ガストアルバイターに帰国を促すさまざまなプロジェクトを実施したものの成功することはなかった。それどころか，1973年に起こった石油危機をきっかけにガストアルバイターの募集は完全停止になったものの，移民たちは母国にいる家族を西ドイツに呼び寄せ，ともに生活するようになった。結果として，1972年に約350万人だった外国人人口は73年に約400万人に，74年には約410万人に増加した。いまではドイツの人口の約1割が外国人とされる。

ドイツにはナチス時代への深い反省から設けられたドイツ刑法130条「民衆煽動（せんどう）罪」のように，人種差別やいわゆるヘイトスピーチに対する明示的な禁止法が存在する。そのようなドイツにおいて，現在再び，外国人排斥の動きが問題となっている。当然ながら，外国にいる同胞が差別され，排斥の対象になれば，送り出した本国政府は外交的に働きかけて是正を求めるだろうし，当該国で受入国への感情は急速に悪化するだろう。ここに経済移民の問題は外交問題に転じる可能性が高くなる。仮に，政権与党が排外的な主張を唱える勢力に近い場合には，事態は悪化するほかなく，場合によっては両国間の高度な緊張にもつながる。

日本では，2000年代にインドネシアやフィリピンと経済連携協定（EPA）を締結するにあたり，看護師や介護士の受け入れをどのように許容するのかが大きな論点になった。EPAに基づくヒトの移動にとどまらず，外国人労働者は近年日本でも増えているが，彼らをいかに日本の社会に統合するのか，できるのかは大きな課題である。

人権を有するヒトの移動が社会に与える影響はより大きく，統合という課題が論点になることこそモノの移動との決定的な違いといえる。特に，そこで排他的な態度をとることは，国境を越える労働者とその母国政府の負の反応とその連鎖を引き起こすことになり，何の解決ももたらさない。思い出してほしいのは，いわゆる黄禍論として知られる欧米におけるアジア人排斥の運動のように，日本人も過去にアメリカなどで外国人排斥の対象であったという事実であり，そしてそれが国家間関係の深刻な悪化につながった歴史である（簑原 2002）。

カネの移動と国際関係への波及効果

カネも国境を越える時代である。貨幣の発行は国家に一元化されるのが原則であるので，カネについては**国家がその自律性をいかに保つのか**，いいかえるならば，どれだけ他国に左右されずに金融政策や為替政策，資本移動規制政策

CHART 図 11.1 国際金融のトリレンマ

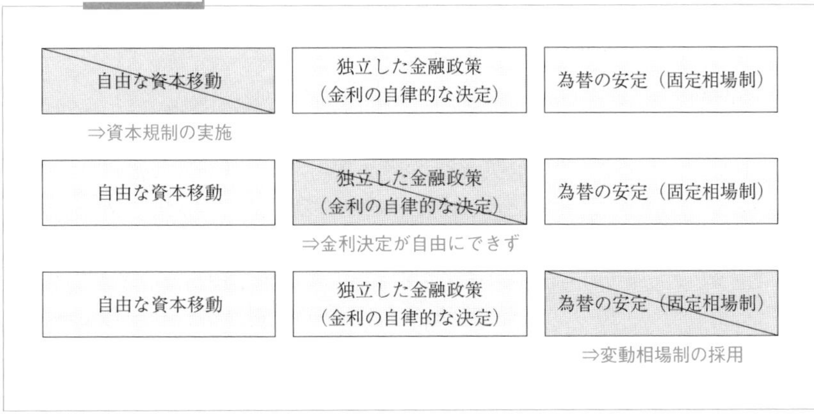

をとることができるのかが争点になる。そして，そのような問題構造はやはりモノの移動とは異質である。

ここで，説明されるべきは，国際金融のトリレンマである（図 11.1）。すなわち，**為替を安定させる固定相場制，金利水準の自律的な決定を行う独立した金融政策，自由な資本移動という 3 つの政策は，いずれか 2 つしか同時には成立しない。**固定相場制を採用し，自由な資本移動が約束されている場合，当該国家の中央銀行が金利を自律的に変えても，為替を固定している相手国と金利差が発生している限り，金融政策の効果を相殺するかたちでカネの移動が起こり，金利変更の政策的意味がなくなる。固定相場制で独立した金融政策をとっている場合には，自由な資本移動を禁止しない限り，金融政策の変更が相殺されてしまうカネの動きは阻止できない。

例えば，あるとき日本が 1 ドル 100 円で固定相場制を実施すると宣言したとしよう。なお，ほかの 2 つの政策はそのままで，つまり独立した金融政策と自由な資本移動は継続している。このとき，日本銀行が景気を刺激するために，市中の貨幣量を増やすために低金利政策をとることを考えてほしい。目論見は成功するだろうか。

もしも日本の金利が低くなるならば，日本国内で資本をもっている人は海外の高い金利をめざして資金を移動させ，カネは日本から流出することが予想できる。ここで，もしも金利が世界と同じ水準まで上昇しないと，もしくは許可

Column ⑪ 国際制度と変化

国際制度をめぐっては，リプシーが提示した面白い研究がある。

リプシーは，数ある国際制度を変化の観点から眺めると，3つの場合があるとした。1つ目は，国際連合のように制度の意思決定のしくみがほぼ変化しない場合である。2つ目は，国際通貨基金（IMF）のように意思決定のしくみがたびたび変化する場合である。3つ目は，国際連盟のように退出国が度重なって消滅してしまう場合である。そしてこれら3つの場合を統一的に説明できる枠組みを作ろうとした。その着眼点は，①制度が所掌する政策エリアの特性と，②制度変更のルールである。

①は，制度が扱う政策の特徴によって，その制度の外にある政策選択肢（＝外部選択肢）が魅力的ではない場合と魅力的な場合に分けられる。外部選択肢が魅力的ではない場合として，例えばIMFがある。同じような普遍性のある制度を作ることは簡単ではなく，通貨は1つのネットワークでつながっており，自国だけ既存の枠組みから離脱して新しいしくみを作るというのが難しいからである。他方，外部選択肢が魅力的な場合としては，世界貿易機関（WTO）がある。すなわち，地域ごとに関税を引き下げる制度（例えば環太平洋パートナーシップ〈TPP〉）が存在することが，WTOにとって問題になることはほとんどないからである。各国にとって外部選択肢の活用の魅力が増すのである。

②は，制度に不満をもった国々が改革を訴えた際，制度の変更がどのくらい簡単にできるのかという論点である。IMFや世界銀行は比較的，制度変更のハードルが低いものの，国際連盟や国際連合は拒否権や全会一致原則が存在し，そのハードルが高いという。

①と②を組み合わせると，国際制度の変化について以下の表のような4つの類型に分けられる。外部選択肢の魅力がなく制度改変のコストが高い（A）には，国際連合が当てはまる。国際連合のような普遍的な存在は外部選択肢の達成を難しくし，かつ魅力的なものとしない。しかも制度改変コストが高いので，「現状維持」が続く。国際連合以外の典型例としては，ICANN（The Internet Corporation for Assigned Names and Numbers）が挙げられる。

制の導入など資本移動規制をしないと，資本の流出は止まらない。

というのも，本来であれば日本からカネが出ていけば外国通貨が買われて円が売られ，円は100円よりも値下がりするべきであるが（例，1ドル120円），

ICANN はインターネットのドメイン名といった資源を全世界的に調整することを目的に 1998 年 10 月に設立されたものである。法人格としては民間の存在ながら国家代表が参画する政府諮問委員会を伴っている。

これに対して外部選択肢が魅力的で，制度改変コストが高い（B）は国際連盟が当てはまる。そこでは，発足当時にアメリカ，ソ連，ドイツといった国々の急速な不参加もあり，外部選択肢は相対的に魅力的で，他方で制度改変コストは高かった。諸国が退出の選択肢をとったことで，連盟加盟国は大きく減少し，その制度は崩壊した。

外部選択肢は魅力的ではないが，制度改変コストが低い（C）には，宇宙空間における衛星を管理するインテルサット（INTELSAT）の導入初期が当てはまる。また，外部選択肢が魅力的で，かつ制度改変コストが低い（D）については世界銀行が典型例であるという。外部選択肢がないことから制度離脱の脅しが効かず，日本やフランスの制度改変要求が制限の中でしか進まないインテルサットの場合（C）と外部選択肢があることで制度変革が進んでいった世界銀行の場合（D）とに分かれていったという。例えば IMF と比して世界銀行で日本の影響力が増していったことが実証的に示され，以上の議論の証左とされている。

表　国際制度の変化をめぐるリプシーの４類型

		外部選択肢	
		魅力的ではない	魅力的である
制度改変コスト	高い	(A) 現状維持の経路依存的な継続 例：国際連合，ICANN	(B) 退出 例：国際連盟
	低い	(C) 再交渉は可能だが，結果は国力比に応じないこともある 例：インテルサット	(D) 頻繁な再交渉と国力比に応じた結果の達成 例：世界銀行

［出典］ Lipscy 2017: 42.

固定相場であるためにそれが市場では調整されないからである。為替の変動がないので，円の価値は同じままで海外の高い金利の恩恵を受けることができる。同様に資本の移動を政府が規制していれば日本国内にカネが残るが，そうでない限り，資本は海外に向かっていき，したがって日本では資本不足になり，国内で投資に使われるべき資金がなくなってしまい，金利政策の目的が果たせない。

したがって，各国はどれか1つの政策の自由をあきらめている。先進国は固定相場制をあきらめ，変動相場制をとり，その代わりに独立した金融政策と自由な資本移動を選択している場合が多い。また，**政治体制とのかかわりでは，権威主義体制は中央銀行に対して独立した金融政策を許さず，自由民主主義体制よりも固定相場制を採用しやすいという**（Broz and Frieden 2001）。**逆に，自由民主主義体制はそれ以外の国に比べて自由な資本移動と独立した金融政策を優先させ，変動相場制をとりやすい。**

こういったトリレンマがある中で，大規模な投機的なマネー（カネ）の存在が国際通貨の不安定化を引き起こす。例えば，1990年代後半のアジア通貨危機において，タイ・バーツや韓国・ウォン，インドネシア・ルピアなどが急激に価値を落とした。信用不安を背景に，いままで当該国の株や債券を大量に購入していた外国人が一気にそれらを手放そうとし，それに連鎖して当該国の通貨も売られたのだった。国際的なカネの移動が比較的自由な今日の私たちの世界では，投機的なマネーが世界経済や国際通貨取引の安定性を損ねる可能性がある。そのため**各国政府が急速な通貨売りに対応できるよう，緊急時の通貨融通を担保するスワップ協定を結ぶ国々が増えている。**

また，カネの国際移動をめぐって，国家と新興富裕層との間に生まれている緊張関係も国際経済の安定と秩序を脅かしうる。ヘッジファンドなど投機的なマネーにかかわり，インターネットによる金融取引の運用益を中心に莫大な富を生み出す人々が出現している。彼らのいままでにない特徴は，インターネットさえあればどこにいても大きな富を得られることにある。いいかえれば，税率の高い母国にいて経済活動をする必然性はなく，こういった新しい富裕層は母国を「退出」して積極的に課税水準の低い国へと移動していく（第2章，第9章参照）。そして，その際彼らは多くの資本も国際移動させる。その結果，福祉国家型の政策をとり課税率の高い先進国は富裕層からの税収を失い，それを原資とする富の再分配が行いにくい状況を迎えている。

なお，ここでも囚人のジレンマの構図が見てとれる。すなわち，A国もB

国も高い税収を得るために高い課税水準を設定したいが，相手より少しでも課税率を下げることで富裕層を呼び込むことができ，ゆえに相手を出し抜いて一方的に課税率を引き下げるインセンティブをもつ。結果的に双方が相手を出し抜こうとして，極限まで課税率を引き下げ合う不本意な状態が生まれる。これは，第9章で説明した「底辺への競争」にほかならない。これを打破するには，国際協調を担保する何らかの制度の存在が欠かせない。それをめぐる国際交渉は難航しつつも，しかし徐々に姿を現しつつある。最近の議論の動向は，例えば経済協力開発機構（OECD）のウェブサイト（http://www.oecd.org/ctp/）で情報を得られる。

3 国際制度

相手の裏切りを防ぐための制度

自由貿易や通貨の融通（スワップ協定），税制をめぐる政策協調など，経済分野において各国が協力すべき事案が複数あったが，その実現はなかなか一筋縄ではいきそうにないことを見てきた。その背景には，相手国が裏切る不安から，双方にとって望ましくない状態を生んでしまう囚人のジレンマの構図があった。すなわち，協力を阻害する不信の存在である。また，協力したほうが明らかに双方が得をするのでその点では異論がないにもかかわらず，協力の内容を具体的に調整する段階で，もめてしまう場合もあるだろう。ここでは，協力についても調整についても重要な役割を果たしているとされる国際制度について見ていこう。

国際制度の役割として第1には，**自由貿易や税制をめぐる政策協調のように，囚人のジレンマを解消するための制度として，国家間の裏切りを予防し，相手に対する不信を取り除くという機能が考えられる**。例えば，自由貿易であれば，関税及び貿易に関する一般協定（GATT）や世界貿易機関（WTO）といった制度が存在するが，これらは，何が協力に対する裏切り行為であるかを明文化することで共有し，そのうえで裏切り行為に対する制裁のしくみを取り入れている。制裁があることで，自由貿易政策の推進という協力状態からの離脱を防ごうというものである。

しかも，WTOでは一方的な制裁措置の禁止の規定が設けられたことから，相手が仮に協力せずに裏切っているからといって，自らも即座に制裁を発動して保護的な政策に舵を切り，自由貿易体制がすぐに破綻（はたん）するようなことを防いでいる。貿易紛争をWTOの決められた手続きで解決する枠組みを用意することで，各国間の不信を取り除き，安定した自由貿易体制が維持されるよう考えられている。

なお，GATTでの紛争案件数は1948年から94年の間に314件（年平均6.7件）であったのに比べ，WTOでの案件数は1995年から2020年（6月現在）までの25年間で595件（年平均23.8件）に増加した。WTOの紛争解決制度が加盟国から信頼を得て効果的に機能していることを意味しているだろう。

例えば，ダンピング防止税や相殺関税によってアメリカ政府が得た税収を，ダンピングや補助金提訴を支持した国内業者等に分配することを義務づけるアメリカの国内法である「バード修正条項」をめぐるWTO提訴問題は，重要な例であろう。というのも，超大国の政策にヨーロッパや日本などがWTOに異議を唱えて，その上級委員会にアメリカの国際ルール違反を認めさせ，結果としてアメリカの政策を変えさせる結果となったからである。

他方，税制に関する政策協調は，OECD諸国で何度も真剣に議論されてきているが，いまのところ高度な制度化には至っていない。そこには，協力に関係する国の数の多さ，そして，富裕層が流出している先としてシンガポールなどOECD以外の国にも課税水準を維持するための協力体制への関与を促さなければ問題が解決しないという，課題そのものの性質も関係している。

調整のための制度

第2に，**協力の意義は明白であるが協力の内容について調整が必要な場合には，国際制度は公開の多国間外交の場を提供し，場合によっては決定ルールを提示し，また，その明文化と具体化を助けるという機能を果たす**。わかりやすい例として，国際標準化の話を挙げよう。先進国の中で，ある技術の標準としてAとBがあり，Aはヨーロッパ諸国が，Bはアメリカと日本が採用するために動いているとしよう。普遍的な技術であり，一本化できれば，すべての市場で商売ができ，儲けも大きい。AとBとで使用地域が分かれてしまえば，それぞれの地域に応じて異なる技術標準を用いた製品を出荷しなければならず，非効率である。

このとき，ヨーロッパ陣営も日米陣営も世界共通の標準ができれば，大きな市場で1つの技術で商売ができ，規模の経済効果もあって多くの儲けが出ると考え，国際標準化を行うことには賛成である。しかし，AかBかについては真逆の立場で，仮にどちらかに一本化されれば，それに従ってもいいとは思っているものの，より望ましいのは自分が推している技術が国際標準になることだと考えている。ここで，国際制度は意見集約の場を提供しうる。国際標準の場合であれば，例えば，国際標準化機関（ISO）という組織が存在する。そして，ISOの場合であれば，提案段階→準備段階→委員会段階→照会段階→承認段階→発行段階という順序によって標準化を進める手続きをあらかじめ用意し，その点で各国がもめることがないように基本的なルールが決められている。しかも，すべての国際規格が，標準化後の少なくとも3年以内に見直され，1回目の見直し以降は5年ごとに見直しが行われる。このように，変更や維持に関しても手続きがあらかじめ定められ，その意味で標準の安定化が図られている。

いつ国家は国際制度に頼るのか

先ほど2レベル・ゲームの枠組みを説明する際に，「プリンシパル」と「エージェント」という区別を行った。国家と国際制度の関係についても，これらの概念は応用できる。すなわち，本人たる国家が，代理人たる国際制度に何をどこまでさせるのかという論点である。また，国際制度は複数存在することもあって，どの制度に何を頼るのかという論点も存在する。

国家が，自らの自由な意思決定の権利を放棄し，国際制度に頼るのかどうかは，その国が**国際制度を尊重して対外政策を推進する**，いわゆるマルチラテラリズムを選択するのか，または**自国で独断的に対外政策を推進する**，いわゆるユニラテラリズムを選択するのかに関係する。

通常，国際制度は，イシュー・エリアと呼ばれるそれぞれの分野ごとに複数存在し，あるものは①全地球を対象とし，あるものは②地理上の特定地域だけを対象とする。特定地域のみを対象とすることをリージョナリズムともいう。

例えば，貿易分野でいえば，WTOは①で，北米自由貿易協定（NAFTA）や環太平洋パートナーシップ（TPP）協定などは特定の地域に加盟国が限られるので②である。ほかにも，国家の属性が似た国々の間だけで制度が形成される場合もある。例えば，OECDのような先進国に加盟国が限定されるものや，石油輸出国機構（OPEC）のような産油国という性質を共通項とした制度も存在する。

ここで，何ら制度を介さないという決定を国家がする場合には，そこでは本人の自律性が強く重視されているという理解が一般化している。つまり，決定の内容が国家の存在理由にかかわるような案件の場合，国家はそれを国際制度に委任することはない。今日，国際社会が国家間の取引に課税するトービン税の導入を提唱する運動も見られるが，それが実現しそうにないのは，税を徴収する行為が国家の自律性に密接にかかわるからであろう。

他方，仮に制度を介する場合には，どの制度に何を委任するのかは重要な論点である。多角主義によって国際制度を積極的に活用する理由として挙げられるのは，費用分担や正当性である。効率的に費用分担ができ，かつ正当性を有する国際制度は頻繁に活用され，それはより長く継続されることになる。費用分担の機能に不全があり，正当性もなければ国際制度はすぐに消滅するだろう。

通常，国力が小さく自前で国際関係の諸問題を解決できない中小国は積極的にマルチラテラリズムを選択し，他国の力を借りずとも多くの政策を実施できる大国はユニラテラリズムに陥りやすい。しかし，単独で国際関係を動かせる能力をもつ超越した国家は現在のところ想像しがたい。例えば，アメリカのような国も頻繁にマルチラテラリズムによって政策を実施していることを忘れるべきではない。

最後に，**複合的に制度が折り重なる状況で，どの制度を活用するのかをめぐって，各国は**フォーラム・ショッピング**と呼ばれる行為を行う。**例えば，バナナの貿易をめぐり，ヨーロッパのある国とラテンアメリカのある国との間に貿易紛争が起こったとして，それをGATT／WTOに持ち込んで処理することもできれば，欧州連合（EU）に持ち込むこともできる。より自らに有利な裁定を出しそうな制度へ持ち込むのが基本原理であろうが，大事なのは，一度出された裁定がもつ前例効果である。当該案件で事態がどれだけ有利に進むかという論点に加え，長期的に見て自国に有利な原則をどう確定していくのかという論点もふまえて，どの制度が望ましいのかが判断され，貿易紛争をめぐる対外政策が定まっていく。

グローバルな世界における感染症問題と国際制度

2020年に入り，新型コロナウイルス感染症（COVID-19）が世界的に流行し，各国で国境の封鎖や外出制限による感染者拡大の抑制策がとられた。世界経済のグローバル化を象徴していた民間航空便の運航は軒並み停止し，世界の経済活動も停滞し，2019年末から20年春にかけて世界は一変してしまった。

このような国境を越える感染症問題に対して国際社会が立ち向かうにあたって重要な役割を果たすと期待されるのが，世界保健機関（WHO）である。WHOは，各国政府に対して指示を強制する権限を全くもたないが，情報共有や調整といったメカニズムを通じて世界大の公衆衛生問題に，人類が対抗するための重要な存在である。特に，自国に十分な資源がないために公衆衛生政策を効果的に講じることができない国々・地域にとって，WHOの支援は欠かせない。ウイルスの強毒化が蔓延過程で起こりうるリスクを考えれば，自国だけではなく他国でも流行させるのは得策ではない。

感染拡大が深刻化する中で，WHOの最大の資金拠出国であるアメリカは，当時のトランプ大統領の意向に沿って資金の引き揚げをにおわす姿勢を示した（Youde 2020）。自国第一主義を掲げるトランプ大統領らしく，独善的だが，その支持者には魅力的に映るポピュリスト的な態度表明であった。しかし，WHOの資源を奪うことは，すでに広まってしまって対応が急務となったCOVID-19の問題を深刻化させるばかりだというのは想像に難くない。

当時，トランプ大統領はWHOの事務局長が中国寄りの立場をとっていると批判し，国際制度の正当性を疑う言動をしていた。仮にそういった懸念があるのであれば，資金引き揚げではなく，総会で問題にすればいいはずで，アメリカ政府の方針は理解し難い。アメリカは第二次世界大戦後，WHOを含めたグローバルな公共財を提供することに積極的に関与し，国際協力をマルチラテラリズムに依拠して推進してきた。しかし先に述べたように，**他国の力を借りずとも多くの施策を講じることができる大国はユニラテラリズムに陥ってしまう**

傾向があり，その影がここにも及んでいる。自国第一主義に裏打ちされたユニラテラリズムは，グローバル化した世界で感染症問題のような課題が存在するとき，問題を悪化させるだけで解決をもたらさない。

引用・参考文献　Reference ●

ウォーラーステイン，イマニュエル／川北稔訳 2013『近代世界システム』Ⅰ～Ⅳ，名古屋大学出版会。

澤田康幸 2003『基礎コース 国際経済学』新世社。

鈴木一敏 2013『日米構造協議の政治過程――相互依存下の通商交渉と国内対立の構図』ミネルヴァ書房。

田所昌幸 2008『国際政治経済学』名古屋大学出版会。

簑原俊洋 2002『排日移民法と日米関係』岩波書店。

山本吉宣 1989『国際的相互依存』東京大学出版会。

山本吉宣 2008『国際レジームとガバナンス』有斐閣。

Broz, J. Lawrence and Jeffry A. Frieden 2001 "The Political Economy of International Monetary Relations," *Annual Review of Political Science*, 4(1) : 317-343.

Chase-Dunn, Christopher, Yukio Kawano and Benjamin D. Brewer 2000, "Trade Globalization since 1795: Waves of Integration in the World-System," *American Sociological Review*, 65(1): 77-95.

Lipscy, Phillip 2017, *Renegotiating the World Order: Institutional Change in International Relations*, Cambridge University Press.

Mansfield, Edward D., Helen V. Milner and B. Peter Rosendorff 2000 "Free to Trade: Democracies, Autocracies and International Trade," *American Political Science Review*, 94(2): 305-321.

Youde, Jeremy 2020, "Trump Wants to Review the WHO's Actions. These are its Key Roles and Limitations," *Washington Post Monkey Cage* (April 16, 2020) https://www.washingtonpost.com/politics/2020/04/16/trump-wants-review-whos-actions-these-are-its-key-roles-limitations/

CHAPTER

第12章

国際社会と集団・個人

INTRODUCTION

最終章は，近代主権国家を相対化しながら，非国家主体と呼ばれるさまざまな存在が国際政治において担っている役割，影響を中心に議論を進める。その際，そもそも国家とはどういうものであるかを理解する必要がある。まず，私たちが当然と考える近代主権国家とそれが織り成す関係とは異質なものである都市国家，帝国，宗教国家からなるシステムの説明から始める。そして，いかに国際関係が単なる戦略的相互依存関係を超える，ある種の社会たりうるのかを議論する。また，私たちが個人として国際社会で果たしうる役割を考えるために，外交革命と外交の民主化，人権，テロリズムといったテーマを論じることを通じ，私たちが国際関係に対して，どのような当事者性をもち，何ができるのかを探る。一番遠いところにありそうな国際政治も，いまやそこまで遠い存在ではないのかもしれない。

1 主権国家の相対化

都市国家，帝国，主権国家

主権国家は，その始まりとされる条約体制の名前からウェストファリア・システムと呼ばれる，ヨーロッパで生まれた近代国際関係の構成員である。主権国家を抜きにしては国際社会について考えることはできない。しかも，私たちが生きる現在の国際社会では，自由民主主義体制のように国民が主権者として国家を統治するという考え方が主流であり，いわゆる国民国家という言い方が定着している。もちろん，まだ君主国も世界には残っているが，それは世界の趨勢（すうせい）からすると少数派になってきている。

そのような国民国家が今日のように定着する前の時代には，都市国家や帝国といったものが主権国家とともに並存している時代があった。17世紀初頭（1618～48年）のカトリックとプロテスタントの宗派対立を主たる争点とする三十年戦争（いわゆる宗教戦争）は，各国がそれぞれの領域内で信仰される宗教を選択する権利（主権）の存在を相互に認め合う講和文書（オスナブリュック条約：神聖ローマ帝国とスウェーデンの講和，ミュンスター条約：神聖ローマ帝国とフランスの講和）で終息する。ここに，ウェストファリア・システムが誕生した。

しかし，交易の中継によって富を蓄積する，中世以来の都市国家の影響力が全くなくなったとはいえなかった。ドイツ統一，イタリア統一運動までの期間において，両地域のハンブルク，ブレーメン，トリエステといった街は自由都市として，統一ドイツや統一イタリア，またはオーストリア・ハンガリー帝国の政治システムからの独立性を備えたものとして存在していた。これらの都市は商業拠点であることを根拠に自治を行い，他方，ハンザ同盟のように都市同士で同盟関係を結び，君主制国家との外交交渉も行っていた。

これに対して，中心にある政治体が周辺を属州や自治領として広大な地域を支配する帝国もウェストファリアの講和の後，第二次世界大戦が終わるまで国民国家と同時に存在していた。しかし，オーストリア・ハンガリー帝国やロシア帝国は第一次世界大戦とともに姿を消し，大英帝国は第二次世界大戦をきっ

Column ⑫ 中華世界とイスラム世界による近代国家体系の相対化

世界史上，国際システムには歴史・文化的な多様性が見られた。近代ヨーロッパ国際システムと対比できるものとして，中華の国際システム，イスラムの国際システムが存在したとされる。例えば，中華の国際システムは近代ヨーロッパ国際システムとは異なり，領域と境界確定をその関係性の機軸としない。曖昧（あいまい）な（周辺の）領域を統治する領主が，帝国中央の皇帝に対して，恭順の意を伴って貢物を捧げることを進貢といい，皇帝がその貢物を受け入れる入貢を経て，中華の国際システムの一員であることを認定する。また，その際，皇帝は下賜（かし）としてより多くの物品を周辺に贈る。このほか，交易に関しては互市（ごし）というつながりで関係を構築していった。このシステムでは，中央が周辺と直接的につながるほかは，周辺同士が相互に関係性を積極的に構築するものではない。また，中華の国際システムでは，点と点をつなぐ関係性が重視されていた結果，領域を線で確定する必要性が必ずしもなく，ヨーロッパとは異なって国境線への意識は総じて高くはなかった。

イスラムの国際システムについては，宗教を軸にした統治体制を採用する平和の領域であるイスラムの家（ダール・アル・イスラム）とそれ以外の戦争の家（ダール・アル・ハルブ）に区別するという世界観＝認識がある。イスラム法の支配を受けた，イスラム教徒が指導者である領域の民は，住民の多数が異教徒であっても平和の領域と考えられる。他方，戦争の家に対してイスラム教徒は聖戦（ジハード）を通じて自らの信仰を守る義務がある。異教徒に対する「防衛」戦争は成人男性の義務とされている。この，ジハードが一時期停止され，戦争の家との停戦状態にあるのが，和平の家（ダール・アル・スルフ）であり，戦争の家のうち，イスラム共同体（ウンマ）が休戦条約（アフド）を結んだ相手の領域となる。

現在までに中華・イスラムの両国際システムは近代ヨーロッパ国際システムに包含され，国際関係を表現することにおいて核心的なものではなくなっている。しかし，中国における中華思想や，イスラム諸国におけるジハードの重要性を考えるにあたって，ヨーロッパ諸国の植民地化政策前のアジア地域，中東地域の国際システムに関心を寄せる意味は大きい。

かけに消滅していった。2つの大戦を通じて民族自決が唱えられていったプロセスは，いわば国民国家が帝国にとってかわるプロセスだったともいいかえられるだろう。現在，帝国のしくみをとる領域はない。

主体性の問題

それでは一体，何が国際関係のアクター（主体）であることを担保してくれるのだろうか。まず国内の個人の場合を考えてみよう。あなたが一般的な国民国家から来た大学生であるとして，あなたが当該国の主権者であることは国籍が付与されていることで担保されている。つまり，例えばＡさんが日本国民（国民は国家の構成者といえる）であるという証は，日本政府が身分を示す証拠である戸籍謄本やパスポートといった公文書を与えてくれることで確定される。

問題は，繰り返し指摘されるように，国際関係には政府がなく，国内で行われるような，一元的なメンバーの管理ができない点である。**つまり，上位にある中央権威がその関係性を織り成す構成者が誰かを決定し，その身分を保証するというメカニズムが成立しない。**

それゆえ，国家には，領域性（領土と人民），物理的強制力の独占，正統性という３要素が必要とされるが（第２章参照），それに加えて，相互承認**による関係性の構築が欠かせない。**三十年戦争後のウェストファリアの講和によって，①ヨーロッパにおける相互承認を通じ，国家は国際関係の伝統的な主体として成立した。そして，②その空間的な拡大過程である植民地主義の時期においては，ヨーロッパ以外の地域は，(A)「未開の無主地」として先占の法理によって被植民地化が進むか，または（B）ヨーロッパ以外の「野蛮国」については，近代化・文明化を経て明治期の日本のように，ヨーロッパ列強からの承認を受けて新しい構成員として国際関係に登場することになった。

さらには，③第一次世界大戦後になると，アメリカのウィルソン大統領やソビエト革命政府が民族自決を呼びかけるに至り，徐々に植民地の独立と新しい国家承認への機運が高まった。

外交の結果たる条約は広く公表されなくてはならないという秘密外交の禁止，国際条約の締結は議会などを通じ，国民の同意を得る批准という手続きを踏まなければならないという外交の民主的統制などと並んで，民族自決はいわゆる新外交の理念の１つであった。第二次世界大戦後の今日は国連憲章で民族自決原則が高らかに謳(うた)われている。宣言的効果説と呼ばれる，宣言によって国家独立の意思を示せば，他国や国際機構からの承認は不要であるという国際法の解釈が存在する状況にまで至っている。しかしながら，実際には国際連合加盟のように，構成員の承認なくして国際関係の伝統的主体である国家とそれを体現する政府になることはできない。

例えば，2014年2月，ウクライナでは親欧米派と親ロシア派の対立の結果，親ロシア派の大統領が失脚し，混乱が深刻化した。特に問題なのは，同国南東部のクリミア半島にロシア軍が事実上の進駐作戦を実施し，その中で親ロシア派市民が主導する「住民投票」が行われ，ロシアへの編入がクリミア自治政府によって宣言された点である。この投票とその結果としてできたクリミア自治政府が民族自決の意思表明として各国から承認されるのか，または不承認の扱いを受けるのかはきわめて大事な問題である。日本を含めた欧米諸国とロシアとの意見対立は先鋭化しているが，**相互承認が大国間で対立する事態は，たびたび当該地域の国際関係上の立場を不安定なものにしてしまう**。

また，**相互承認というメカニズムは，大国であるとか，先進国であるとかといった国家グループについても同様に機能している**。例えば，国際連合安全保障理事会における5大国の存在は，そもそも5つの大国がそれぞれを特別な国として相互に認め合うことに始まる。しかも，自分たちが「国際の平和と安全を維持する特別の役割を担う」という条件を付け，かつ「その力を抑制的に行使する」という約束の上で，他の加盟国にも特別な立場を認めさせるという構図をもっている。これは，立憲主義国際秩序と呼ばれている。また，アメリカの覇権的な力がベトナム戦争後に衰退したのち，世界政治と経済を共同で牽引してきた先進7カ国首脳会議（G7）は西側の主要国が相互にその存在を認め，形作られてきたものである。

最後に，**国際関係の主体になるとは，国家間の政治的配分問題に当事者としてプロセスに参画できるかどうかが鍵になる**。したがって，国際関係を形成する伝統的主体である主権国家の絶対的な数やどの国々が主権国家であるかということはあらかじめ決まっていない。さらに，一定の数で国際機構や国際NGO（非政府組織）といった新しい存在に当事者適格性を認めるかどうかは，大事な要素になる。通説では，国際関係の相互依存化が進むほど，国家を代表する政府のみならず，国際機構，政府部内の省庁，議会，政治家，地方政府，企業，NGO，専門家，一般個人といったものへ国際関係の主体性が付与されていく度合いが高まるという。

例えば，国際交渉の参加当事者性，国際取り決めである条約の契約当事者性，国際的なルールの履行監督当事者性など，いくつかの側面で整理して考える必要があり，それぞれについて国家群の判断で新しい主体が生まれていく。国際機構たる国際連合は，和平交渉の交渉当事者などさまざまな場面で主体としての存在を認められている。また，国際原子力機関（IAEA）は，核不拡散条約（NPT）体制の維持に不可欠な履行監視当事者性を伴う国際関係の主体である。最近は，条約交渉などをめぐり，国際 NGO の主体性が高まりつつある。なお，個人が当事者性を有するのは，国家がそれをごく例外的に容認するときだけであって，人権をめぐる国際裁判や特定人権問題にかかわる個人通報制度といったものに，それが表れている。

2 国際関係の社会性

合意は拘束するという原則

近代ヨーロッパ国際システムを起源とする今日の国際関係について，その主体性を国民国家である主権国家だけに限定するのか，または国家に加えて国際機構や国際 NGO，多国籍企業など他の複合的な主体を含めるのか，という違いはあるにせよ，国際関係を「社会」ととらえることはめずらしくない。つまり，世界政府がなくてもアクターの行動に関する期待に基づいた何らかの秩序が存在し，規範や制度が一定の役割を果たしていると考える。例えば，国家の独立した生存を重視し，征服や抑止のための国力の最大化を国家の最優先目標として国際関係を理解する，いわゆるリアリストであっても，物質的な力だけで国際政治が動いているとは断言できない時代になりつつある。2014 年，クリミア半島に進駐したロシア軍がいる中で，自治にかかわる住民投票が行われた。このように，そもそも武力行使禁止原則や民族自決原則が国際規範として定着していなければ，軍事的な制圧をもってロシアが併合を宣言していただろう。

極端なリアリストは，規範や制度を表面的で意味のないレトリックとして断じてしまうかもしれない。しかし，言葉やイメージのもつ説得力など，いわゆるソフトパワーを高める観点からレトリックを重視し，規範を遵守(じゅんしゅ)しているように振る舞うことには価値があるという考えは，軍事力や経済力といった物理的な力ほどではないにしても，規範や制度を気にかける国家の姿を想定している。

例えば，1997年に，非人道的な兵器として，対人地雷の製造，保有，使用を禁止するオタワ条約が成立した。この事例は，**①国家の間で条約という書かれた文書が社会的な約束事としてもつ効果**と，**②その条約締結に向けて努力した国際機構や国際NGOといった非国家主体の存在感**という2つの意味で，国際関係が「社会」としての奥行きをもつことを示す。なお，①について**相互にひとたび合意して約束したことは守るべきだと考える，より高次元の根源的な社会規範を**パクタ・スント・セルヴァンダ（合意は拘束する）**という。**

今日の国際関係では，国連憲章を尊重することを示し，そしてその大多数から支持・承認されて平和愛好国と認定された存在は，主権国家として主体性を確立し，国際社会の一員に迎え入れられる。最近の例としては，2011年に独立を宣言した南スーダンがある。平和愛好国である国家は，国際関係に存在するさまざまな制度や規範への参画と遵守の態度が期待される。そこにはアクター間に法的な上下のない，第1章で例に出したマンション管理組合といった寄り合い組織のような社会的関係が存在することになる。あなたもマンションに住み始めれば，マンション管理組合から「あなたは私たちと違う異質な存在」として認定を受けないために，マンション内のさまざまなルールを遵守するに違いない。近代国際法に習熟し，それをしっかり遵守する姿勢を示すことによって，自らが国際関係という社会の一員であることが証明されるのである。

制度と規範，非国家主体

他方，後者の②に関してはいくつもの具体例が出てきている。例えば，対人地雷禁止キャンペーンの場合には，地雷の犠牲になった女性や子どもといった弱者の写真や映像を積極的に活用し，地雷がそれまでもっていた「安くて効果的な陸上兵器」という認識を，「戦争が終わっても一般市民を傷つける非人道的な兵器」という認識に改めていくにあたり，国際NGOが果たした役割が大きかった。すでに存在する国際人道法の規範を意識し，それに地雷問題を加えていくという**「接ぎ木」戦略**がとられ，徐々に各国政府の認識が変えられ，ある一定数の国が地雷禁止へ方針を転換したところで雪崩的に地雷禁止が国際社会の風潮となり，オタワ条約の成立に至った。これを**カスケード現象**という。

ほかには，内戦の原因となる資源の国際取引コントロールに関しても非国家主体の影響力は無視できないといえる（Column ❷参照）。内戦において，反政府勢力は継続的に武器を購入して政府軍との戦闘を継続し，勝利するために何らかの資源を得ようとする。天然資源のうち，インフラが必要な石油や天然ガスと比べて相対的に入手がしやすく，かつ取引価格が個体量との関係で高く効率的なものが，ダイヤモンドである。同じ1億円でも，金の場合は一定の重量が必要であるが，ダイヤモンドの場合はポケットに入る大きさでもその金額を得られるかもしれない。

このような背景から，古くから紛争地のダイヤモンドは反政府勢力から市場へと流れ，日本など先進国の最終消費者の手に渡ってきた。すなわち，ある意味でダイヤモンドを購入してきた私たちが内戦の手助けをしていたともいえる。1990年の統計では，内戦起源のダイヤモンドが原石取引の15％を占めていたという。

この問題に目をつけた国際NGO（グローバル・ウィットネス）は，アンゴラでの紛争ダイヤモンド取引を取り上げ，業界最大手のデビアス社を批判するキャンペーンを行った（阪口 2013）。1998年12月に公開された報告書の影響力は大きかった。グローバル・ウィットネスは当時，内戦の拡大を抑制するために経済制裁をアンゴラに対して実施していた国際連合安全保障理事会にも招聘（しょうへい）され，報告書の内容を理事国に対して説明する機会を得るに至った。この結果，同理事会のもとに置かれている（対アンゴラ）制裁委員会で制裁の有効性が問題になるとともに，紛争ダイヤモンド問題を一般的に評価する必要性が出たとして専門家パネルという組織が設置されることになった。**民間の団体が国際的な規範や道徳的な規準に照らして問題提起を行い，それが国際機関の目にとまり，ひいては各国政府も紛争ダイヤモンドの不正取引を防止する手立てを打っていった。**例えば，アメリカ連邦議会ではいわゆる「カラット法案」といわれる原産地証明を要求する法案が可決された。

また，アンゴラだけでなく，例えばシエラレオネの紛争ダイヤモンド問題についても他の国際 NGO が問題を提起し，さらに国際的な統制が確固たるものになっていく。国際 NGO は，効果的に「ダイヤモンド＝紛争」「ダイヤモンド＝血や死」というキャンペーンを開始し，ダイヤモンド企業の作る「ダイヤモンド＝愛の結晶」といったきれいなイメージに対抗するようになった。すると，今度はダイヤモンド業界が自ら企業イメージと業界利益保護のインセンティブに従って倫理的なダイヤモンド取引のしくみを設定するよう動き始めた。2000 年 7 月には紛争ダイヤモンド取引を許容しない「ゼロ・トレランス」を業界として決定し，この問題に対応するための団体として世界ダイアモンド評議会（WDC）の設立を決めた。

こうした動きは，2000 年 5 月に国際 NGO，業界，主要な取引国の政府を集めた国際会議が開かれた南アフリカの都市キンバリーの名前をかぶせてキンバリー・プロセスと呼ばれ，**民間が主導する国際制度の代表例**とされている。なお，これをプライベート・レジームと呼ぶことがある（阪口 2013）。国際 NGO の運動によるダイヤモンドのイメージ悪化と国際 NGO が不買キャンペーンを脅しとして用いた結果，業界が積極的に主導して国際的な制度枠組みが生まれるという興味深い現象である。

3 個人（私たち）と国際社会

外交革命と外交の民主化

ここまでで，国家，そして国際 NGO や企業など，国家ではない非国家主体と，社会たる国際関係のつながりを概観した。では最終的に，個人，特に私たちは国際関係に対してどのような当事者性をもち，何ができるのであろうか。

そもそも，ヨーロッパの国際関係はウェストファリアの講和以降，宮廷外交または貴族外交としてごく一部の特権をもった個人によって決定され，その交渉結果は宮廷外交または貴族外交の当事者の間だけで秘密にされるものであった。このような外交は旧外交と呼ばれる。しかし，ナショナリズムの台頭と国民国家化によって王族や貴族と一般市民との垣根が徐々に溶解し，大学教育や組織的な外交官庁の整備によって外交を担う特権階級ではない平民の職業外交官が登場していった。そして，それは王と王，貴族と貴族の間の同質的で秘密主義の外交を変えていくきっかけになった。

職業外交官の登場に加え，旧外交の秘密性は第一次世界大戦をきっかけに厳しく批判されるようになった。1つは，ロシア革命の影響であった。1917年11月，ボリシェヴィキ政権は，ロマノフ朝の戦争政策のほか，その秘密外交を批判して革命を正当化し，政権を奪取すると，ロマノフ朝が他の大国と交わしていた各種密約を公開するというかたちで新しい外交の必要性を示した。いわば，外交の民主化を訴えたことになる。

加えて，ボリシェヴィキ政権の動きや，イギリスにおける「民主管理同盟」といった国際NGOの活動の影響を受け，アメリカ大統領のウィルソンも1918年1月に「14カ条演説」として知られる外交の公開性と民主化を要求する声明を発する。第一次世界大戦後の世界の秩序を構想してアメリカ連邦議会で行った演説では，「平和の盟約が公開のうちに合意された後は，外交は常に正直に，公衆の見守る中で進められなければならず，いかなる私的な国際的了解事項があってはならない」という方針が示された。

旧外交から新外交への「革命」ののち，**必ずしも外交を職業として担うことのない個人にも，国際関係を動かし，形作ることができる独立した主体となる可能性が生まれた**といえる。例えば，日本が自由貿易協定（FTA）をアメリカやオーストラリアと結ぶことを想像してみればよい。これが仮に外交革命が起こらずに旧外交のままであれば，政治リーダーと職業外交官が大局に立って，日本の「国益」を見据えて協定の内容や締結のタイミングを図ることになっただろう。影響を受ける農業従事者や自動車産業にかかわる私たち個人の声は何ら外交と国際関係に作用しないことになる。

しかし，現在の国際関係では，舞台裏の交渉プロセスは同時代的には非公開であるものの，その結果はすぐに公開され，また，交渉プロセスでさえ外交文書の公開制度によって明らかにされ，検証される。この点については，日本で2014年12月に施行された，いわゆる「特定秘密保護法（特定秘密の保護に関する法律）」について，外交の民主的統制の原則に反するものにならないように国民が政府に強く要求していく必要があるだろう。現在では，先に2レベル・

ゲームとして国際交渉を整理したように，**自国はもちろん他国の民意を無視した外交や国際関係は成立しにくくなっている**のである（第11章参照）。また，外交が2国間（バイラテラル）ではなく多国間（マルチラテラル）で実施されるようになってきたことも，外交の公開性を高めている。

人権保護と国家・国際関係（権利当事者性）

国際関係の主体としての個人を考えるにあたって，権利当事者性にも言及しておく必要がある。

人権保護を国際的に推進するという動きは，国連憲章（1945年），世界人権宣言（1948年），その後の自由権規約と社会権規約からなる1966年の国際人権規約など，着実に蓄積されてきた。自由権規約は，参政権，思想の自由，表現の自由，身体の自由といった内容を規定し，社会権規約は，教育を受ける権利，労働の権利，労働者の団結権などを規定している。前者については，社会権に比べて早期の実施が要求されている。後者については，発展途上国に対してはその経済的事情を考慮して漸進的な履行を認めているという違いがある。

また，自由権規約については，1976年に「市民的及び政治的権利に関する国際規約の選択議定書」が発効した。**締約国による義務不履行について，個人が国際連合の自由権規約委員会に直接通報して審議を求めることを認め，個人が行った通報を同委員会が審議する制度を設けている。**議定書に参加している国に限られるものの，個人が規約上の人権侵害の存在を国際機構に訴え，規約委員会に意見を表明するよう促すことができるしくみは革新的といえる。加えて，1970年の国際連合経済社会理事会決議1503を根拠とした1503手続きでは，個人または団体による人権侵害に関する国際連合に対する通報を認め，非公開審議を行う制度が整備されている。

このほか，地域国際機構でも人権保護手続きが制度化されつつあり，欧州人権条約（1953年発効），米州人権条約（1978年発効）などは国際連合よりも進んだ制度となっている。特に，ヨーロッパの場合には1998年に発効した第11議定書による人権条約の改正によって，同条約で保護される権利を侵害された個人が，直接に欧州人権裁判所（ECHR）に提訴できる当事者性を認められるに至った。例えば，イスラム女性が身に着けるブルカ禁止法案がフランスで制定されたのちに個人が信教の自由を侵害されたということでECHRに提訴された。しかし，結局はヘルメットの着用強制と同様に顔を覆い隠してしまうことの規制であるとして同法の是認判決が出た。さらにヨーロッパの場合には，欧州司法裁判所（ECJ）が存在し，個人が欧州連合（EU）領域内での最高裁判所として訴えを提起する権利を有する。例えば，インターネットに存在する個人情報を削除するよう求める「忘れられる権利」をめぐって，ECJはアメリカのグーグル社に対して，自分の個人情報へのリンクを検索結果から削除することを求めたスペイン人の請求を認める判決を言い渡した（2014年5月13日）。

難民の問題

人権保護でも国家と個人の関係が最も緊張するのは，いわゆる難民の問題かもしれない。難民とは，1951年の「難民の地位に関する条約」によれば，**人種，宗教，国籍，政治的意見やまたは特定の社会集団に属するなどの理由で，自国にいると迫害を受けるかあるいは迫害を受ける恐れがあるために他国に逃れた人々**とされている。つまり，国家による政治的な迫害・継続的な人権侵害のほか，内戦から逃れるために国境を越えて他国に庇護を求めている人々を指す。国連は難民高等弁務官事務所（UNHCR）を置き，その統計（2018年）によれば，①紛争や暴力，迫害によって移動を強いられた人は全世界で7080万人，②その7080万人のうち，国内避難民（国境を越えていないが迫害などで住まいを奪われた人々）が4130万人，難民が2590万人，庇護申請者が350万人であるという。③2018年に新たに移動を強いられた人は1360万人（国内避難民が1080万人，難民と庇護申請者が280万人）だという。

いわゆるアラブの春でアラブ諸国の政治体制が揺らいだのち，例えばリビア内戦，シリア内戦を契機に，2012年以降，特に2015年から16年にかけてヨーロッパに大量の難民が流入した。ヨーロッパは当初，人道主義を掲げてその受け入れを基本路線としたが，その数があまりに多く，受入国での治安や雇用への不安などから各国で反移民・反難民運動が起こった。その後，移民・難民受け入れ拒否政策を掲げる政治リーダーが選挙で躍進したこともあり，ヨーロッパ諸国における難民問題は根源的な解決策がないままになっている。特に無国籍の状態になっている人にどの国・政府が国籍を付与していくべきなのかは

シリアやイラクからヨーロッパに押し寄せる難民たち
（ギリシャ・マケドニア国境，2016年2月28日）

［写真提供］ AFP＝時事。

国際社会での一致した解答はないのが現状だといえる。

暴力の独占の溶解とテロリズム

最後に，個人が国際関係の当事者性をもつ事例として，暴力行使の側面に光を当てておきたい。国際政治学では，反乱や内戦のミクロ研究，テロリズム研究が進められている。いずれにせよ，主権国家が担ってきた物理的強制力（暴力）の独占的管理という機能の揺らぎを問題にしている。ヒト・モノ・カネがグローバル化したいま，いわば暴力の独占という国家存立基盤は脅威に晒（さら）されている。近年のいわゆる「イスラーム国（ISIL）」に関する報道を見れば，主権国家が暴力を独占できなくなった現実はよく理解できるだろう。または，暴力を独占していくことの結果として，自らを国家と呼び，その存在を対外的に宣言することも理解できるだろう。

ここで，**テロリズムとは，特に民間人に対する暴力行為によって，広く社会に恐怖感を植え付けることで自らの政治的な利益や理想を達成しようとすることを指す**。1カ国で暴力行為が完結しているのであれば国内犯罪であり，国際関係には何ら関係しないが，テロ行為を行う集団が国境を越えて活動し，その行為が国際犯罪化する今日，**テロ集団やテロ行為を行う個人はグローバル化し**

た世界の負の側面において国際関係の主体になっている。

一見，テロ行為は合理的な行為とは思えないかもしれない。すなわち，テロ集団は急進的で非合理的な，わけのわからないもの，と考えられるかもしれない。しかし，それを合理的に説明することは十分に可能である。そして，合理的であるとすれば，そこに何らかの対策を講じることができるかもしれない。第 10 章で戦争の合理的原因について論じたが，ここでもその応用ができる。

第 1 に，**テロ行為が起こってしまう理由として，テロ集団は自らの能力をすべてさらけ出すことがないために，国家はテロ集団の能力を過小評価し，ゆえに国家とテロ集団の交渉による問題解決が難しくなることが挙げられる。**国家は相手が弱いと考え，相手に何かを提示して妥協するのではなく，力で押さえつけようとする。いわば情報の非対称性がテロの原因となるのである。

第 2 に，**テロ集団も国家も相手の約束を信用できないというコミットメント問題**（第 10 章参照）**を抱え込む。**テロ集団（のリーダー）が仮に停戦を発表しても国家はそれを鵜呑みにはできず，同集団への攻撃をやめることはできない。なぜなら，リーダーが当該集団をコントロールしているかの情報が不確実な中，その停戦の発表が構成員によって尊重されるという保証はないからである。また，停戦の発表が国家側を油断させて，その警備体制を縮小させる罠かもしれない。逆に，政府側が仮にテロ集団がある期限までに投降すれば恩赦（おんしゃ）を与えるというかたちで和平の約束をしても，それが必ず履行されるとはテロ集団の構成員は思わないだろう。投降した瞬間，国家が約束を反故（ほご）にしてしまうことは容易に想像できる。

第 3 に，**テロ集団は自らの求めている要求が高い価値不可分性をもつと唱える傾向があるという説明がある。**すなわち，宗教的な聖地を守る戦いなど，交渉相手との話し合いで，その譲歩を引き出しにくい，または代替的な金銭取引などが難しい問題を争点にして，テロ行為を行うことが多い。

また，個人の緩やかで全体像が見えにくいまとまりが行う暴力行為ということもあり，テロ行為の抑止は容易ではない。仮にテロの対象になりそうな重要な拠点の警備を厚くしても，テロ集団はそれに合わせて攻撃対象をより警備の薄いものに移すだけで，問題の解決にはならない。加えて，アメリカは往々にしてこの戦略を選択するが，テロ集団に対する先制攻撃にも難がある。というのも，テロ集団の構成員をすべてあらかじめ洗い出して拘束し，攻撃して無能力化するのは費用がかかり，また，そもそもテロ集団の構成員が誰なのかがはっきりとわからないこともあって非現実的である。

テロリズムと向き合う

それでは，テロリズムに対して私たちは無力なのだろうか。そのようにあきらめるのは事態をさらに悪化させるだけであろう。抑止の一環というとらえ方もできるが，**厳格な武器（特に大量破壊兵器）の管理は重大なテロ攻撃事案を起こさせないために大事な対応策であろう。**また，より大きな被害を出すとされる自爆テロが暴力の連鎖によって引き起こされてきた事実をふまえるならば，国家側が特定のグループを攻撃して，その家族に憎悪の念を植え付け，暴力行使のハードルを下げるのは得策ではない。**暴力を独占管理する国家が，責任あるかたちで暴力を行使することなくして，越境する国際テロ行為はなくなりはしないだろう。**

2018年末にアメリカ政府はいわゆる「イスラーム国」の拠点がほぼ制圧され，その勢力が劇的に弱体化したことを発表した。「イスラーム国」の崩壊は一見喜ばしいことに思えるが，必ずしもそうではないかもしれない。というのも，テロ行為に参加していた人々，特にシリアやイラクへ渡航して，その活動に参画していた外国人の処遇が難題だからである。例えば，イギリスでは「イスラーム国」の活動に参画した自国民の帰還を許さないために彼らの市民権を剥奪（はくだつ）するという決定がなされたが，それはさすがに行き過ぎであるという批判が国内外で高まった。

より詳しく説明しよう。イスラーム国に参画し，結婚して子どもを3人産んだイギリス人のシャミマ・ベーグムの場合，両親がバングラデシュからの移民であり，娘のシャミマにも同国の市民権があるという議論を立て，本人の意思に反して市民権を剥奪した。通常，無国籍状態に追い込むような市民権剥奪は違法であるが（世界人権宣言第15条），シャミマの場合には親の国籍を根拠に，以上のような議論を行い，イギリスの市民権を奪い，イギリスへの帰国を阻止した。なお，バングラデシュ政府はシャミマの同国市民権を否定する声明を当初出していた。テロリズムにかかわった人物をどの政府が引き取り，対応するのかは大きな課題である。このような事例は今後も起こるだろうし，日本にとっても他人事ではない。

アメリカによるシリアでの「テロとの戦い」が成功裏に終わったというニュースについては，それでテロ行為をしていた人々が世界から消え去ったわけではない。もちろん，テロ行為を容認し，正当化する考え方を消し去ることもできない。それをふまえると，各国で今後「イスラーム国」に参画した自国民をどのように扱うのかが大きな課題になっていくだろう。犯罪者として処罰するのか。そもそも，その国内法で処罰できるのか。過激思想を取り除くための教育を施していけばいいのか。しかし，それは有効なのだろうか。それともイギリスのように国外に追いやればよいという姿勢をとるのか。しかし，その人はどこに行けばいいのだろうか。これらは悩ましい問題である。そもそも多元主義を標榜する自由民主主義体制の先進国の多くでは，多様性を認める以上，宗教をもとに差別や区別をするのはおかしい。自由民主主義体制は，他者の自由そのものを攻撃しうる宗教的な教義を唱える集団の存在を，いかに包摂すべきなのかが，問われている（池内 2015）。

引用・参考文献　Reference●

アイケンベリー，G. ジョン／鈴木康雄訳 2004『アフター・ヴィクトリー――戦後構築の論理と行動』NTT 出版。
池内恵 2015『イスラーム国の衝撃』文春新書。
奥脇直也・小寺彰編 2006『国際法キーワード〔第２版〕』有斐閣。
阪口功 2013「市民社会――プライベート・ソーシャル・レジームにおける NGO と企業の協働」大矢根聡編『コンストラクティヴィズムの国際関係論』有斐閣ブックス。
中西寛・石田淳・田所昌幸 2013『国際政治学』有斐閣。
メイア，アルノー・J.／斉藤孝・木畑洋一訳 1983『ウィルソン対レーニン――新外交の政治的起源 1917-1918 年』Ⅰ・Ⅱ，岩波書店。
山影進 1994『対立と共存の国際理論――国民国家体系のゆくえ』東京大学出版会。
山影進 2012『国際関係論講義』東京大学出版会。
Frieden, Jeffery A., David A. Lake and Kenneth A. Schultz 2018, *World Politics: Interests, Interactions and Institutions*, 4th edition, W.W. Norton.

読書案内

本書は，政治学（Political Science）を鳥瞰的に扱う，大学レベルの初学者向け教科書として書かれている。ゆえに，より発展的な学びを求める方に向けて，簡単な読書案内をしたいと思う。

本書とかなり親和性の高いかたちで，いわゆる「本人－代理人」関係を重視して政治学を包括的に，深くそして丁寧に論じている教科書として，**久米郁男・川出良枝・古城佳子・田中愛治・真渕勝『政治学〔補訂版〕』**（有斐閣，2011 年）を筆者 3 名の全会一致で挙げたい。

そのほか，各分野の教科書や重要な書籍として，以下をおすすめしたい。まず，日本政治を考えるにあたっても，他国の政治制度を理論的な軸によって丹念に比較し，そこで見出された制度の違いが政治や経済の帰結にいかなる差異をもたらすのかを明らかにするオリジナリティの高い教科書として，**建林正彦・曽我謙悟・待鳥聡史『比較政治制度論』**（有斐閣，2008 年）がある。また，**粕谷祐子『比較政治学』**（ミネルヴァ書房，2014 年）はアメリカで教育されている比較政治学を強く意識した先端的な教科書といえる。ほかには，日本の行政のあり方を，「本人－代理人」や国際比較の観点をもって多面的にとらえる良書として，**曽我謙悟『行政学』**（有斐閣，2013 年）がある。本書では深く論ずることができなかったが，「自由」や「民主主義」といった政治学の中心的な概念には人類史の中で思索の蓄積があり，そうした思想史にふれることは現代の私たちにも新たな視点を与えてくれる。**宇野重規『西洋政治思想史』**（有斐閣，2013 年）のような教科書を導きとして，古典を手にとってほしい。

本書が政治学における重要な視点の多くを削ぎ落として成立していることは認めざるをえない。例えば，本書を含め，ジェンダーに関心を寄せてこなかった主流派政治学が何を見落としているのかについては，**前田健太郎『女性のいない民主主義』**（岩波新書，2019 年）を読んで確認してほしい。さらに，自由な個人が織り成す戦略的相互作用という本書の分析枠組みは，「公的領域で活動する男性と，私的領域でケアする女性」という公私二分論を前提とした抑圧的な支配関係に基づくという根源的な批判もありうる。そうした批判的観点は，岡野八代『フェミニズムの政治学』（みすず書房，2012 年）や衛藤幹子『政治学の批判的構想』（法政大学出版局，2017 年）に詳しい。

本書で取り上げた論点をより深く掘り下げてくれる本も紹介しておきたい。第 1 章で論じた，合理的な個人が織り成す社会での協力関係の成否に関するゲーム理論による分析をより深く学ぶには，岡田章『ゲーム理論・入門〔新版〕』（有斐閣，2014 年）や浅古泰史『ゲーム理論で考える政治学』（有斐閣，2018 年）のような教科書がある。そして，国内政治や国際関係が内包する集合行為問題を理解するために，M. オルソン（依田博・森脇俊雅訳）『集合行為論』（ミネルヴァ書房，1996 年）を古典として推奨したい。加えて，本書でたびたびふれた「退出・発言・忠誠」モデルを論じた A. O. ハーシュマン（矢野修一訳）『離脱・発言・忠誠』（ミネルヴァ書房，2005 年）や，個人の自由と秩序の形成の関係を追究する F. A. ハイエク（矢島鈞次・水吉俊彦訳）『法と立法と自由Ⅰ――ルールと秩序』（春秋社，2007 年）では，集合行為問題の困難をより深く理解できる。さらに，そのような発想の前提として，ミクロ経済学についての知識を得ておくこともおすすめしたい。近年では，安藤至大『ミクロ経済学の第一歩』（有斐閣，2013 年）のようにわかりやすい入門書もあるし，関心をもった人は神取道宏『ミクロ経済学の力』（日本評論社，2014 年）などに挑戦してほしい。

また，「国民」と「国家」との関係を相対化する視点を与える良書としては，E. J. ホブズボーム（浜林正夫・嶋田耕也・庄司信訳）『ナショナリズムの歴史と現在』（大月書店，2001 年），B. アンダーソン（白石隆・白石さや訳）『定本 想像の共同体』（書籍工房早山，2007 年），小熊英二『単一民族神話の起源』（新曜社，1995 年）を挙げておきたい。

政治体制を考えるうえで現代にも通ずる有用な視点を提供するのが，R. A. ダール（高畠通敏・前田脩訳）『ポリアーキー』（岩波文庫，2014 年）である。さらに，自由民主主義が体制原理として成立する条件を探る古典として，少々歯ごたえがあるが，B. ムーア Jr.（宮崎隆次・森山茂徳・高橋直樹訳）『独裁と民主政治の社会的起源』上・下（岩波文庫，2019 年）にも挑戦しておきたい。また，自由民主主義体制内の多様性を，人々の暮らしに与える影響にまで目配りしながら実証的に明らかにした労作として，A. レイプハルト（粕谷祐子・菊池啓一訳）『民主主義対民主主義〔原著第 2 版〕』（勁草書房，2014 年）にも目を通しておくべきだろう。

国政選挙における投票のみならず，ものごとの決め方全般に興味をもったならば，**坂井豊貴『多数決を疑う』**（岩波新書，2015年）が社会的選択理論へのよい導入となる。政治学における狭義の投票行動論全般を学ぶには，**飯田健・松林哲也・大村華子『政治行動論』**（有斐閣，2015年）がこの分野全体を鳥瞰してくれる。政党組織や政党システムについては，**待鳥聡史『政党組織と政党システム』**（東京大学出版会，2015年）が最近の研究もフォローしている。日本の有権者と政党・政治家の関係については，長期にわたる調査に基づいた優れた研究である**遠藤晶久＝ウィリー・ジョウ『イデオロギーと日本政治』**（新泉社，2019年）や**谷口将紀『現代日本の代表制民主政治』**（東京大学出版会，2020年）を読んでほしい。

政治体制内の制度配置，具体的にいえば立法・行政・司法の三権が融合していたほうがよいのか，分立していたほうがよいのか，あるいは中央政府と地方政府にはどのような権限配分がなされるべきかといった議論は近世にまで遡ることのできるものである。**J. ロック**（加藤節訳）**『完訳 統治二論』**（岩波文庫，2010年），**C. L. モンテスキュー**（野田良之ほか訳）**『法の精神』上・中・下**（岩波文庫，1989年），**A. ハミルトン＝J. ジェイ＝J. マディソン**（斎藤眞・中野勝郎訳）**『ザ・フェデラリスト』**（岩波文庫，1999年），**A. トクヴィル**（松本礼二訳）**『アメリカのデモクラシー』第1巻（上・下），第2巻（上・下）**（岩波文庫，2005-08年）などが，いまも人々の思考を刺激する古典となっている。日本における制度配置のあり方を考えるには，**飯尾潤『日本の統治構造』**（中公新書，2007年）や**竹中治堅『参議院とは何か』**（中公叢書，2010年）を参照するとよい。

政策過程において政治制度や政治アクターの選好配置が政策結果に与える影響を理論化した現代の古典として，**C. E. リンドブロム＝E. J. ウッドハウス『政策形成の過程』**（東京大学出版会，2004年）や**G. ツェベリス**（眞柄秀子・井戸正伸監訳）**『拒否権プレイヤー』**（早稲田大学出版部，2009年）が挙げられる。日本の研究では，**曽我謙悟『現代日本の官僚制』**（東京大学出版会，2016年）や**濱本真輔『現代日本の政党政治』**（有斐閣，2018年）が政治制度とその変化の効果を鮮やかに描き出している。

国際政治に目を転じると，広いスコープをもちつつも厚みがある上級教科書として，中西寛・石田淳・田所昌幸『国際政治学』（有斐閣，2013年）がある。古典としては，合理的戦争原因論が内包するアイディアをほぼすべて提示したT. シェリング（河野勝監訳）『紛争の戦略』（勁草書房，2008年）を挙げられる。また，ゲーム理論を駆使して，合理的選択理論から国際政治を解き明かすものとして，岡田章『国際関係から学ぶゲーム理論』（有斐閣，2020年），鈴木基史・岡田章編『国際紛争と協調のゲーム』（有斐閣，2013年）がおすすめである。このほか，戦争と平和の問題に関して，鈴木基史『平和と安全保障』（東京大学出版会，2007年），国際政治経済に関して，飯田敬輔『国際政治経済』（東京大学出版会，2007年）を推奨する。さらに，国際政治史については，小川浩之・板橋拓己・青野利彦『国際政治史』（有斐閣，2018年）がある。

最後に，政治学の研究のあり方（方法論）を扱う教科書について記しておきたい。まず，久米郁男『原因を推論する』（有斐閣，2013年）は，政治学にかかわる因果関係をいかに解き明かすかを初学者に向けてわかりやすく示している。また，方法論の「使い方」に関心がある人にとっては，伊藤修一郎『政策リサーチ入門』（東京大学出版会，2011年）が有用だろう。さらに，「その先」をめざすのであれば，アメリカにおける実証的な政治学研究の作法を理解するという意味で，G. キング＝R. O. コヘイン＝S. ヴァーバ（真渕勝監訳）『社会科学のリサーチ・デザイン』（勁草書房，2004年）を読むことが必須である。また，その批判を行っているA. ジョージ＝A. ベネット（泉川泰博訳）『社会科学のケース・スタディ』（勁草書房，2013年）についても目配りをすべきかもしれない。このような方法論についての最近の研究動向は，加藤淳子・境家史郎・山本健太郎編『政治学の方法』（有斐閣，2014年）や今井耕介（粕谷祐子・原田勝孝・久保浩樹訳）『社会科学のためのデータ分析入門』上・下（岩波書店，2018年）で幅広くフォローされている。

本書でも多くのデータを分析することで得られた知見に依拠して議論を組み立ててきた。そういった計量政治学の教科書として，浅野正彦・矢内勇生『Rによる計量政治学』（オーム社，2018年）や飯田健『計量政治分析』（共立出版，2013年）は欠かせない。なお，最近は計量政治学の手法をゲーム理論と組み合わせることが重視されている。それについては，松原望・飯田敬輔編『国際政治の数理・計量分析入門』（東京大学出版会，2012年）が参考になる。

事項索引

（青字の数字書体は，本文中で重要語として表示されている語句の掲載ページを示す。）

● さ　行

● た　行

● な 行

● は 行

● ま　行

● や　行

● ら　行

● わ　行

● アルファベット

人名索引

● あ 行

● か 行

● さ 行

● た 行

● な 行

● は 行

● ま 行

● や 行

● ら 行

● わ 行

有斐閣ストゥディア
YUHIKAKU

政治学の第一歩〔新版〕
Introduction to Political Science, 2nd edition

2015年10月15日　初版第1刷発行
2020年9月15日　新版第1刷発行
2024年1月30日　新版第5刷発行

著　者　砂原庸介
　　　　稗田健志
　　　　多湖淳

発行者　江草貞治
発行所　株式会社 有斐閣
郵便番号 101-0051
東京都千代田区神田神保町 2-17
https://www.yuhikaku.co.jp/

印刷・大日本法令印刷株式会社／製本・牧製本印刷株式会社

★定価はカバーに表示してあります。

ISBN 978-4-641-15078-2